노동사회과학 제8호

파시즘인가
사회주의인가

노동사회과학 제8호
파시즘인가 사회주의인가

엮은이: 노동사회과학연구소 연구위원회
연구위원장: 문영찬
편집위원: 강성윤, 권정기, 김해인, 배은주, 유재언, 임경민, 임덕영, 전성식, 채만수,
　　　　　최상철
펴낸이: 채만수
펴낸곳: 노사과연
교정·교열: 문영찬, 권정기, 채만수, 유재언
편집: 유재언
표지디자인: 이규환

등록: 302-2005-00029 (2005.04.20.)
주소: 서울특별시 동작구 노량진로 22길 31 나동 2층 (우156-060)
전화: (02) 790-1917 | 팩스: (02) 790-1918
이메일: wissk@lodong.org
홈페이지: http://www.lodong.org

발행일: 2015년 6월 24일

ISBN　978-89-93852-22-6　　04300
　　　　978-89-956695-8-7　　(세트)

* 책값은 뒤표지에 있습니다.
* 잘못된 책은 바꿔드립니다.

노동사회과학 제8호

파시즘인가
사회주의인가

노사과연
노동사회과학연구소 부설

차 례

권두시
제일호　총파업은 우리를 해방으로 이끈다　　7

편집자의 글
문영찬　반파쇼 민주주의 전선을 강화하면서
　　　　운동의 재건으로 나아가자!　　9

권정기　코민테른과 스페인의 반파쇼 인민전선　17
문영찬　한국의 국가권력과 사회주의운동　47
채만수　대공황 8년: '좀비자본주의'와 노동자계급　83

김태균　한국노동자계급의 경제공황기 대응방안　117
　　　　— 2015년 민주노총 총파업 투쟁의 승리를 위하여
천연옥　2015년 비정규직 노동자들의 조직과 투쟁　189

이병진　1950년대 인도공산당 노선갈등에 대한 역사적 고찰　225
　　　　— 인민민주주의 대 평화적 이행 논쟁

야마시타 이사오　중국의 사회주의 시장경제의 전환점　257
　　　　— 중국공산당 18기 3중 전회의 총노선
마키스 마일리스　기회주의에 대한 그리스 공산당의 투쟁　281
　　　　— 1949년-1968년으로부터의 경험
≪인민일보≫와　스딸린 문제에 대하여　303
≪홍기≫ 편집부　— 쏘련공산당의 공개서한에 대한 두 번째 논평

권두시

총파업은 우리를 해방으로 이끈다

제일호 (시인, 노사과연 부산지회 회원)

모든 연장을 집어 던져라
예속의 사슬을 끊어버리려
길거리로 달려 나가자. 노동자여!

이카루스의 비행을 막는 자에게
태양을 삼키게 하자
시찌프스를 밀어내는 자에게
바위를 굴리게 하자
그 모든 멍에를 씌우는 자에게
십자가를 짊어지게 하자

이제 파업하자, 노동자 인민들이여!
해방을 위하여
착취의 칼날이 두 동강 날 때까지

아케론보다 더 비탄스럽다면
스틱스보다 더 증오스럽다면
이제는 거부하자!
가슴깊이 박힌 노예의 표시를
차별과 멸시의 오만한 장벽을
가식과 기만의 가증스런 가면을

총파업의 깃발을 들고 외치자
노동자는 잉여가치 생산을 위한 기계가 아니라고
역사를 선도하는 전위라고

군화발에 짓눌리는 한숨소리를
가슴에 맺히는 착취의 피고름을
이제는 토해내 버리자!
사나운 매처럼
신명난 무당처럼
강철 같은 붉은 군대처럼

이제는 총파업이다
총파업은 우리를 자유롭게 만든다
총파업은 우리를 해방으로 이끈다

편집자의 글

반파쇼 민주주의 전선을 강화하면서 운동의 재건으로 나아가자!

　박근혜 정권이 3년차로 접어들고 있다. 내란음모사건의 조작, 통합진보당에 대한 해산선고, 세월호 참사, 전교조의 법외노조화 등 박근혜 정권은 민중들의 지난 투쟁의 산물이었던 민주주의를 파괴하고 파쇼의 길을 걷고 있다. 그러나 2015년 들어서면서 민주노총의 총파업, 세월호 참사의 진실 은폐에 대한 노동자·민중의 항의가 결합되면서 서서히 전선이 꾸려지고 있다.
　2012년 들어 재격화되는 세계대공황에 대한 독점자본가계급의 대응으로서 박근혜 정권의 파쇼적 성격이 규정된다. 그러나 파시즘은 부르주아 정치의 본질적 조건인 국가와 시민사회의 분리의 폐지라는 점에서 부르주아지 스스로 자신의 지배의 조건을 폐지하는 것이다. 히틀러, 무쏠리니, 일본군국주의의 파탄과 패배는 이런 점에서 필연이었다. 21세기 대공황의 시기에 다시 대두하는 파시즘도 그 본질에서 20세기의 파시즘과 다르지 않다.
　그러나 노동자, 민중진영의 대응은 미약하다. 박근혜 정권의 성격에 대해 신자유주의 정권이라고 보아 반자본전선이 주요하다는 견해, 파쇼정권이라는 견해 등 운동진영의 통일된 인식이 이루어지지 않고 있고 그에 따라 반박근혜 투쟁의 발전이 어려움에 처해 있다. 그러나 정치의 본질은 권력의 문제라는 점에서 현실적 힘 관계가 결정되는 민주주의 문제를 외면하고서는 여타의 쟁점에서도 밀릴 수밖에 없다. 그런 점에서 반파쇼 민주주의 전선의 구축과 강화는 현시기 노동자계급이 가장 역점을 두어야 하는 전술적 과제가 되어야 한다. 반파쇼 투쟁을 축으로 여타의 투쟁을 고려하는 것이 요구된다.

이러한 문제의식이 ≪노동사회과학≫ 8호를 구성하는 바탕이 되었다. 파시즘의 문제를 주요하게 다루고 있고 또 파시즘의 극복을 위해서는 사회주의 운동의 재건의 문제가 일정에 올려져야 한다는 문제의식이 깔려 있다. 사실 사회주의 운동의 재건이 없이는, 노동자계급이 반파쇼 투쟁의 주역으로 등장하지 않고서는 파시즘의 극복은 쉽사리 이루어질 수 없다. 이렇게 반파쇼라는 전술적 과제와 사회주의 운동의 재건이라는 전략적 과제를 통일적으로 사고할 때만 현재의 공황기를 헤쳐 나가고 승리의 전망을 움켜쥐게 될 수 있을 것이다.

*　　*　　*

권정기의 <코민테른과 스페인의 반파쇼 인민전선>은 한국사회에서 반파쇼 민주주의전선이 요구되는 상황에서 이를 뒷받침하는 연구이다. 파시즘의 성격에 대해 '금융자본의 공공연한 테러독재'라는 코민테른의 규정을 소개하고 있고 처음에는 노동자통일전선의 결성으로, 후에는 이를 확대한 반파쇼 인민전선으로, 발전의 경로를 분석하고 있다. 노동자통일전선은 바로 계급협조에 대한 투쟁을 통한 노동자계급의 단결의 과정에 다름 아니라는 것, 그리고 반파쇼 인민전선은 이러한 노동자통일전선에 기초하여 그 단결의 범위를 전인민으로 확대한 것임을 서술하고 있다. 스페인의 경우 파시즘의 등장에 맞서 인민전선의 결성으로 선거에서 승리했으나 파시즘 세력이 반란을 일으켜 내전이 발발했고 인민전선 정부가 패배했다. 이 패배의 원인에 대해, 인민전선에서 노동자계급의 주도력이 약했고, 독일과 이탈리아의 개입이 광범위했고, 결국 혁명세력이 주도권이 약한 가운데 파시즘세력에 비해 열세였다는 것을 들고 있다. 또한 인민전선에 반대하는 노동자계급의 봉기를 촉구한 뜨로츠끼의 오류를 지적하고 있다. 결론적으로 혁명노선으로서 인민전선은 노동자계급과 농민의 민주주의적 독재의 특수형태였음을 지적한다.

문영찬의 <한국의 국가권력과 사회주의 운동>은 박근혜 정권의 성격, 한국사회의 이데올로기 지형, 계급투쟁의 조건, 한국 사회주의 운동의 과제를 다루고 있다. 이는 운동의 재건이라는 문제의식에서 파시즘을 극복하기 위해서 사회주의 운동이 어떠한 방향을 잡아야 하는가에 대한 제기이다. 그리고 이러한 논의의 전제로서 사회주의적 실천을 의미하는 사회주의 정치가 과연 무엇인지, 또 정치란 과연 무엇인지를 고대 정치, 근대 정치, 부르주아 정치와 사회주의 정치 등으로 폭넓게 분석하고 있다. 또한 파시즘은 부르주아 정치의 본질적 조건인 국가와 시민사회의 분리를 폐지하는 것임을 서술하고 있다. 그리하여 결론적으로 현 단계 한국 사회주의 운동의 과제로 반파쇼 민주주의 전선의 강화, 대중운동의 과학성·변혁성의 제고, 당건설 전망에 대한 모색, 과학적 사회주의의 선전과 보급 등을 들고 있다.

채만수의 <대공황 8년: '좀비 자본주의'와 노동자계급>은 2008년 발발한 세계대공황의 현재적 상을 그리고 있는 글이다. 8년이 다되도록 끝이 없이 전개되는 세계대공황에 대해 운동진영은 마땅한 대응책을 찾지 못한 상태에서 경제위기라는 상황에 만성이 되어가고 있다. 이에 대해 현재의 공황의 상을 정확히 그리면서 공황기의 노동자계급의 올바른 대응을 탐구하는 것이 이 글의 목적이다. 이 글에서는 현재의 공황에 대해 자본가계급이 금융위기로 파악하는 것을 비판하고 있다. 금융에 대한 신자유주의적 규제완화가 원인이라는 진단을 비판하면서 자본주의 자체의 모순, 생산의 사회적 성격과 취득의 사적 성격에서 필연적인 과잉생산이 현 공황의 본질임을 설명하고 있다. 또 공황에 대한 부르주아지의 대응이 케인즈주의적 방식이 아닌 신자유주의적 탈규제 등으로 전개되는 것은, 자본주의 자체가 자본의 집적과 집중의 고도화, 이윤율의 현저한 저하 등으로 전반적 위기에 처해 있는 상태에서 신자유주의적 축적방식 이외에 대안이 없기 때문임을 지적하고 있다. 그리하여 문제는 신자유주의가 아니라 자본주의 자체임을 주장하고 노동자계급이 혁명적 과학과 세계관을 회복하고 혁명적 정치 참모부를 건설할 것을 주장한다.

김태균의 <한국노동자계급의 경제공황기 대응방안>은 공황과 노동운동과의 관련을 해명하려는 글이다. 경제위기 혹은 공황에 의해 가장 혹독한 시련을 받는 계급은 노동자계급이라는 점, 따라서 노동운동이 위기에 내몰릴 수 있는 점에서 노동운동이 공황에 대해 의식적인 대응을 해야 한다고 주장한다. 이 글에서는 현재의 공황만 다루고 있는 것이 아니라 1959년, 1970년, 1979년, 1990년, 1997년, 2008년의 공황을 각각 다루고 있다. 즉, 대한민국 성립 이후 존재했던 모든 공황기를 분석하고 있다는 점이 특징적이고 이 글의 가치를 보여준다. 1959년의 공황이 4.19혁명으로 연결되었다는 점, 1970년의 공황에 따른 위기가 유신체제를 부른 점, 1979년 공황이 박정희 정권의 붕괴와 광주항쟁을 부른 점, 1990년의 공황이 체제 위기를 가중시켰고, 1997년 "IMF위기"가 한국사회의 신자유주의적 재편을 불러온 점, 그리고 2008년의 세계대공황이 한국사회를 위기적 상황에 몰아넣고 노동운동의 재건의 필요성을 제기하는 점 등을 말하는데 이는 노동운동과 공황의 깊은 연관을 보여준다. 필자는 이윤율의 저하에 따른 자본주의의 위기를 말하고, 또한 과잉생산공황이 위기의 원인이라 진단하고 노동운동의 과학적 대응을 촉구한다. 필자는 공황기에 대한 대응으로 치열한 투쟁은 언제나 있어왔지만 문제를 근본적으로 극복하지 못했음을 지적하고 자본주의 자체를 지양하는 투쟁에 나설 것을 주장한다.

천연옥의 <2015년 비정규직 노동자들의 조직과 투쟁>은 현 단계 비정규직 노동운동의 현황을 정리하는 글이다. 이 글에서는 비정규직에 대한 정의를 맑스가 ≪자본론≫에서 규정한 정체적 과잉인구에 대한 정의에서 구하고 있다. 즉, "취업이 매우 불규칙한 현역 노동자집단의 일부"가 그것이다. 이 글에서는 비정규직의 규모에 대해 2014년 8월에는 852만 명(45.4%)에 달했음을 말한다. 노동자의 거의 절반이 비정규직인 셈이다. 또한 300인 이상 대기업에서 일하는 비정규직은 162만 명(37.3%)에 달함을 들어 대기업이 비정규직 고용의 온상임을 고발한다. 또한 공공부문에서도 비정규직 고용이 광범위하여 비정규직이 대기업과 공공부문을 중심으로 확산되고 있음을 폭로한다. 또한 여성 비정규직의 경우 성차별과 비정규직 차별이 중첩되어 있고 여성이 비정규직 종합 '대책'의 일차적 희생자임을 고발한다. 또한 학교비정직, 지자체 등의 공공부문 비정규직의 투쟁 사례, 현대자동차 비정규직 등 간접고용 비정규직의 투쟁사례를 분석한다. 이러한 분석을 통해 300인 이상 대기업과 공공부문이 비정규직 문제 악화의 장본인이며 모범적이라 일컫는 공공부문에서 초단시간 근로와 시간 선택제 일자리가 양산되었음을 말한다. 그리하여 결론적으로 자본주의 극복만이 비정규직 문제의 해결방안임을 논하고 모든 비정규직 투쟁이 박근혜 정권퇴진 투쟁으로 발전해야 함을 주장한다.

　이병진의 <1950년대 인도공산당의 노선갈등에 대한 역사적 고찰>은 2차 대전 후 인도공산당이 민족 독립과 반봉건적 과제의 해결을 두고 겪었던 노선갈등을 다루고 있다. 중국공산당이 반제반봉건 혁명의 승리를 획득한 것과 달리 인도공산당은 노선상에서 좌편향, 우편향을 겪으며 차츰 대중적 영향력을 상실해 갔는데 이에 대해 국제정세, 사회주의진영과의 관계, 인도 내부의 계급적 모순, 인도공산당 내의 대립 등을 통해 상세하게 고찰하고 있다. 인도공산당 내의 대립으로서 노동자계급의 봉기, 농민의 즉각적인 무장투쟁 주장 등의 좌편향과 그리고 반대로 인도 국민회의 당으로 대표되는 지배계급과의 협조를 통한 민주정부의 수립이라는 우편향을 축으로 그 중간에서 다양한 동요가 있었음을 보여준다. 또한 이러한 인도공산당의 동요에 대해 쏘련공산당이 수정주의를 채택한 것과의 밀접한 연관성을 보여주는데 쏘련, 중국, 인도라는 거대세력들의 상호관계에 대한 당시 상황을 생생하게 보여준다. 국내의 계급모순의 복잡성, 아시아에서 미제국주의의 침략전쟁이라는 정세의 급변, 그리고 쏘련 수정주의의 등장이라는 사회주의 진영 내적인 조건의 어려움 등이라는 상황에 처하여 인도공산당이 과학적 노선을 부여잡지 못하고 동요하여 쇠락과 분열의 길을 간 것은 역설적으로 사회주의 운동에 있어서 노선의 중요성을 말해준다.

이번에도 귀중한 번역글이 실렸다. 일본의 "활동가 집단 사상운동"의 계간지인 《사회평론》 제178호(2014년 가을)에 실린 <중국사회주의 시장경제의 전환점>과 그리스 공산당의 역사를 다룬 <기회주의에 대한 그리스 공산당의 투쟁. 1949년-1968년으로부터의 경험> 그리고 중-쏘 논쟁의 자료로서 <스딸린 문제에 대하여>를 실었다. <중국사회주의 시장경제의 전환점>은 당대의 중국사회주의 시장경제의 현황을 정리한 글이다. 중국에서 고도성장의 시기가 지나고 구조개혁의 시기가 시작되고 있다고 진단한다. 그러면서 중국이 중진국의 함정(덫)의 위험에 빠질 염려가 있음을 말한다. 그리하여 현재 농민문제, 지방정부의 부채 등 경제에서 난맥상은 실은 등소평의 시장경제화의 산물임을 주장하고 제 모순의 분출이 격동의 전조가 될 수 있음을 말한다. 결론적으로 중국에서 자본주의 비판이 결여되어 있음을 지적하고 맑스주의의 원리적 부활을 주장한다. <기회주의에 대한 그리스 공산당의 투쟁>은 제2차 세계대전 당시부터 1968년까지 그리스 당사를 요약한 글이다. 현재 그리스에서 시리자가 집권하고 있으나 위기는 심화되고 있다. 이에 따라 그리스 위기의 전망이 초미의 관심사가 되고 있는데 이 글은 이러한 위기의 내면, 그리스 사회운동의 내적 연관을 알 수 있게 한다. 제2차 세계대전 직후의 내전 시기, 이후 공산당의 비합법화, 흐루쇼프

노선의 영향으로 인한 그리스 공산당의 우경화, 그리고 1968년에 이르러서야 이들 수정주의 세력이 축출되고 1990년 위기에서 당이 분열되고 자기비판하는 과정을 거친 점을 서술한다. 이 과정에서 수정주의의 길을 걸은 세력이 지금의 시리자 지도부와 동일 인물임을 말한다. 이러한 당사는 하나의 조직의 역사일 뿐만 아니라 그리스 사회의 역사의 압축이고 그 정수를 담고 있으며 운동의 재건을 고민하는 사람들에게 많은 시사점을 줄 것이다. <스딸린 문제에 대하여>는 1960년대 초반 중-쏘 논쟁 당시의 자료이다. 중국 측에서 흐루쇼프를 정면으로 반박하면서 소위 개인숭배의 문제, 스딸린의 이른바 학정, 대중-계급-당-지도자의 상호관계 등에 대해 전면적으로 중국공산당의 입장을 밝힌 글이다. 따라서 이 글은 스딸린이라는 쟁점에 대한 이해를 돕고 있으며 또한 사회주의 운동과 사회주의 사회의 조직원리에 대한 원칙적 관점을 담고 있고 나아가 세계 사회주의 운동의 분기점이 된 당시의 역사적 상황과 맥락에 대한 이해를 돕는다. 20세기 사회주의는 21세기 사회주의 운동의 토대이다. 그 성과와 한계와 오류를 정확하게 파악할 때만 21세기 운동의 재건이 순조롭고, 있을 수 있는 실수와 오류를 줄일 수 있다. 그런 점에서 스딸린 문제에 대한 올바른 입장의 정립은 운동에 대한 보다 깊은 이해와 전망을 가져올 수 있다.

2015년 6월 20일
문영찬 노동사회과학연구소 연구위원장

코민테른과 스페인의 반파쇼인민전선

권정기 | 노동사회과학연구소 소장

Ⅰ. 코민테른의 반파쇼 인민전선

1. 1930년대의 정세: 쏘련과 파시즘

1935년 코민테른 제7회 대회는 반파쇼 노동자 통일전선과 인민전선을 공식적으로 선언한다. 1935년 8월 20일 채택한 "파시즘의 공세와 파시즘에 반대하고 노동자계급의 통일을 지향하는 투쟁에서의 코민테른의 임무(결의)"(이하 "결의"[1])에서 그 내용을 살펴보자. 당시 세계정세를 다음과 같이 정리한다. (이하 강조는 특별한 언급이 없는 경우 원문)

① <u>쏘비에트 국가에서 사회주의가 최종적이고 결정적인 승리를 거둔 것</u>. 이것은 세계적 중요성을 갖는 승리이며, 전 세계의 착취당하고 억압받고 있는 사람들의 보루로서의 쏘연방의 위력과 역할을 눈부시게 높이고 있으며, 근로자를 격려하여 자본주의적 착취에 반대하고 부르주아적 반동과 파시즘에 반대하여 평화를 추구하여 각 국민의 자유와 독립을 목표로 한 투쟁에 떨쳐나서게 하고 있다.

---

[1] "파시즘의 공세와 파시즘에 반대하고 노동자계급의 통일을 지향하는 투쟁에서의 코민테른의 임무(결의)", 편집부 엮음, ≪코민테른 자료선집 3—통일전선, 민족식민지 문제≫, 동녘선서, 1989, p. 132.

② **자본주의 역사상 최대의 경제공황**. 부르주아는 인민 대중을 영락시 킴으로써 이 공황에서 벗어나려고 수천만 실업자를 기아와 사멸의 운명에 밀어 넣고 근로자의 생활을 전대미문의 낮은 수준으로 떨어뜨렸다. 몇몇 나라에서 광공업 생산고가 증대하고 금융계의 거두들의 이윤이 증가하고 있음에도 불구하고 전체적으로 세계 부르주아지는 공황과 불황으로부터 벗어나는 데도, 자본주의 제 모순의 격화를 억제하는 데도 성공하지 못하고 있다. 일부 나라들(프랑스, 벨기에 기타)에서는 공황이 계속되고 있고, 다른 나라들에서는 공황이 불황 상태로 옮겨가고 있는 한편, 생산이 공황 이전 수준을 넘어선 국가(일본, 영국)에서는 새로운 경제적 동요가 성숙하고 있다.

③ **파시즘의 공세, 독일에서 파시즘이 권력을 장악**[2]**하고 새로운 제국주의 세계전쟁과 쏘연방에 대한 공격 위협이 증대한 것**. 자본주의 세계는 이러한 수단으로 제 모순의 막다른 길에서 탈출구를 찾고 있는 것이다.

④ **정치적 위기.** 그것은 오스트리아와 스페인에서는 파시스트에 대한 노동자의 무장투쟁으로 나타났다. 이 투쟁은 아직 파시즘에 대한 프롤레타리아의 승리를 가져오고 있지는 못하지만 부르주아가 파시스트 독재를 확립하는 것을 막고 있다. 또 1934년 2월의 시위와 프롤레타리아의 총파업으로 시작된 **프랑스의 강력한 반파시즘운동.**

⑤ 자본주의 세계 전체에 걸친 **근로대중의 혁명화.** 이 혁명화는 쏘연방에서의 사회주의의 승리와 세계 경제공황의 영향을 받고, 또 중앙유럽에서— 독일, 나아가 오스트리아와 스페인에서— **조직 노동자의 대다수가 사회민주당을 지지한** 여러 나라에서 프롤레타리아가 일시적으로 패배한 데서 얻은 교훈에 입각하여 진행되고 있다. 국제노동자계급 사이에는 **행동의 통일을 요구하는** 강력한 열망이 높아지고 있다. 식민지 **여러 나라의** 혁명운동과 중국의 쏘비에트 혁명이 확대되고 있다. 전 세계적으로 계급세력의 상호관계는 **혁명세력이 성장하는** 방향으로 점점 변하고 있다.[3]

    1929년에 자본주의 역사상 최대의 공황이 터졌다. 위기는 극복되지 않았고, 자본주의는 더 이상 가망이 없어 보였다. 반면 사회주의

---

2) 1933년 1월 30일, 독일에서 히틀러가 수상으로 취임했다.
3) 같은 글, pp. 135-136.

쏘연방은 성장하고 있었다. 자본주의를 극복한 대안이 눈에 보이는 형태로 제시되고 있었다. 자본주의 세계 전체에 걸쳐 근로대중은 혁명화 되었다. 자본가 계급은 절망적이었다. 그리고 그 절망은 파시즘이라는 광기— 반혁명을 목표로 하여 노동자계급을 급습 —로 표출되었다. 파시즘은 그것이 권력을 장악한 독일, 이탈리아, 일본만의 문제가 아니었다. 영국, 프랑스, 미국 등등 전 세계 자본주의국가에 널리 퍼진 현상이었다. "결의"는 파시즘을 다음과 같이 규정한다.

> 이러한 정세에서 지배적인 부르주아는 **파시즘**, 즉 금융자본의 가장 반동적이며, 가장 배외주의적이고 가장 제국주의적인 분자의 **공공연한 테러독재**의 수립에서 구원을 얻으려고 하고 있는데, 이것은 근로자를 약탈하는 비상조치를 실시하고, 제국주의적 강도전쟁을 준비하며, 쏘연방을 습격하고, 중국을 노예화하고 분할하는 등의 모든 방법에 입각하여 혁명을 방지하는 것을 목적으로 하고 있다.[4]

파시즘은 금융자본의 가장 반동적인 분자의 공공연한 테러독재이며, 혁명을 방지하는 것을 핵심적 목적으로 하고 있다. 그들의 첫 번째 목표는 공산주의자들, 특히 그 전위인 쏘련을 절멸시키는 것이었다. 이는 제2차 세계대전의 주요한 전쟁이 쏘련과 독일의 전쟁이라는 데서 잘 드러난다. 둘째, 제국주의 간의 군사적 혹은 경제적 투쟁을 통해, 세계를 재분할하는 것이었다.

제2차 세계대전은, 반혁명을 그 본질로 하는 파시즘이 핵심 목표로 했던, 쏘련을 절멸시키지는 못했다. 그러나 역설적이게도, 자신들의 국가(독일, 일본, 이탈리아 등)의 생산력을 파괴함으로써, 과잉생산을 타개하고, 자본주의를 공황에서 구해낼 수 있었다.

---

[4] 같은 글, p. 136.

2. 사회당 공산당 노동자의 반파쇼 통일전선

당시 파시즘은 "중앙유럽에서— 독일, 나아가 오스트리아와 스페인에서 —조직 노동자의 대다수가 사회민주당을 지지한 여러 나라에서" 프롤레타리아를 (일시적으로) 패배시켰다. 여기서 교훈을 얻은 노동자들은 사회민주당과 공산당의 행동의 통일을 요구하게 되었다. "결의"는 "파시즘의 성장과 그 승리는, 부르주아와의 계급협조라는 사회민주당의 분열정책 때문에" 노동자계급이 "그 대열을 해체당했기" 때문이라고 진단한다. 그래서 두 당에 속한 노동자들의 행동통일— 반파시즘 통일전선 —을 주장한다.

> 통일전선운동은 지금은 발전의 초기에 불과하지만, 프랑스의 공산당계 노동자와 사회민주당계 노동자는 어깨를 나란히 하고 투쟁하여 파시즘의 최초의 공격을 격퇴하는 데 성공하였고, 이는 국제적 규모의 통일전선운동에의 동원력으로 작용하였다.[5]

> 파시즘의 위협에 직면하여 코민테른 제7회 대회는 **노동자계급의 통일투쟁전선을 실현하는 것은 현재의 역사적 단계에서 국제노동운동이 당면한 주요 임무**라고 성명한다.

> 노동자계급의 다수자가 자본주의의 타도와 프롤레타리아 혁명의 승리를 위한 투쟁의 공동강령에 입각하여 단결하기 이전에도, 그 소속 조직에 상관없이 노동자계급의 모든 부분의 행동통일을 이루는 것이 절대적으로 필요하다.[6]

공산당계와 사회민주당계 노동자의 통일전선운동은 프랑스에서 가장 먼저 나타났다. 1934년 1월 30일에 프랑스에서 달라디에 총

---

5) 같은 글, p. 138.
6) 같은 글, p. 139.

리(급진사회당)가 입각하는데, 그는 극우파에 대해 우호적이라고 비난 받고 있던 파리 경찰국장 쉬아프(Chiappe)를 해임했다. 그러자 2월 6일 파리에서 극우파시스트들이 폭동을 일으켰고, 총리는 즉각 실각했다.

바로 이어서 반파시즘운동이 분출하였다. 2월 12일 공산당과 사회당이 각자 총파업투쟁에 나섰다. 참가한 노동자 수는 전국에 걸쳐 450만 명에 이르렀고, 파리에서만도 노동자 100만 명이 총파업투쟁에 참가했다. 이 투쟁으로 파시즘의 위협이 격퇴되었다. 이러한 거대한 "2월 행동"에서, 길거리에서 만난 공산-사회 양당의 노동자들은 자연스럽게 하층 행동통일을 이루었고, 상층 행동통일을 요구하게 되었다.

공산당은 5월부터 사회당에 반파시즘 행동통일을 제안했고, 1934년 7월 27일 "프랑스 사회당-공산당 행동통일 협정"을 체결했다. 이 협정으로 노동자통일전선이 실현되었다.

3. 반파쇼 인민전선

코민테른은 노동자통일전선을 2가지 방향에서 발전시킬 것을 요구한다. 먼저 그 참여 폭을 더 넓혀서 반파시즘 인민전선을 구축할 것. 그리고 그 핵인 노동자 통일전선을 더욱 발전시키기 위해 공산-사회당을 단일한 정당으로 합치는 것. 먼저 인민전선에 대하여 다음과 같이 정리한다.

> 공산주의자는 근로 농민, 도시 소부르주아와 피억압 민족의 근로 대중의 투쟁을 프롤레타리아의 지도하에 통합하는 데 노력하면서, 이들 근로자층의 특수한 요구 중에서 프롤레타리아의 근본적 이익과 일치하는 모든 요구를 지지함으로써 프롤레타리아 통일전선의 기초 위에 광범한 <u>반파시즘 인민전선</u>의 창설을 달성하는 데 노력해야 한다. 특히 중요한 것은, 대다수 농민을 약탈하는 파시스트 정책에 반대하고.... 근로 농민을

동원하는 것이다. 모든 곳에서, **도시 소부르주아와 인텔리겐차**, 나아가 직원 사이에서 활동하고... 이들 층을 묶어세우지 않으면 안 된다.[7]

반파시즘 인민전선이란, "프롤레타리아 통일전선의 기초 위에 광범한" 인민들, 즉 근로 농민, 도시 소부르주아, 인텔리겐차를 결합시켜서, 반파시즘 투쟁체를 조직하는 것을 의미한다. 현실에서는 나라에 따라서, 도시 소부르주아만이 아니라, 대부르주아와 대지주를 제외한, 반파시즘에 동의하는 중소부르주아의 일부도 포함하게 된다. 그리고 코민테른은, 이 투쟁을 "프롤레타리아의 지도하에 통합하는 데 노력"하여야 한다는 것을 명시한다. 소부르주아가 아니라, 노동자가 지도할 때에만 파시즘과의 투쟁에서 승리할 수 있고, 사회주의로 더욱 나아갈 수 있기 때문이다.

프랑스의 경우, 공산당은 1934년 10월 9일에 인민전선 슬로건을 내걸었다. 1935년 6월에는, 공산당, 사회당, 급진사회당[8]과 기타 2개 정당, 2개의 노동총동맹, 반파시즘 지식인 감시위원회, 그 외 약 50개의 단체가 참가하는 "인민연합 전국위원회"가 만들어진다. 위원회는 인민전선의 중핵체가 된다. 1936년 1월 12일에 "프랑스 인민전선강령"을 채택·발표한다. 그리고 1936년 4월 26일-5월 3일의 총선거에서 인민전선이 승리한다. 인민전선에 의거하는 블룸(사회당)을 수반으로 하는 사회당-급진사회당 정부가 성립했다. 공산당은 내부결정에 따라 입각하지 않았다. 프랑스 인민전선 내각은 이후 1940년에 독일군이 프랑스를 점령하면서 막을 내린다.

---

7) 같은 글, pp. 142-143.
8) 공화제 옹호, 반(反)교회주의, 반독점 등을 정강으로 내세웠다. 그러나 사회주의적 강령은 완화해 사유재산제를 인정했다. 소부르주아 층을 기반으로, 중소농민, 소상인 등이 이 당의 주요 지지층이었다. [네이버 지식백과]

4. 공산당과 사회당의 통합

"결의"는, 공산당과 사회당을 단일조직으로 통합시켜 나가는 것이 혁명을 성공시키기 위해서 반드시 필요하다고 밝히며, 그 방도를 다음과 같이 제시하고 있다.

> 코민테른 제7회 대회는 행동의 통일이 긴급한 필요사항이며, 이것이야 말로 프롤레타리아의 정치적 통일을 이루어내기 위한 가장 확실한 길이라고 생각....[9]

그리고 행동의 통일에서 시작하여, 정치적 통일로 가기 위해서 다음을 제시한다.

> (공산당이: 인용자) 사회민주당이나 그 산하 조직과 공동의 행동을 취한다는 것은.... 사회민주주의에 대해 진실되고 이치에 맞는 비판을 가하지 않는다든지, 사회민주당계의 노동자에게 공산주의 원리와 강령을 끈기 있게 설명하지 않는다는 것을 의미하는 것이 아닐 뿐만 아니라, 오히려 **더욱더 그렇게 해야 한다**는 것을 의미하는 것이다.

> 사회민주당의 **반동적 부분에 대한 투쟁을 강화하는 한편, 개량주의적 정책과 싸우고 있고 공산당과의 통일전선에 찬성하고 있는 좌익 사회민주주의적 노동자·활동가·조직과의 사이에 가장 긴밀한 협력관계**를 세워야 한다.[10]

또한 적색 노동조합과 개량주의적 노동조합을 통합하고, "공산청년동맹과 사회주의청년동맹의 반파시즘 연합을 결성"하는 것이 필요하다고 주장한다.

---

9) "결의", pp. 149-150.
10) 같은 글, pp. 141-142.

양당의 통합의 조건으로는 다음을 제시한다.

> (사회민주당이: 인용자) 부르주아로부터 완전히 독립하고, 사회민주당과 부르주아의 블록이 완전히 파기될 것, 이미 행동의 통일이 실현되어 있을 것, 부르주아의 지배를 혁명적으로 타도하고 쏘비에트의 형태로 프롤레타리아의 독재를 수립할 필요가 승인될 것, 제국주의 전쟁 시에 자국 부르주아에 대한 지지를 거부할 것, 러시아 볼셰비키의 경험에 의해서 검증된 의사와 행동의 통일을 보장하는 민주적 중앙집권제에 입각하여 당을 건설할 것.11)

5. 인민전선 정부의 성격

반파시즘 인민전선 정부의 성격에 대해 "결의"는 다음과 같이 밝힌다.

> 지배계급에게 이미 대중운동의 강력한 고양을 억제할 힘이 없어진 정치적 위기의 조건하에서는.... 노동자 대중을 권력의 혁명적 탈취 직전까지 이끄는 것을 목적으로 하는 근본적인 혁명적 슬로건(예컨대 생산과 은행의 통제, 경찰의 해산, 노동자 무장 민병에 의한 경찰의 대체 등등)을 내걸어야 한다. 대중운동의 이 같은 고양으로 프롤레타리아 통일전선 정부 또는 반파시즘 인민전선 정부— 이것은 아직 프롤레타리아 집권의 정부는 아니지만, 파시즘과 반동을 억누르는 단호한 조치를 실시할 수 있는 정부다 —를 창설하는 것이 가능하게 되며....12)

인민전선 정부는 "아직 프롤레타리아 집권의 정부는 아니지만", "노동자 대중을 권력의 혁명적 탈취 직전까지 이끄는" 정부라고 밝히고 있다. 또한 "극히 광범한 근로대중이 파시즘과 반동에 격렬하게 반대하고 있지만, 아직 쏘비에트 권력을 위한 투쟁에 떨쳐나설

---

11) 같은 글, p. 149.
12) 같은 글, p. 143.

만큼 준비가 되어 있지 않은" 조건에서 가능한 정부라고 규정한다. 이 부분은 비판적으로 이해할 필요가 있다.

러시아의 쏘비에트 혁명이란, 노동자 봉기를 통해 기존의 국가기구를 분쇄하고, 노동자 쏘비에트의 연합으로 새로운 국가조직을 만드는 것을 말한다. 그래서 "결의"는 "부르주아의 지배를 혁명적으로 타도하고 쏘비에트의 형태로 프롤레타리아의 독재를 수립"하는 것을 당연시 하였다.

1936년 초에 프랑스와 스페인에서 선거로 인민전선 정부가 수립되었으니, "결의"가 발표된 1935년 8월에는 인민전선 정부가 선거를 통해 가능할 것이 충분히 예측되었을 것이다. 그러나 그 정부는 "쏘비에트 형태"가 결코 아니므로, 코민테른의 시각으로는 혁명정부일 수는 없었을 것이다.

그러면 혁명은 두 가지 경로가 가능할 것이다. 하나는 쏘비에트를 창출하여, 인민전선 정부를 전복하고, 쏘비에트 연합으로 혁명국가를 구성하는 것이다. 다른 하나는 인민전선 정부가 프롤레타리아 독재기구로 성장·전화하는 방식이다. 이것은 제2차 세계대전 후에 중국과 동유럽에서, 새로운 혁명의 방식으로 나타난 인민민주주의 혁명 방식이 될 것이다. 전자, 즉 쏘비에트 방식을 추구한다면, 사회당과 공산당이 주도하는 인민전선 정부를 파괴하는 것이 되는데, 이는 자기 파괴일 뿐이다. 그러나 후자 방식의 혁명론은 분명히 제기할 수 없었다. 당시에 새로운 혁명방식인 인민민주주의 혁명론을 분명하게 제기할 수는 없었다. 결국 "결의"에서는 명확한 결론을 내리지 못하고 있다.

이후 1937년 7월 26일 발표한 "이탈리아 사회당-공산당의 행동통일 신협정"에서는 다음을 선언한다.

> 현단계 계급투쟁과 정치투쟁에서 양당은, 민주주의 획득, 노동자계급이 이끄는 민주적 공화제— 인민에게 빵과 평화와 자유를 보장하고, 반동과

파시즘의 경제적 기초를 근저에서부터 파괴하는 데 필요한 제 조치(**산업·은행 독점자본의 국유화**, 농촌에서 일체의 봉건제의 타파)를 취하여 **사회주의로의 전진의 길을 여는 공화제** —의 수립을 목표로 하는 투쟁을 전 이탈리아 인민에게 호소하며, 또한 그들을 이 투쟁에로 조직할 것을 결의한다.13) (강조는 인용자)

여기서 인민전선 정부의 성격을 "사회주의로의 전진의 길을 여는 공화제"로 규정하고, 산업·은행 독점자본의 국유화라는 사회주의적 요구를 제기하고 있다. 즉 인민전선 정부가 사회주의정부(국가)로 성장 전화할 수 있음을 드러내고 있다.

II. 스페인의 반파쇼 인민전선

1930년대의 스페인은 혁명전의 러시아와 유사한 점이 많았다. 유럽대륙의 동쪽 끝에 있는 러시아도, 남쪽 끝에 있는 스페인도 정치경제적으로 유럽의 주변국이었다. 러시아의 짜르처럼, 스페인 왕정(1931년까지 통치)은 무능했다. 스페인의 노동자 농민도 러시아처럼 매우 전투적이었다. 그래서 제2의 러시아 혁명이, "자본주의의 약한 고리"인 스페인에서 예견되곤 했다.

스페인은 당시 2400만 인구 중 절반이 문맹이고, 70%가 농민인 농업국이었다. 주로 남부와 서부가 농업지역이었다. 토지소유자 중 2%의 사람들이 경작지의 절반을 점유할 정도로, 대토지 소유제가 지배적이어서, 소작농이 많았다. 농업노동자의 비율도 높았다14). 농

---

13) "이탈리아 사회당-공산당의 행동통일 신협정", 편집부 엮음, ≪코민테른 자료선집 3—통일전선, 민족식민지 문제≫, 동녘선서, 1989, p. 188.
14) 농업노동인구가 450만 명이고 이들 중 70%(315만 명)는 토지가 없었다. 이들 중 상당수가 수확기와 파종기에 대농장에 일시적으로 고용되는 농업노동자였다. 안달루시아 지역에 특히 많았으며, 무정부주의자 노동조합인

민들의 삶은 비참했고, 19세기 이래 아나키즘의 영향(특히 안달루시아, 카탈루니아, 아라곤)으로 격렬한 산발적 봉기를 지속해왔다. 카톨릭 교회는 주요한 대토지 소유자였고, 제수이트회(Jesuits)는 주요 은행들과 철도, 광산, 공장들을 소유 혹은 통제하고 있었다.

공업은 북부지역인 아스투리아주와 바스크(Basque) 지역의 해안을 따라서 (주로 광업), 그리고 동부 해안의 카탈루니아(Catalonia, 주도는 바르셀로나, 경공업)에 집중되어 있었다. 카탈루니아는 스페인 공업생산의 80%를 차지할 정도로 압도적이었다. 주요 부분이 외국의 자본에 의해서 지배되고 있었다. 프랑스가 압도적이었고, 영국, 벨기에, 캐나다, 미국 등이 주요 투자 국가였다.15)

정치지형은 크게 극우파시스트 진영, 공화 진영, 노동자·농민 진영으로 나눌 수 있다.

극우파시스트 진영은 왕당파(알폰소 국왕지지파와 카를로스파), 군부, 팔랑헤당, 에스파니아 자치우익연합(CEDA) 등이다. 왕정, 카톨릭 교회, 대지주, 대자본가 등의 이해를 대변했다. 스페인 내전 시 프랑코 진영을 구성한다. 프랑코는 팔랑헤당과 카를로스파를 중심으로, 에스파니아 자치우익연합을 흡수하여 통합팔랑헤당을 만든다.

공화 진영은 부르주아 진영을 대변하는 정당이다. 좌우로 구분할 수 있다. 우익은 급진공화당, 자유공화우파, 카탈루니아 연맹 등인데, 이들은 인민전선 정부에 참여하지 않는다. 좌익은 공화연합, 공화좌파, 카탈루니아 공화좌파 등이고, 이들은 인민전선 정부에 참여한다. 정치적으로는 보다 자유주의적이고, 지지기반으로는 주로 중소자본가를 대변하고 있다고 보인다.

노동자·농민 진영은 무정부주의 진영, 사회주의노동자당, 공산

전국노동연합의 중핵을 이루었다. 광공업 노동인구는 200만 명이었다.
15) 미국 진보노동당, "스페인 내전(1936-1939)의 교훈", ≪정세와 노동≫ 제32호, 2008. 2. p. 63.

당, 맑스주의 통합노동자당이 있다.

무정부주의 진영에는 이베리아 아나키스트연합(FAI), 노동조합으로 전국노동연합(CNT), 청년조직으로 이베리아 절대자유주의 청년연합, 여성조직으로 자유여성이 있다. 스페인에는 바쿠닌의 무정부주의가 맑스주의보다 먼저 도입되었다. 노동자와 농민들에게 영향력이 크고, 사회주의자들보다 조직규모가 더 컸다. 그러나 정치참여를 부정하기 때문에, 대중적 세력에 비하여 정치적 힘이 제한되었다.

사회주의노동자당은 1879년에 만들어지고, 산하에 노조조직으로 노동자총동맹(UGT), 청년조직으로 사회주의청년단이 있다. 노동자총동맹의 구성은 1932년 당시에, 도시 서비스노동자 23만 6천, 광공업과 운수(주로 철도)노동자 28만 7천, 농민(소토지 소유농, 소작농) 44만 명이었다.

공산당은 청년조직으로 공산주의청년동맹이 있었다.

카탈루니아 통합사회당은 1936년 봄 카탈루니아 지역 사회주의 정당들의 합병으로 만들어지고, 공산주의자들이 지도하였다.

맑스주의 통합노동자당(POUM)은 뜨로츠끼주의자들의 조직으로, 주로 카탈루니아 지역에 국한되어 있었고, 세력은 미미하였다.

1930년대에 이들 간의 관계는, 군부를 중핵으로 하는 극우파시스트 진영과 사회-공산 진영을 중핵으로 하는 인민전선 진영과의 밀고 밀리는 투쟁이었다. 이 투쟁은 파시즘인가 사회주의인가를 두고 벌어진 투쟁으로 볼 수 있다. 그리고 부르주아 공화 진영은 끝임 없이 좌우로 동요하고, 분열되었다.

1. 1931년 공화정부 수립: 공화파와 사회당의 연립정부 출현

1931년에 왕정이 폐위되고, 4월에 공화정이 시작된다. 6월 국회의원 선거에서 우익 80석, 중간파 100석, 우파 공화파 30석, 좌파 공화파 80석, 사회당이 120석을 차지했다. 무정부주의자는 선거에 참가하지 않았다. 공산당은 당시 당원 1천 명 정도 소규모 정당이었고, 선거에서 6만 표를 획득했다. 사회당이 제1당이 되었고, 공화파와 사회당의 연립정부16)가 출범한다. 자유공화우파의 사모라가 총리가 되지만 동년 10월에 사임하고, 공화좌파 아사냐가 총리가 된다. 사회당의 카발레로가 노동부장관을 맡았다.

공화국은 양성의 보통선거권을 확립했고, 충분치 못한 토지개혁을 선포했으며, 공공교육을 확대하고, 군과 카톨릭 교회의 특권을 축소했다. 토지개혁의 내용을 둘러싼 공화파와 사회당의 대립으로 농지개혁법은 세 번이나 유산된 끝에 1932년 9월에야 성립되었다. 근본적으로 대토지 소유를 폐지하는 것이 아니었지만, 그마저도 실행은 지지부진했다. 1932년 말부터 1933년에 걸쳐 농민운동이 격화되었고, 특히 에스토레마도라와 안달루시아에서는 토지접거 운동이 전개되었다.

노동자들의 투쟁도 격화되었다.

스페인 제2공화정17)이 세계공황의 진행과정 중에 탄생된 것은 아사냐 정부에 중대한 시련을 부과한 것으로 되었다. 스페인에서의 공황은 1932년부터 1933년에 걸쳐 절정에 달해, 각지에서 노동자와 농민의 운동이 격화되었다. 정부의 통계에 의하면 1930년의 노동자 파업이 368건임에 반해, 1933년에는 1046건으로 증가하고 있다. 아사냐의 공화-사회 연립내각은 이들의 투쟁에 탄압을 가했다. 그러한 정부의 태도는 특히, 아나키스트계 노동자의 제2공화정에 대한 불만을 적의로 전화시켰다. 1933년 1월의 카디스 주의 카사드 비에하스에서의 아나키스트 반란에 대해 정부는 비행기에 의한 폭격이나 포로의 총살 등의 수단을 사용하는 탄압을

---

16) 의원내각제 형태이다. 총리(수상)가 정부를 운영하고, 대통령이 있지만 형식적 존재이다.
17) 스페인 제1공화국은 1873년 2월 11일-1874년 12월 29일 동안 존재했었다. 그래서 1931년 성립된 공화국을 제2공화국이라고 한다.

허용하였다. 이 사건에 의해 아사냐 정부는 좌우 양익으로부터 공격을 받게 되었다. 입각하고 있던 사회당 지도자 라르고 카발레로는 아사냐에 대한 협력을 거부하고, 아사냐 내각은 같은 해 9월 붕괴하기에 이른다.[18]

토지개혁의 실패와 공황은 노동자·농민을 점차 급진화시켜 갔다. 이러한 대중들의 흐름을 반영하여, 사회당도 급진화되어 갔다(이른바 "볼셰비키화"). 이러한 흐름을 타고 기회주의적 좌파인 카발레로가, 우파 베스테이로와 프리에토를 누르고, 당과 노동자총동맹(UGT)을 장악한다.

사회당이 정부에 협력을 거부하자, 공화-사회당 연립정부는 1933년 9월에 붕괴하게 된다. 그러나 중소부르주아 진영인 공화좌파를 배척하여, 연립정부를 무너뜨린 것은, 사회당의 좌경적 오류임이 후일 드러난다.

2. 1933년 파시스트들의 대두

파시스트들이 움직이기 시작했다.

이러한 정세 속에서 파쇼적 제 세력들이 정치적 세력으로 등장했다. 그 주된 조직으로서 스페인 혁신당, 팔랑헤당[19], 힐로브레스가 이끄는 에스파니아 자치우익연합(CEDA) 등이 있다. 이들 제 조직 중 독일의 나찌나 이탈리아의 파시스트 당과 흡사한 이데올로기와 운동형태를 갖고 있었던 것은 팔랑헤당이었다. 그 조직자는 독재자 미겔 프리모 데 리베라의 아들 호세 안토니오 프리모 데 리베라이며, 푸른 셔츠를 입은 팔랑헤 당원은 오로지 가두에서 테러 행동에만 호소하고 있었다. 그러나 팔랑헤 세력은 결코 크다고는 말할 수 없었다. 오히려 농촌에 기반을 가지는 에스파니아

---

18) 사이토 다카시, "1930년대와 스페인 내전", ≪스페인 내전 연구≫, 형성사, 1993, p. 44.
19) 1933년 10월에 만들어진다.

자치우익연합이 공화정에 불만을 품은 제 분자를 규합해서 세력을 확대해 가고 있었다.

이러한 파쇼 내지 준 파쇼 제 당파의 출현은, 독일에서 나찌의 제패와 밀접히 관련되어 있다. 리베라도 힐 로브레스도 독일에서 히틀러를 만나고 있었으며, 나찌의 자금 원조를 받고 있었다. 1933년 1월 히틀러의 독일수상 취임에 의한 나찌의 등장과 함께, 유럽에서는 유사한 독재적 정권이 잇달아 나타나고 있었으며, 그러한 국제적 환경 속에서 스페인에도 공화정을 타도하고 파쇼적 체제를 수립하려고 하는 움직임이 나타났던 것이다.[20]

3. 노동자들의 전열정비: 노동자동맹(노동자 통일전선)

파시스트의 반대편에서는 노동자들이 전열을 정비하고 있었다.

1933년 말까지는 카탈루니아에서 구체화되기 시작한 노동전선 통일의 움직임은 그 지역에서 압도적인 세력을 가진 아나키스트-CNT를 권외로 밀어내면서 카탈루니아 좌익 제 정당과 노동조합을 가담시켜 나갔다. "모든 경우에 통일전선을"이라는 구호가 그들에 의해 주창되었다. "노동자동맹"의 출현은 이러한 이론이 현실화한 행동이었다 (공산당은 1934년 10월 4일에 가입한다: 인용자). 그러나 후에 나타나는 바와 같이 이 노동자동맹이 그 진가를 발휘하게 되는 것은 다름 아닌 아스투리아스에서였고 또 아스투리아스에서 뿐이었다.

그런데 아스투리아스에서 노동자동맹의 형성은 히혼의 CNT가 적극적인 역할을 맡고 있었다. 1933년 3월 13일 히혼의 CNT 대의원인 호세 마리아 말티네스, 아베리노 곤자레스 엔트리알고, 오라시오 알귀레스 등 세 명은 오비에도에서 UGT 대의원인 그라시노 안토니아와 회합하고 스페인의 정치, 사회상황의 중대한 사태에 직면하여 노동자동맹의 조속한 체결이 필요함을 역설하였다.

이전부터 노동자동맹의 형성을 주장하여 오던 아스투리아스 사회당 UGT로서는 CNT의 이러한 제안을 환영하여 빠른 시일 내에 UGT-CNT

---

20) 같은 글, p. 47.

간의 교섭이 시작되었다.
 CNT는 이와 마찬가지로 1933년 5월 이후 다른 지방에서의 동맹결성에 전념하였다. 그 결과 갈리시아, 마드리드에서는 그 지역 CNT의 호의적 반응을 얻었으나, 발렌시아에서는 부진한 채로 끝을 보았다.
 UGT와 CNT는 1934년 3월 말경에는 히혼에서 노동자동맹 협정을 10개조에 걸쳐 구체화하기에 이르렀다.[21]

4. 1933년 11월 총선거와 우파들의 승리

 아사냐 내각이 1933년 9월 붕괴하자, 새로운 의회를 구성하기 위해 11월 총선거가 치러졌다. 우파가 승리했다. 에스파니아 자치우익연합(CEDA)이 제1당이 되었다. 지주들의 공세가 시작되어, 토지개혁은 후퇴한다. 급진당의 레루와 삼페르가 번갈아 총리를 맡으며, 사회 전반적으로 반동화가 진행되어 갔다. 이후 1936년의 인민전선 정부의 승리까지의, 이 시기는 "암흑의 2년"으로 불린다.
 제1당이 된 파시스트정당 에스파니아 자치우익연합(CEDA)을 살펴보자.

> 의회에서 다수를 차지한 우익 CEDA의 기관지 《엘 데바테》는 그들의 정책을 다음과 같이 정식화해 놓고 있었다. "처음엔 레루(급진당 소속 총리: 인용자)를 지지하고, 다음에는 레루와 함께 통치하며, 마지막으로 레루를 대치한다." 이에 의하면 삼페르(급진당 소속 총리: 인용자) 내각은 그들의 정권 획득극의 제1막인 셈이었다. 라르고 카발레로는 CEDA의 수령 힐 로부레스의 정책에 매우 위험한 요소가 포함되어 있음을 감지하고 《엘 소시알리스타》 등의 기관지를 통하여 연일 정책의 저지를 절규하였다. 그들에 의하면 힐 로부레스는 스페인의 드레퓌스이며 히틀러의 재판이라고 했다.

---

21) 미찌꼬 외, "아스투리아스 혁명사 서설", 《스페인 내전 연구》, 형성사, 1993, pp. 156-157.

"군주제냐? 공화제냐? 그런 것은 어떠해도 상관없다"고 그(힐 로브레스: 인용자)는 서슴없이 말한다... 또한 힐 로부레스의 궁극적 목표—카톨릭 원리를 기초로 한 일종의 조합국가(Corporative system)의 형성과 그에 의한 국가와 사회의 조화도 좌익으로서는 파시즘과 동일시되는 것이었다.[22]

마침내 1934년 10월, 에스파니아 자치우익연합에서 3명의 각료를 입각시켰다. 레루와 함께 통치하는 정권 획득극의 제2막이 시작된 것이다. "스페인 판 히틀러"의 등장이 현실화되었다. 그러자 모든 좌익들이 궐기했다. 그 결정판인 아스투리아스 "10월 봉기"가 터져 나왔다.

5. 아스투리아스에서의 1934년 "10월 봉기": 노동자들의 반격

1934년 10월 CEDA 출신의 각료[3인: 역자]가 포함된 새로운 정부가 구성되자 노동자총동맹(UGT, Union General de Trabajadores)의 사회당원들과 공산당원들은 이를 파시즘의 개시로 간주, 마드리드의 총파업을 호소했다. (그러나: 인용자) UGT의 지도부는 지하로 잠입했고, 무정부주의자들이 이끌던 거대 노총인 CNT(Confederacion Nacional del Trabajo)는 참가하지 않았으며, 파업은 단명으로 끝났다. 카탈루니아에서는 제네랄리탵(Generalitat, 지방자치정부)이 중앙정부로부터의 독립을 선언했는데, 그러나 무정부주의자들은 역시 이에 참가하지 않았고, 반란은 단명했다.
그런데 아스투리아스 지방에서는 사회주의적 광부들과 공산주의적, 무정부주의적 광부들이 협력, 전면적인 반란을 일으켜 쏘비에트 공화국을 선포했다. 정부는 외인부대와 고데드(Goded) 장군 및 프랑코(Franco) 장군이 지휘하는 무어인(Moorish) 정규군을 불러들였다. 모로코 전쟁에서 군단을 지휘하여 명성을 얻은 프랑코는 백만장자인 후안 마르시(Juan March)에 의해 이 진압 작전을 지휘하도록 선발되었다.

---

22) 같은 책, pp. 164.

치열한 전투 끝에 봉기는 무자비하게 진압되었다. 3,000명에 이르는 노동자들이 살해되었는데, 대부분 항복 후에 살해되었다. 3만 명이 수감 되었다.[23]

즉 급진화된 사회당, 공산당, 아나키스트들이 쏘비에트 혁명을 통해 파시스트를 몰아내고자 한 것이다. 그러나 "사회주의적 광부들과 공산주의적, 무정부주의적 광부들이 협력"하여, 노동자통일전선이 형성되었던 아스투리아스에서만 봉기가 성공하였다. 광부들의 영웅적 투쟁으로 쏘비에트는 2주 동안 유지되었지만, 고립되어 결국 진압당하고 만다. 노동자계급은 "쏘비에트 혁명을 위한 투쟁에 떨쳐나설 준비가 되어 있지 않음"[24]이 증명된 것이다. 개량주의자들인 사회당 지도부 우파는 봉기 자체에 반대했다. 당내 좌익인 카발레로가 봉기를 계획하고 주도했지만, 정작 카발레로파의 본거지인 마드리드에서 움직임이 미미했다. 전국적 조직을 가지고, 가장 많은 조직원을 가진 무정부주의자들은 거의 움직이지 않았다. 농민들도 움직임이 없었다.

여기서 당시 카발레로가 주도한 사회당의 좌경적 오류를 지적할 수 있다. 첫째, 1933년에는 사회-공화 연립정부를 붕괴시켜, 결국 파시스트들에게 정부를 넘겨주었다. 둘째로, 정부를 버리는 대신, 1934년에 그들은 쏘비에트 혁명을 위한 봉기를 선택했다. 그러나 지도부도 대중도 전혀 준비가 되어 있지 않았다.

목전에서는 파시스트 체제가 완성되어 가고 있다. 노동자들이 당장에 혁명적으로 떨쳐 일어서는 것은 불가능하다. 다른 방법이 모색되어야 했다.

---

23) 미국 진보노동당, "스페인 내전(1936-1939)의 교훈", 《정세와 노동》 제32호 (2008년 2월호), pp. 64-65.
24) "파시즘의 공세와 파시즘에 반대하고 노동자계급의 통일을 지향하는 투쟁에서의 코민테른의 임무(결의)", 편집부 엮음, 《코민테른 자료선집 3—통일전선, 민족식민지 문제》, 동녘선서, 1989, p. 143.

6. 인민전선 정부의 승리

10월 봉기가 실패한 이후 공산당은 불법화되었다. 이때부터 1936년 2월 인민전선 정부가 들어서기까지 공산당은 3개의 기본적인 방침— 정치범의 처형반대와 대사면 요구, 노동자계급의 통일, 반파시즘 인민블럭의 형성 —에 따라 투쟁을 진행했다. 1935년 3월에 각 당파를 망라한 "정치범 구원 전국위원회"가 결성되어, 사형수 감형을 쟁취하는 데 성공했다.

파시스트 진영에서는 1935년 5월에 CEDA 당수 힐 로브레스가 육군장관, 프랑코가 참모총장이 되었다. 여기에 맞서 공산당은 민주적 조직들과 정당에 대해 반파시즘 인민블럭의 형성을 제안했다. 사회당과 공화좌파(당)는 이 제안을 받아들이지 않았다.

그러나 공산당은 1935년 초여름 다른 공화파 정당들과 함께 인민전선의 첫 전국조직을 결성했다. 참가한 조직은 공산당, 공산주의청년동맹, 연방공화당, 좌익급진사회당, 좌파공화청년동맹, 통일노동총동맹, 담배노동자연합, 노동총동맹에 가입한 국가공무원 노동조합 등이었다.

노동자들의 통일전선 움직임도 계속 되었다. 사회당 청년조직인 스페인 사회주의청년동맹(서기장 카릴리요)은 코민테른의 강령을 승인하고 있었는데, 공산당의 청년조직인 공산주의청년동맹과 통합을 추진하였다. 이후 1936년 4월, 두 조직은 통합되고, 11월에 공산당에 가입한다. 사회당 내에서도 통일에 대한 압력이 강화되어 갔다. 1935년 12월 공산당의 영향 아래 있던 통일노동총동맹(CGTU)이 사회당계의 노동총동맹에 가입하여 노동조합운동의 통일을 향한 거보를 내딛었다. 이후 내전 시기인 1937년경에는 사회당계와 공산당계 노동자의 통일에 대한 열망은 더욱 높아져, 각지에서 양당 합동운동이 시작되었다. 1937년 6월 18일-20일에 발렌시아에서 열린 공산당 "전쟁 시 제2차 중앙위원회 총회"는 주로 프롤레타리아 통일정당을 결성하는 문제를 의제로 삼았다. 수천 명의 사회당 노동자들도 이 총회의 결의를 환영했고, 각지의 집회에서 사회당 지도자들도 통일선언을 했다. 프롤레타리아의 통일정당을 결성하기 위한 당의 투쟁은 내란이 끝날 때까지 계속되었다. 1937년 8월 17일 채택한 "공산당-사회당 공동행동강령[25]"은 그러한 전진을 분명하게 보여준다.

1935년 가을 급진당의 부패 사건[26]이 잇달아 터져서, 자치우익연합(CEDA)과 급진당의 정부가 위기에 빠진다. 대통령은 국회를 해산하고 1936년 2월에 새로운 선거를 실시할 것을 포고했다.

1935년 11월 공화좌파의 아샤냐가 사회당에 편지를 보내 선거연합을 제안했다. 사회당 집행위원회는 선거연합에 공산당을 포함시킬 것을 주장하고, 노동자 조직과 좌파 공화파들과의 블록의 기초가 될 강령초안[27]을 작성했다. 공화파 정당과 노동자 정당들과의 회담은 난항을 거듭했다. 마침내 1936년 1월 15일, 사회당과 공산당 측의 유연한 태도로 인민전선협정(인민블럭협정)이 공화파 정당들과 노동자 정당들의 대표들 사이에 조인되었다[28].

---

25) "자료17: 공산당-사회당 공동행령강령, 1937.8.17", 편집부 엮음, ≪코민테른 자료선집 3—통일전선, 민족식민지 문제≫, 동녘선서, 1989, pp. 203-209.
26) 1935년 10월, 에스트라페를로 도박추문 사건: 네덜란드인 사업가 2명이 도박인 룰렛 게임의 특허권을 따내서 스페인에 도입하려고 했다. 그러나 스페인에서는 사행성 게임이 법으로 금지되고 있었다. 그래서 뇌물을 써서 허가를 얻고자 했다. 이 뇌물수수 사건에 레루 총리의 양자인 아우렐리오 등 급진당 인사들이 연루되었다.
동년 11월에도 사업가 안토니오 타야가 뇌물을 써서 정부 발주 계약을 따낸 사건이 터졌다.
27) 전문은 다음을 보라.
"자료16: 인민전선의 선언, 1936.1.15.", 편집부 엮음, ≪코민테른 자료선집 3—통일전선, 민족식민지 문제≫, 동녘선서, 1989, pp. 203-209.
28) 전문은 다음을 보라.

여기서 사회당과 공산당이 애초 제출했던 강령 초안을 비교해보자. 농민의 토지 문제에 대하여 사회당은 토지국유화와 강제집단화를 주장했다. 공산당은 봉건적 토지소유의 무상몰수와 농업노동자 및 빈농에 대한 그 분배를 요구하는 데 그치고, 집단화는 농민의 자발성에 맞추고 있다. 공산당은 부르주아민주주의 혁명의 단계로 보았다. 즉 카톨릭 교회와 대지주들의 봉건적 대토지소유를 일소함으로써, 반봉건민주주의 혁명을 이루고자 했다. 이는 파시즘의 기반을 분쇄하는 것이었다. 그리고 한편으로는 집단화라는 사회주의적 조치까지 나아가지 않음으로써, 소부르주아와 그 정치세력인 좌파 공화세력들을 견인하고자 했다. 이에 비해 사회당이 제출한 즉각적인 토지국유화와 강제집단화는 사회주의적 조치로서, 소부르주아와 충돌하고, 결국 좌파 공화세력들에 적대하는 결과를 초래하여 인민전선을 불가능하게 했을 것이다. 사회당이, 농민문제에 대해서 좌경적 오류를 범하고 있음을 알 수 있다29).

반면 파시스트들에 대한 조치에 대해서는, 공산당이 왕당파 조직과 파시스트 조직의 무장해제와 해산을 요구하였다. 반면 사회당의 초안에는 이러한 요구가 없다. 이 부분에선 사회당이 우경적 오류를 저지르고 있음을 알 수 있다.

1936년 2월 16일 선거는 인민전선과 우익 및 중앙파의 결전이었다. 선거 결과 우익과 중앙파가 205석, 인민전선 268석(공화파 158석, 사회당 88석, 공산당 17석)으로 인민전선이 승리했다. 그러나 전체 득표수를 보면 우익이 약 450만 표, 인민전선 약 460만 표로

같은 글, pp. 192-202.
29) 이후 1937년 8월 17일 채택하게 되는 "공산당-사회당 공동행령강령"에서는 "제10. 상공업 소부르주아와의 우호적 원조관계를 맺기 위한 정책"을 분명히 하며 공산당의 노선이 관철된다. 토지문제에 대해서도 공산당의 노선이 관철된다.

별로 차이가 나지 않는다. 사회당과 공산당은 총 105석이고 공화파는 158석이다.

공산당은, 중간층으로 불리는 공화파를 견인하려고 계속 노력했다. 그 이유가 바로 노동자당들의 힘만으로는 선거에서 우익을 이길 수 없고, 이는 파시즘에 대한 패배를 의미했기 때문이다. 사회당 좌파는 즉각적인 사회주의 혁명노선을 추구했는데, 이 노선이 실현되었다면 공화파들과 적대하게 되고 결국 선거에서 파시즘의 승리를 가져왔을 것이다. 이들의 좌경적 오류를 다시 확인할 수 있다. 2월 19일 공화좌파의 아사냐 내각이 성립했다.

의회에서 파시즘은 격퇴되었다. 인민전선의 승리는 공산당의 정책이 올바르다는 것을 입증했다. 당의 권위와 영향력은 커졌고, 당원 수는 비약적으로 증가했다. 당원 수는 1936년 2월에서 3월까지 3만 명에서 5만 명으로 늘었다. 4월에는 6만 명, 7월 8만4천 명, 7월 17일의 파시스트 반란 직전에는 10만 명을 헤아리게 되었다.[30]

7. 파시스트들의 반란: 1936년 7월 18일, 스페인 내전 발발

의회 내에서 파시스트들은 패배했지만, 그들은 패배를 인정하지 않았다. 1936년 7월 17일 의회 밖에서의 투쟁, 즉 군사 쿠데타를 도발했다. 쿠데타는 전면적 내전으로 발전했다. 내전은 다시 국제전(제2차 세계대전의 축소판, "국제적 내전")의 양상을 띠었다.

독일과 이탈리아가 스페인 파시스트들 쪽으로 참전했다. 반면 쏘련과 멕시코, 그리고 세계 각지의 공산당이 조직한 국제여단이 인민전선(공화국) 쪽으로 참전했다. 그리고 영국, 미국, 프랑스 등 자본주의 국가들은 "불간섭정책"을 표방하였지만, 사실상 파시스트들의

---

30) 이 부분은 다음을 요약한 것이다.
"자료16: 인민전선의 선언, 1936.1.15.", 편집부 엮음, ≪코민테른 자료선집 3 —통일전선, 민족식민지 문제≫, 동녘선서, 1989, pp. 192-194.

편을 들었다. 그들은 인민전선 측으로 가는 지원은 봉쇄(쏘련의 인적·물적 지원과 국제여단의 스페인 입국 등)하였지만, 독일과 이탈리아가 파시스트를 지원하는 것은 모르는 체했다. 결국 3년 동안의 내전은 1939년 4월, 프랑코 파시스트들의 승리로 끝났다31).

스페인 2천4백만 명의 인구 중 내전으로 1백만 명이 사망했다. 이 중 10-15만 명은 전투에서 사망했지만, 나머지 85만-90만 명 중 많은 부분은 테러나 처형 등으로 살해되었다(기아나 질병 등으로 인한 사망도 고려해야 할 것이다). 인민전선 정부 지역에서는, 파시스트로 몰려 약 2만 명이 살해된 것으로 추정되고 있다. 그러면 파시스트들에 의한 학살의 규모를 짐작해 볼 수 있다. 프랑코 점령 지역에서 내전 초기인 1936년 7월부터 1944년까지 30만-40만이 테러나 처형으로 살해되었다32)고 하지만, 그 숫자는 훨씬 더 클 것으로 생각된다. 내전 종료 후에도 인민전선 정부 측 인사 1만 명이 처형당하고, 25만 명이 투옥되었다. 40만 명이 외국으로 망명했다.

8. 인민전선정부가 패배한 원인

인민전선은 결국은 패배했다. 패배의 원인은 무엇인가?

첫째, 노동자들이 인민전선 정부의 초기에 주도권을 가지지 못했다. 군사 쿠데타의 성패는 초기 대응이 결정적으로 중요하다. 전국 50개의 병영에서 거의 동시에 장군들의 쿠데타가 발발하자, 전국 각지에서 노동자들이 무기를 요구했다. 그러나 공화좌파의 키로가 총리는 노동자들에게 무기를 건네주지 말고, 멋대로 무장하는 사람은 쏘아죽이라는 명령을 전국의 주지사에게 내렸다. 그는 오른쪽의

---

31) 스페인 내전에 대한 자세한 분석은 다음 기회로 미룬다.
32) 사이토 다카시, "1930년대와 스페인 내전", ≪스페인 내전 연구≫, 형성사, 1993, p. 72.

파시스트들보다도 왼쪽의 노동자들이 무장하는 것을 더 두려워했던 것이다. 결국 도시에서는 노동자들이 경찰서와 병영을 습격하여 무기를 탈취하여, 파시스트들을 격퇴하였다. 그러나 농촌에서는 그러지를 못했다. 결국 그 48시간 동안 파시스트들은 내전의 교두보를 확보할 수 있었다.

그럼에도 불구하고 반란의 이 최초의 국면이 끝날 무렵에는 스페인 국토의 3분의 2와 인구의 4분의 3이 공화국에 의해 장악되어 있었다. 카탈루니아, 북부 아스투리아스 등 공업지역과, 정치의 중심인 마드리드 등 대도시는 모두 공화국이 차지하고 있었다. 파시스트들은 북부 산악지역과 남서부 안달루시아 일부, 그리고 스페인령 모로코를 장악했을 뿐이다. 만약 공화파 정부가 아니라 노동자 정부였다면 반란은 단호하게 제압되었을 가능성이 높다.

둘째, 독일과 이탈리아의 개입이, 또 다른 패배의 원인이다. 그들은 전면적으로 개입하여, 초기에 매우 불리했던 군사반란의 형세를 역전시킨다. 반면 공화파도 쏘련과 국제여단의 지원을 받지만, 그 양과 질은 현저한 차이가 난다.

파시스트들의 주력군은 외인부대와 모로코에 있는 아프리카 군단(Army of the Africa)의 무어인 정규부대였지만, 그들은 해협을 건너 스페인으로 갈 수 없었는데, 이는 함대의 수병들이 그들의 장교들을 체포하고 그들이 반란에 합류하지 못하도록 했기 때문이었다. 이러한 곤궁에서 프랑코를 구하기 위해서 히틀러가 최초의 대대적인 군사지원을 했는데, 20대의 수송기를 파견하여 아프리카 군단을 스페인으로 실어 나른 것이다. 최고조에 달했을 때 독일은 콘도르군단(Condor Legion)이라는 약 6천 명에 이르는 특수부대를 파견하여 프랑코를 지원했는데, 이 부대는 거대한 양의 물자와 주로 기갑병, 비행기 조종사, 포병 및 고문관들로 이루어져 있었다. 프랑코를 지원한 이탈리아 군의 최대 규모는 약 10만 명의 병력과 막대한 양의 물자로 이루어져 있었다. 유럽의 '민주주의 국가들'은, 공화국에 무기를 팔기를 거절하면서 시작된 '불간섭' 정책으로 거들었고, 독일 및 이탈리아와 협력하여 해상봉쇄를 수행했다.

공화국에 대한 쏘련의 원조가 스페인에 도착하기 시작한 것은 마드리드 방어를 위한 탱크 분견대가 겨우 도착한 1936년 10월이었다. 스페인 내의 쏘련 병력 수는 한 번도 총 700명이 넘은 적이 없었을 것이다. 프랑스가 국경을 봉쇄한 후 쏘련의 무기 수송이 제한되었는데, 이는 이탈리아의 잠수함과 비행기, 그리고 '불간섭' 순찰이라는 장애를 극복하지 않으면 안 되었기 때문이었고, 또한 세계대전을 피하고자 하는 바람― 결국은 실현되지 못한 바람 ―때문이었다. 프랑코 측의 자료에 의하면, 무기를 운반하고 있다는 이유로 53척의 상선이 침몰되었고, 324척이 나포되었으며, 1,000척이 해상에 억류되었다. 물론 이들 모두가 쏘련의 전쟁물자를 운반하고 있었던 것은 아닌데, 아무튼 침몰된 것으로 알려진 쏘련 선박 중에는 콤소몰호, 티미리아체프호, 블라고에프호가 포함되어 있었다.

이러한 온갖 종류의 외국의 간섭 때문에 공화파는 한 번도 동등한 무기로 싸워본 적이 없으며, 전형적으로 물자와 인력에서 3대 1, 혹은 4대 1의 열세에 부딪쳤다.[33]

셋째, 노동진영 내부에서는 공산당이 주도권을 가지지 못했다. 1936년 9월 사회당의 카발레로 내각이 들어서고, 1937년 5월에는 사회당의 네그린 내각이 들어서서 종전까지 유지되었다. 내전이 지속되며 공산당의 세력은 강화되어 갔지만, 네그린 내각에서도 사회당원 3명, 공산당원 2명, 공화당원 2명, 카탈루니아 민족주의자 1명, 바스크 민족주의자 1명의 순이었다.

주도권을 가진 사회당은 분파주의적이고, 불철저한 모습을 지속적으로 보여주었다. 카발레로는 1937년 5월 카탈루니아에서 무정부주의자들과 뜨로츠끼주의자들이 반란[34]을 일으킨 후에도, 공산당을

---

33) 미국 진보노동당, "스페인 내전(1936-1939)의 교훈", ≪정세와 노동≫ 제32호 (2008년 2월호), pp. 87-89.
34) 자세한 내용은 다음을 보라.
채만수, "좌익공산주의자들의 쏘련론(상)", ≪노동사회과학 제5호; 좌·우익 기회주의의 현재≫, 2012. 4. pp. 119-124.

견제하기 위하여 무정부주의자들을 입각시키려 했다. 전쟁이 한창인 1938년에, 전쟁장관이던 사회당 프리에토는 프랑스 대사 라본에게 전쟁은 이미 패한 것이나 다름없다고 선언했다. 그는 또 많은 공산주의 장교들을 군에서 추방했다.

스페인 공산당은, '좌익' 사회주의 허풍장이 프란시스코 라르고 카발레로(Francisco Largo Caballero)가 수반으로 있던 공화파 정부에게 도시의 요새화를 조직하도록 촉구했다. 수상 카발레로는, "스페인 사람들은 나무 뒤에서 싸울지는 몰라도 결코 참호 속에서는 싸우지 않는다"고 대답했다. 카발레로 수상뿐 아니라 전쟁장관 역시 그의 눈부신 무능력을 특정 시간에만 과시했다. 오전 8시 30분에서 9시까지만 서류에 결재를 하겠다는 것이며, 오후 10시 이후에는 연락하지 말라는 명령을 내렸다! 1936년 11월 6일 정부는 공식적으로 수도 방위 책임을 방기하고 발렌시아(Balencia)로 옮겨갔다. 공산당원들을 제외한 모든 각료들이, 심지어 전쟁장관의 음반들까지 챙겨서, 라르고 카발레로와 함께 떠나버렸다. 시가전이 한창이던 9일 카발레로는 놓고 온 은식기들을 챙겨 오도록 마드리드로 심부름꾼을 보냈지만, "마드리드에 남은 사람들이 아직 식사 중"이라는 대답을 들었을 뿐이다.35)

최대 노동자조직이었던 무정부주의자들은 문제가 더욱 심각했다.

11월 8일에서 15일 사이에 9개의 민병 부대들이 다른 지역에서 마드리드로 왔다. 그 중에서 아라곤 전선(Aragon Front)에서 온 3천 명으로 이루어진 한 무정부주의자들의 부대는, 무정부주의적 군대 조직의 실례로서 언급해둘 필요가 있다. 그 부대는 부에나벤투라 두루티(Buenaventura Durruti)36)가 통솔하고 있었는데, 그는 "다른 부대가 자신들의 전과를 가로챌 수 없도록 하기 위해서" 한 구역을 독자적으로 담당하겠다고 요구했고, 이 요구는 무정부주의자인 법무장관에 의해서 받아들여졌다.

---

35) 미국 진보노동당, "스페인 내전(1936-1939)의 교훈", ≪정세와 노동≫ 제32호 (2008년 2월호), pp. 89-90.
36) 전투적인 무정부주의 지도자.

이들 무정부주의자들에게는, 포병 및 항공 지원과 함께, 대학 도시의 한 구획이 맡겨졌으나, 공격하기를 거부했다. 다음날 파시스트들이 공격해오자 무정부주의자들은 대학 내의 주요 교량과 진지들을 버리고 도주했다. 녹초가 된 민병들과 국제여단의 반격으로 잃었던 땅의 일부를 되찾긴 했지만, 그렇게 해서 그어진 전선이 전쟁이 끝날 때까지 그대로 유지되었다. 두루티는 부하들의 그러한 행동들을 부끄러워하며 그들이 마드리드를 떠나지 않도록 만류하려 했지만, 그들 중 한 사람에 의해 사살되었다.37)

바르셀로나에서의 파시스트들의 반란이 실패한 후 무정부주의자들과 POUM 당원들은 아라곤(Aragon) 전선에서 '싸운' 민병대들을 조직했다. 그들의 군사적 업적은 정말로 놀라웠다.

그들은 아라곤의 수도인 사라고사(Zaragoza)를 향해서 진격해 갔고, 거기에 주둔하면서 이따금 파시스트들과 교전했다. 뉴욕타임즈의 통신원인 허버트 매튜스(Herbert Matthews)는 후에스카(Huesca)에 있는 '레닌' 사단의 POUM 민병대원으로부터 다음과 같은 말을 들었다.

"우리는 저 아래 벌판에서 파시스트들과 축구를 하곤 했다. 그들은 좋은 녀석들이었다. 그들은 우리가 사라고사나 하카(Jaca)에서 주말을 보낼 수 있도록 초대했고, 우리가 돌아올 수 있도록 하겠다고 약속했다."

새로 조직된 인민의 군대들이 후에스카를 본격적으로 장악하려고 했을 때에는 카탈로니아 민병대들이 사실상 11개월 동안이나 그곳을 포위한 채 아무 일도 안 한 후였다. 파시스트들은 그러한 소강상태를 이용하여 축구경기를 하는 것 이상으로 튼튼한 요새를 구축했다. 공격은 실패로 끝났다.

개전 1년 후 에브로(Ebro) 강에서 무정부주의자들의 부대를 구조하던 국제여단들은 파시스트들과의 2킬로 미터에 이르는 전선의 어디에서도 요새나 진지를 발견할 수 없었다. 그 전 3개월 동안 정확히 2명의 사상자만이 인근 군병원에 수용되었다. 무정부주의적 민병대들은 혼돈을 정치적 원칙으로까지 승격시켰던 것이다. 아라곤에 배포된 한 전단에는 이렇

---

37) 같은 글, p. 93.

게 쓰여 있다.

"군사적 편제는 무정부주의를 부정하는 것이기 때문에 우리는 이를 인정하지 않는다. 전쟁의 승리가 혁명의 승리를 의미하는 것은 아니다. 현재의 전쟁에서는 인간성의 부정을 전제하는 규율이 아니라 기술과 전략이 중요하다."

이 점에서만은, "전쟁은 무정부주의자들이 하는 것이 아니라 병사들이 하는 것이다"라는 두루티의 한탄이 정말로 옳았다.[38]

결국 노동자계급의 혁명적 세력, 즉 스페인 공산당이 인민전선에서 열세였던 것, 다른 한편으로는 세계 파시스트 세력에 비하여 쏘련의 세력이 상대적으로 열세였던 것이 패배의 원인이라고 결론을 내릴 수 있다. 다른 말로 하면, 인민전선이 승리하기 위한 주요 조건은, 노동자계급의 혁명적 세력이 주도하여 노동자계급을 통일시키고, 그 힘을 가지고 도시 소부르주아와 농민을 지도하며 인민전선에서 노동자계급이 주도권을 가지는 것이다.

9. 뜨로츠끼에 대하여

뜨로츠끼는 1937년 12월 27일 발표한 글, "스페인의 교훈: 마지막 경고"에서 다음과 같이 주장한다.[39]

승리의 조건

3. 적군의 최전선과 아군의 최전선, 그리고 양군의 후방에서 선전은 사회혁명의 정신으로 완전히 충만해야 한다. "우선 승리하고, 그 다음에 개

---

[38] 같은 글, pp. 95-96.
[39] 레온 트로츠키, ≪레온 트로츠키의 스페인 혁명≫, 정민규 옮김, 풀무질, 2008.4.15. p. 345.

혁을!"이라는 구호는 성경에 나오는 왕부터 스딸린에 이르기까지 모든 억압자와 착취자의 구호이다.

    4. 정책은 투쟁에 참가하는 계급과 계층에 의해 결정된다. 혁명적 대중은 자신의 의지를 직접적으로, 그리고 곧바로 표현하는 국가기구를 가져야 한다. 오직 노동자 병사 농민 대표들의 쏘비에트만이 그러한 기구 역할을 할 수 있다.

    뜨로츠끼는 "사회주의 혁명만이 파시즘을 분쇄할 수 있다40)"며, 아군의 후방에서 사회혁명을 선전해야 하며, 혁명적 대중은 국가기구를 가져야 한다고 주장한다. 그리고 "노동자계급의 성공적 봉기는 지배계급이 최악의 어려움에 꽉 잡혀 옴짝달싹못할 때에만 가능하다41)"며, 인민전선 정부가 내전으로 어려움에 봉착해 있을 때, 봉기를 해서 노동자 병사 농민 대표들의 쏘비에트를 만들라고 주장한다.

    당시에 만약, 파시즘을 분쇄하기 위해 사회주의 혁명을 일으키려 한다면, 어떠한 일이 일어날까? 먼저 인민전선 정부의 공화파들을 분쇄하여야 한다. 사회혁명에 반대하는 사회당의 개량주의 세력을 분쇄하여야 한다. 그런데 이 두 세력은 인민전선 정부에서 절대다수를 차지하고 있었다. 그런데 쏘비에트를 창출하려는 노력은 이미 1934년 아스투리아스 "10월 봉기"에서 시기상조임이 드러났다. "혁명적 봉기" 세력이 그동안 성장했다 해도 혁명까지는 불가능할 것이다. 그러나 인민전선 정부를 타격할 수는 있을 것이다. 물론 그 싸움에서 "혁명세력"도 타격을 입을 것이다. 파시스트들은 어부지리를 얻을 것이다. 뜨로츠끼는 노동자 인민의 정부였던 인민전선 정부가 "최악의 어려움에 꽉 잡혀 옴짝달싹못할 때" 내부에서 반란을 일으켜, 외부의 파시스트와 호응하라는 지령을 그렇게 내리고 있었다.

---

40) 같은 책, p. 350.
41) 같은 책, p. 350.

10. 혁명노선으로서의 인민전선

내전이 진행되면서, 인민전선 정부 진영에서는 토지개혁이 진행되었다. 또한 대자본가들이 파시스트 진영으로 달아났기 때문에, 그 기업들은 인민전선 정부가 운영했다. '1937년의 공산당-사회당 강령'에서는, 군수공업 국유화와 국민경제회의를 통한 계획경제 정책을 밝히고 있다.

이에 대해 당시 코민테른 서기장이었던 디미트로프는 "여기서 제기되고 있는 것은 사적 자본주의적 소유를 최종적으로 폐기하지 않고 생산을 조직하는 문제이다. 노동자계급과 그 동맹자, 즉 소부르주아지와 농민을 참가시키고 또 그 통제하에 생산을 조직하는 것이다. 이것은 이론적으로 대체로 노동자 계급과 농민의 민주주의적 독재의 특수한 형태라고 말하는 것이 올바를 것이다"라고 지적하였다[42].

스페인의 인민전선정부는 "노동자 계급과 농민의 민주주의적 독재의 특수한 형태", 즉 아직 노동자계급의 독재인 "쏘비에트 국가는 아니지만", 그 이행의 형태가 될 수 있음을 암시하고 있다. 이 사상은 제2차 세계대전 이후 인민민주주의 혁명론으로 구체화된다. 스페인에서, 사회주의 정부로 성장·전화하던 인민전선 정부가 파시스트들에 의해 분쇄되었던 원인이 스페인 공산당과 쏘련의 열세 때문이었다고 위에서 지적했다. 그러나 세계대전에서 쏘련이 승리하면서 전세는 역전되었고, 인민전선 정부들은 사회주의 정부로 성장·전화하게 된 것이다[43].

---

[42] "자료의 이해를 위하여", 편집부 엮음, ≪코민테른 자료선집 3—통일전선, 민족식민지 문제≫, 동녘선서, 1989, p. 32.
[43] 스딸린 사후 쏘련이 약화되고, 결국 무너지며 전세는 다시 한 번 역전되고, 사회주의 정부들 또한 쏘련과 운명을 같이 한다.

한국의 국가권력과 사회주의 운동

문영찬 | 노동사회과학연구소 연구위원장

머리말

지난 2년간 박근혜 정권의 반동적 공세는 총체적인 것이었다. 내란음모 사건 조작, 통합진보당에 대한 해산선고, 세월호 학살, 노동탄압, 민중에 대한 수탈 등 정치, 경제, 이데올로기 등에서 박근혜 정권은 민중들을 찍어 눌러왔다. 그런데 박근혜 정권의 이러한 반동적 공세는 지배계급의 위기의 표현인데, 세계대공황으로 인해 한국자본주의가 위기에 몰리고 있는 상황에 대한 지배계급의 대응으로서 박근혜 정권의 반동적 공세가 이어져 왔던 것이다. 그러나 주체적으로 보면 박근혜 정권의 이러한 반동적 공세가 가능했던 것은 운동 진영이 사상적으로, 정치적으로 크게 약화되어 왔기 때문이기도 하다. 20세기 사회주의 붕괴 이후 개량주의, 청산주의, 뜨로츠끼주의 등으로 사회주의 운동이 퇴조하고 혼란에 빠지고 노동운동 또한 조합주의, 실리주의 등으로 무력화 되어왔던 것이 경제위기 상황에서 박근혜 정권의 반동적 공세를 불러왔던 요인이다.

현재 세계대공황으로 인한 한국자본주의의 위기는 지속적으로 심화되고 있다. 수출주도의 경제로서 대외의존도가 매우 높은 한국경제는 수출의 감소 속에 가계부채의 증가, 투자부진 등으로 심각한 정체를 겪고 있고, 이러한 위기가 조만간 해소될 전망은 거의 없는 상황이다. 이렇게 경제적 토대가 흔들리고 균열되고 있는 상황에서 한국의 정치 또한 혼돈으로 빠져 들고 있는 형국이다. 세월호 학살, 통합진보당 해산 등 파쇼적 억압에 대한 민중의 정치적 불만이 커지자, 민중의 시선을 돌리기 위해 반부패 사정의 칼날을 빼들었지만, 부메랑으로 돌아와 뇌물 추문에 지배계급 전체가 빠져 있는 상황이다. 지난 4, 5월을 거치며 세월호 투쟁, 민주노총의 총파업이 맞물리면서 정세가 서서히 변화하고 있다. 이러한 상황, 즉, 부르주아 정치의 위기와 노동자, 민중투쟁의 성장은 경제위기의 필연적 산물로서 정치위기가 전개되고 있음을 의미할 뿐이다.

민주노총의 총파업은 이러한 정치위기 상황에서 박근혜 정권의 반동적 공세에 대한 반격의 성격을 띠고 있다. 또한 총파업의 깃발은 노동자계급에 대한 경제적 공격, 노동운동 탄압에 대한 저항의 깃발이며, 지난 시기 무력화의 길을 걸어왔던 노동운동의 재건의 깃발이다. 그러나 총파업이 노동운동의 재건으로 이어지기 위해서는 정치적 방향이 정확해야 한다. 바로 여기에 사회주의자들의 역할이 있는 것이고, 사회주의 운동 재건의 근거가 존재하는 것이다. 사회주의자들의 역할은 과학적 사회주의에 입각하여 총파업의 정치적 방향, 노동운동의 재건의 방향을 제시하는 것이다. 그런 점에서 노동운동의 재건과 사회주의 운동의 재건은 통일적으로 수행될 수밖에 없다. 사회주의운동의 재건 없는 노동운동의 재건은 제한적일 수밖에 없고, 그 방향은 부르주아적 틀을 벗어날 수 없다. 사회주의운동이 변혁의 전망을 세워나가고, 그 방향으로 노동운동을 세워나가는 것이 곧 노동운동의 재건이다.

한국에서 사회주의 운동은 1980년대에 재생의 길을 걸었지만 20세기 사회주의 붕괴의 파고를 이겨내지 못했다. 그런데 이러한 세계사의 대반동은 세계대공황으로 이어져 사회주의 운동 재건의 객관적 토대를 형성하고 있다. 현재의 박근혜 정권의 반동적 공세가 정치적 어려움을 주고 있지만, 그러한 공세가 한국자본주의의 위기의 산물이라는 점에서 사회주의 운동의 재건의 객관적 조건은 성숙되고 있다. 부의 과잉 때문에 빈곤의 과잉이 확산되는 현상! 급속히 발전하는 생산력이 협소한 자본주의적 생산관계와 충돌하는 것으로서 공황의 장기화! 이러한 자본주의의 근본모순이 심화되어 자본주의 자체가 균열되고 있는 지금이야말로 사회주의 운동의 객관적 조건이 성숙되고 있다고 할 수 있다. 그러나 주체적 조건은 열악하다. 20세기 사회주의의 붕괴라는 거대한 패배의 영향을 아직 극복하고 있지 못하고, 지난 20여년의 개량주의 시대의 결과로서 맑스주의적 관념은 퇴조하고 대중적 영향력이 사라졌다. 여전히 맑스-레닌주의 기치를 부여잡고 그것을 발전시키려는 주체는 지금은 소수에 불과하다. 이러한 주체의 한계를 어떻게 극복할 것인가? 여기서 주체와 객관세계의 연관의 문제가 중요하다. 주체의 발전은 유물론자에게 있어서는 객관세계를 변혁함을 통해서만 가능하다. 따라서 한국사회주의 운동에 요구되는 과제를 기꺼이 부여안음을 통해서 서서히 주체를 강화시켜가는 것이 필요하다. 이 글에서는 이를 위한 전제로서 정치의 본질, 사회주의 운동의 본질, 그리고 사회주의 운동이 극복해야 할 대상인 부르주아 정치의 본질을 고찰하고, 한국의 현재 조건에서 사회주의 운동의 실천적 과제를 검토하려 한다.

사회주의 운동의 재건은 일순간에 달성될 수는 없다. 과학을 위한 치열한 노력 속에서 운동에 요구되는 과제를 하나하나 달성해 나가는 것, 이것만이 운동의 재건의 길이고 승리의 길이다.

1. 국가의 발생과 고대 정치, 계급사회 정치의 출현

최근의 박근혜정권의 뇌물비리는 부르주아 정치의 민낯을 폭로하고 있다. 자본가의 이윤을 위한 정치, 자본가에 의해 움직여지는 정치의 생생한 모습을 드러내고 있다. 국가권력은 공적 권력이라는 공식, 현대의 정치는 국민을 위한 정치라는 공식은 깨어지고, 국가권력 담당자들 개인에게 있어서 그것은 사적 권력임이 폭로되고 있다.

그러나 이러한 폭로가 현대의 정치의 본질에 대한 인식으로 상승하지 못하면, 그것은 단지 정치에 대한 혐오감만 강화시킬 뿐이다. 현대의 정치, 부르주아 정치의 본질은 무엇인지, 어떤 정치가 진정 민중을 위한 정치인지를 파고들 때만 혐오감을 넘어서는 '운동'으로 상승될 수 있다.

현대의 부르주아 정치는 계급사회 정치의 최후의 형태이고 완성된 형태이다. 국가와 시민사회의 분리의 결과 탄생하고 그러한 분리의 재생산을 자신의 본질로 하는 것이 부르주아 정치이다. 그리하여 시민사회의 지배세력인 자본가계급에 의해 국가가 규정되고 움직여지고, 그러한 국가는 시민사회의 계급분열을 재생산하는 데 봉사하는 것, 이러한 정치가 부르주아 정치이다. 그에 따라 국가는 시민사회와 구별되어 공적 권력이라는 외양을 갖지만 실은 자본가계급에 봉사하는 도구라는 것을 자신의 본질로 한다. 시민사회와 구별되어 성립하는 국가는 부르주아 국가로서 국가의 완성된 형태이고, 자본가계급과 노동자계급으로 시민사회의 계급분열은 계급분열의 최후의 형태이고 단순한 형태이다. 가진 자와 없는 자라는 단순한 공식에 따른 사회의 계급분열은 국가의 발전을 최대치로 밀어붙인다. 그에 따라 유례가 없는 국가기제의 발달, 억압기제의 발달이 이루어지고, 이는 역으로 사회의 정치적 대립을 심화시킨다. 이러한 국가와 시민사회의 분열과 모순의 발전은 일정한 시점에 이르러 정치적 폭발을 가져올 수밖에 없고, 그에 따라 사회는 변혁의 시기로 접어든다. 이것이 현대 부르주아 사회, 자본주의 사회의 정치적 발전의 합법칙성이다.

그런데 현대 부르주아 사회의 정치는 계급사회 정치의 완성된 형태인데 부르주아 정치에는 계급사회 정치 일반으로서 성격과 부르주아 정치에 고유한 성격이 함께 있다. 따라서 정치란 과연 무엇인가라는 물음은 계급사회 정치 일반에 해당하는 물음이고, 그것이 부르주아 사회에서 어떻게 특수하게 발현되는가는 부르주아 정치에 대한 고유한 물음이라 할 수 있다. 이러한 물음에 답을 하기 위해서는 부르주아 정치의 특수성을 고찰하기에 앞서 먼저 계급사회 정치를 발생에서부터 고찰하여, 계급사회 정치 일반을 추출하는 것이 필요하다.

  인류의 역사에서 계급사회 정치의 출발점은 노예제 정치이다. 그런데 이것이 정치로 불리려면, 먼저 국가의 발생이 전제되어야 한다. 원시공동체 사회에서는 계급분열도 몰랐고, 국가가 존재하지 않았고, 따라서 정치라는 현상도 없었다. 원시공동체의 수장은 권력의 자리가 아니라 마을, 씨족의 어른과 같은 것이었다. 즉, 정치 권력자가 아니라 가장 지혜롭고 경험 많은 지도자에 지나지 않았다. 그러나 생산력의 발달이 공동소유를 붕괴시키고, 사적 소유를 발생시키면서, 노예제가 발생하고, 사회는 노예소유주와 평민, 노예 등으로 분열되었다. 이들의 계급대립의 결과 마침내 주민무장과 구분되는 상비군이 생겨났고 감옥이 발생했다. 이러한 국가의 발생에 대해 엥겔스는 다음과 같이 정식화하고 있다. "'국가는 결코 외부에서 사회에 강요된 권력이 아니다.' 국가는 또한 헤겔이 주장하는 것처럼 '윤리적 이념의 현실성', '이성의 형상 및 현실성'도 아니다. 국가는 오히려 일정한 발전단계에 있는 사회의 산물이다. 국가는 이 사회가 해결할 수 없는 자기모순에 빠졌으며, 자기의 힘으로 없앨 수 없는 화해할 수 없는 대립물로 분열하였다는 사실에 대한 고백이다. 그런데 이 대립물이, 즉 서로 다투는 경제적 이해를 가진 계급들이 쓸데없는 투쟁으로 자기 자신과 사회를 파멸시키지 않게 하려면 외관상 사회 위에 서 있는 권력, 충돌을 완화시키고 충돌을 질서의 틀 내에 잡아 둘 권력이 필요하였다. 사회로부터 발생하였으나, 사회 위에 서서 점점 더 사회에 낯선 것이 되어 가는 이 권력은 바로 국가이다."[1] 화해할 수 없는 계급대립의 산물로서 국가! 이것이 국가발생의 본질이었고 따라서 국가가 존재한다는 것은, 그 사회가 화해할 수 없는 계급대립으로 분열되어 있다는 것을 말한다. 현대 부르주아 국가는 사회가 자본가계급과 노동자계급의 화해할 수 없는 대립으로 분열되어 있음을 가리킨다. 정치는 바로 이러한 국가를 둘러싼 지배계급과 피지배계급의 투쟁의 과정에 다름 아니다. 고대 노예제에서는 노예제를 유지할 것인가, 변혁할 것인가를 둘러싼 투쟁이 정치의 본질이었다 할 수 있다.

 노예제에서 정치는 계급사회 정치의 원형을 보여준다. 이를 가장 잘 보여주는 것이 아리스토텔레스의 ≪정치학≫이다. 그는 거기에서 "노예제도는 자연스러운 것이다"[2]라고 본다. 이렇게 노예제를 자연의 산물이라고 봄에 따라 그는 국가 또한 인간 본성의 발현으로 본다. "이전 공동체들이 자연스러운 것이라면 모든 국가도 자연스런 것이다. ... 이로 미루어 국가는 자연의 산물이며, 인간은 본성적으로 국가 공동체를 구성하는 동물임이 분명하다."[3] 이와 같이 노예제라는 계급질서, 그리고 그 질서를 지탱하는 국가의 존재를 자연스러운 현상, 인간 본성의 발현으로 보는 것은, 현대 부르주아 국가에 대한 지배계급의 입장과 동일하다. 부르주아들이 자본주의를 인간의 자연스런 본성의 결과이며, 영원한 질서라고 보는 것과 같은 것이다. 당시 그리스는 상업과 무역이 발달하면서 귀족제와 민주주의 당파 간의 투쟁, 페르시아와의 전쟁 등 다양한 정치현상을 겪고 있었는데 아리스토텔레스는 이를 총괄하여 정치학을 개괄하였다. 아리스토텔레스의 견해에는 계급사회 정치의 원형을 보여주는 점이 있다. 아리스토텔레스에게서 주목되는 것은 정치의 본질에 대한 견해와 시민에 대한 정의이다. 먼저 정치의 본질에 대한 언급을 보자.

---

1) 엥겔스, "가족, 사적 소유 및 국가의 기원", ≪맑스 엥겔스 저작 선집≫ 제6권, 박종철출판사, pp. 187-188.
2) 아리스토텔레스, ≪정치학≫, 숲, p. 27.
3) 같은 책, p. 20.

"정체는 공직들이 어떻게 분배되며 국가의 최고 권력은 누가 가지며 각각의 공동체가 추구하는 목표가 무엇인지를 결정하는 국가의 제도인 반면, 법은 정체의 이런 규정과 달리 치자들이 거기에 따라 통치하고 위반자를 감시하고 제지하는 규칙들이기 때문이다."[4]

여기에서 아리스토텔레스는 정체와 법을 구분하고 있는데, 실은 정치의 본질은 권력의 문제이며 법은 권력이 행사되는 규칙임을 말하고 있다. 이러한 파악은 계급사회 정치의 본질을 보여준다고 할 수 있다. 현대 부르주아 사회에서 권력과 법의 관계는 아리스토텔레스의 파악과는 다른데, 먼저 국민의 기본권이 있고 이를 보장하기 위해 국가권력과 법이 존재하는 것으로 되어 있다. 부르주아적 수식을 걷어내면 아리스토텔레스의 파악은 현대사회의 정치구조의 본질을 보여준다고 할 수 있다. 국민의 생존과 안전, 인권과 재산의 보전이라는 것은 부르주아 혁명의 거창한 구호였는데, 이 모든 것에서 핵심은 소유의 보전이었고 부르주아 국가는 이들 소유계급의 국가이다. 부르주아 정치의 본질은 이 질서의 재생산, 계급분열의 재생산이며 이를 위한 권력의 문제라 할 수 있다. 국민의 기본권을 위해 존재하는 권력과 정치라는 것이 부르주아적 수식이라면 단순히 정치의 본질은 권력의 문제라는 아리스토텔레스의 견해는 계급사회 정치의 원형을 보여준다 할 수 있다. 아리스토텔레스의 견해에서 주목되는 또 다른 것은 시민에 대한 그의 정의이다. 그는 정치적 권리를 가지는 자를 시민의 본질적인 규정으로 본다. "이제 시민의 개념이 분명해지기 시작한다. 의결권과 재판권에 참여할 권리가 있는 사람은 누구나 그 나라의 시민인 것이다."[5] 여기서 의결권과 재판권은 국가에 대한 정치적 권리와 같은 개념이다. 또 당시는 그리스에서 여성과 노예, 외국인 등은 시민에서 제외되었는데, 이러한 다양

---

4) 같은 책, p. 199.
5) 같은 책, p. 134.

한 사회구성원 중에서 시민을 가르는 기준은 정치적 권리를 가지는 가 여부였다. 이를 현대 부르주아 사회에 적용하면 노동자계급이 자신의 정당을 가지지 못한다면, 노동자는 민주주의라는 허울에도 불구하고 사실상 시민이 아닌 셈이다. 왜냐하면 개인으로서 노동자는 무산자로서 자본주의 사회에서 아무것도 아니며, 계급으로서 행동할 때만 정치적 의미를 가질 수 있는데, 노동자계급은 자신의 정당을 가질 때만 계급으로서 행동할 수 있기 때문이다. 따라서 정치적 권리라는 개념, 정치적 결사와 정치적 자유는 노동자가 부르주아 사회에서 최소한의 시민권을 획득하기 위한 전제라 할 수 있다.

이와 같이 고대 그리스에서 정치의 본질은 당연히 권력의 문제로 파악되었고, 시민은 정치적 권리를 가지는 자로 파악되었다. 현대 부르주아 사회에서도 정치는 온갖 수식어가 붙지만, 그 본질은 권력의 문제이며 따라서 사회주의 정치는 노동자계급의 권력쟁취를 전면에 내세우는 정치임을 말한다. 또한 노동자계급은 권력쟁취에 앞서 우선적으로 자신의 정당을 건설할 때만 사실상의 시민권을 획득할 수 있음을 의미한다.

2. 자본주의의 발전과 부르주아 정치의 성립

노예제가 사멸하고 봉건제가 성립한 뒤에, 정치의 중심은 도시에서 농촌으로 옮겨갔고, 지배질서는 봉건영주들을 중심으로 한 봉건적 질서가 되었다. 이리하여 영주와 농노의 대립, 지주와 소작인의 대립이 사회의 주된 계급대립이었고, 왕은 절대적인 권력을 갖는 것이 아니라 봉건영주 중에서 보다 큰 영주로서 봉건적 질서의 상징과 같은 존재였다. 그러나 봉건제하에서도 서서히 생산력의 발전이 이루어졌는데, 그리하여 수공업과 상업을 바탕으로 하여 도시가 발달하였다. 중세 유럽에서 아메리카의 발견을 필두로 한 새로운 시장의 개척은 공업의 발전을 촉진하였다. 그리하여 서서히 근대의 문이 열리고 봉건제의 태내에서 자본주의적 관계가 발전하기 시작했다. 자본가계급은 발생 초기에 독자적인 정치적 이해를 도모하기보다 왕권을 강화하여 상업상의 이득을 얻으려 하였다. 이러한 자본가계급의 이해는 왕권을 강화하려는 왕정의 이해와 맞물렸고 봉건제 후기로 갈수록 왕권이 강화되는 현상이 나타났다. 이 시기의 대표적인 인물이 마키아벨리, 홉스 등으로, 이들은 왕권의 강화를 주장했다.

마키아벨리는 이탈리아 사람인데 작은 나라들로 분열되어 외침에 시달리던 이탈리아의 국가적 통일을 목표로 ≪군주론≫을 썼다. 여기에는 권력의 생리가 적나라하게 드러나 있고 권력의 획득과 강화를 위한 다양한 책략과 술수들이 들어 있다. 이에 대해 루쏘는 마키아벨리가 권력을 학문의 대상으로 끌어올려서 군주가 아니라 오히려 민중들에게 도움을 주었다고 했다. "마키아벨리는, 왕들에게 충고를 해주는 척하면서, 사실 민중에게 큰 충고를 해줬다. 마키아벨리의 ≪군주론≫은 공화주의자의 경전이다."[6] 마키아벨리 당시는 부르주아 혁명이 일정에 올라 있지 않았고 따라서 마키아벨리의 정치학은 이탈리아의 국가적 통일을 위한 왕권의 강화에 초점이 맞추어져 있었다. 그러나 17세기 들어 네덜란드의 부르주아 혁명을 필두로 영국에서 부르주아 혁명이 일어나면서 정치학은 새롭게 발돋움하는데 홉스는 ≪리바이어던≫에서 절대왕정을 주장한다. 홉스는 루쏘까지 이어지는 사회계약론의 원형을 보여준다. 자연법만으로는 인간의 안전과 보전이 이루어질 수 없기 때문에 '신약'을 통해 자신의 인격을 위임하는 참된 통일을 이루어 코먼웰스 즉, 국가를 성립시킨다는 것이다. 그리고 이러한 신약의 결과 소유권을 보장받는다. 소유권을 핵으로 국가의 성립을 이론적으로 구성한다는 점에서 홉스의 견해는 부르주아적이다. 그러나 홉스는 저항권을 부정하고 권

---

[6] 루쏘, ≪사회계약론≫, 부북스, p. 102.

력분립을 부정하며 국가와 구분되는 시민사회라는 개념을 사용하지 않는다. 이러한 홉스의 견해는 부르주아 혁명을 지향하는 것이 아니라 절대왕정을 통해 자신의 성장을 도모하던 당시의 자본가계급의 지향을 반영하는 것으로 볼 수 있다.

홉스보다 이후의 사람인 로크는 영국이 부르주아 혁명으로 격동하던 시기에 ≪통치론≫을 썼다. 로크는 홉스와 달리 절대군주제를 부정하고 행정권과 분리된 입법권을 최고 권력으로 놓는다. 또한 국가개념과 구분되는 시민사회라는 개념을 사용하고 저항권을 승인한다. 그리고 국가와 시민사회의 관계에서 국가의 목적이 시민사회에 안전과 행복을 가져다주는 것으로 파악하여, 국가와 시민사회의 관계에서 시민사회를 중시하는 경향을 보인다. 나아가 사회계약으로 인해 성립하는 소유권을 자세히 고찰하는데, 소유권 발생의 근거는 노동이라는 주장을 한다. 이러한 로크의 견해는 부르주아 혁명을 승인하거나 지향하는 것이라 할 수 있다. 그러나 로크에게서는 아직 국가로부터 시민사회의 분리라는 개념은 나타나지 않는다. 그리하여 시민사회와 정치사회를 동일한 것으로 파악한다. 시민사회와 정치사회는 자연상태와 구분되는 것으로 설정될 따름이다. 그러나 부르주아 혁명의 본질은 국가로부터 시민사회의 해방이라는 점에서 로크의 정치론은 아직 온전한 것은 아니다.

루쏘는 ≪인간불평등 기원론≫에서 사유재산의 발생이 평등을 깨뜨렸고 노예제와 빈곤을 낳았다고 주장했다. 즉, 사유재산제도하에서는 불평등이 불가피하다는 것을 그는 인식했던 것이다. 루쏘는 또한 ≪사회계약론≫에서 부르주아 계급의 이해를 대변했다. 그는 자연상태에 있던 인간이 사회계약에 의해 시민상태가 되면서 시민적 자유와 소유권에 대한 보장을 얻었다고 사회계약 이론을 구성한다. 그리고 그는 사회계약에 의해 일반의지가 성립되었다고 하면서, 일반의지에 의해 주권의 분할은 불가능하고, 또 국가 내에 부분적 사회가 없어야 한다고 보는데, 이는 국가로부터 시민사회의 해방이라는 관점과는 일정한 거리가 있다. 또한 다른 사회계약론자들과 달리 민중에 대해 상당한 고찰을 하는데, 민중을 변혁의 동력으로는 파악하되, 새로운 사회의 지배세력으로 파악하지는 않는다. 그런 점에서 루쏘는 18세기 당시의 부르주아 계급의 이해를 전형적으로 표현했다고 할 수 있다.

영국과 프랑스 등의 부르주아 혁명을 거치며, 부르주아 세력은 사회의 지배계급으로 올라서고 부르주아 정치가 성립한다. 그런데 혁명 후에 새롭게 성립한 사회는 자유, 평등이라는 계몽사상가들의 구호와 달리 새로운 계급사회의 출현을 가져왔다. 자유는 시민적 자유가 되었고 평등은 정치적 평등, 법 앞의 평등으로 국한되었고 사회적 평등은 실현되지 않았다. 즉, 국가로부터 시민사회의 분리, 해방은 완성되었지만 시민사회 내의 불평등, 시민사회 내의 계급분열과 대립은 더욱 가속화되었다. 그리하여 신분 대신 소유가 지배하게 되었고 사회는 유산자와 무산자로 분열되었다.

한국사회에서 군사파쇼하에서 국가와 시민사회는 분리가 되어 있지 않았고, 그에 따라 노동자계급의 정치적 자유는 존재하지 않아 노동조합, 정당 등은 성립될 수 없었다. 그러나 1980-90년대의 민중투쟁을 통한 일정한 정치적 자유의 확보는 국가로부터 시민사회의 일정한 분리를 가져왔고, 노동조합과 진보정당의 성립을 가져왔다. 그리고 다시금 박근혜 정권하에서 노동조합이 탄압받고 진보정당이 해산되는 상황이 되었다. 그러나 국가와 시민사회의 분리는 이미 한국사회의 정치를 규정하는 요소가 되었다. 왜 그런가? 이에 답을 하기 위해 부르주아 정치의 본질을 이루는 국가와 시민사회의 분리, 국가로부터 시민사회의 해방의 의미에 대해 살펴보자.

봉건제하에서 국가와 시민사회는 분리되어 있지 않았다. 맑스는 다음과 같이 봉건사회의 정치적 성격을 파악한다. "정치적 혁명은 시민사회의 혁명이다. 낡은 사회의 성격은 무엇이었는가? 그 성격을 한마디로 말하자면, 봉건성이다. 낡은 사회는 직접적으로 정치적 성격을 갖고 있었다. 그리하여 예컨대 재산이나 가족 혹은 노동의 종류와 방식 등과 같은 시민적 삶의 요소들이 영주권, 신분, 조합이라는 형식 속에서 국가적 삶의 요인들로 고양되어 있었다."[7] 이와 같이 봉건제하에서 시민사회는 정치로부터 독립되어 있지 않았다. 그리하여 영주재판에 의해 부르주아들의 재산은 쉽게 몰수될 수 있었다. 부르주아지가 혁명의 제일 기치로 소유권 보장을 내세운 것은 이 때문이다. 그리하여 성장하는 부르주아 세력은 국가로부터 시민사회의 분리를 기치로 내세웠다. 그리고 이러한 요구는 실현되었는데 왜냐하면 근본적으로 국가는 경제적 지배계급의 산물이며, 성장하는 부르주아지는 국가와 시민사회의 분리를 통해 지배계급으로 올라설 수 있었기 때문이다. 역사적으로 그리고 논리적으로 부르주아 혁명이 이룩한 정치적 해방은 이렇게 국가로부터 시민사회의 해방, 국가로부터 시민사회의 분리였다.

맑스는 자본주의에서 국가와 시민사회의 관계를 다음과 같이 파악한다.

"정치적 국가는 어떤 경우에서나 시민사회를 거듭 재승인하고 재건립하고, 결과적으로 자신을 시민사회에 의해 지배받지 않을 수 없게끔 만듦으로써 시민사회를 극복하는 것이다."[8]

이는 사회가 자본주의 사회인 한에서는 국가는 시민사회에 근본적으로 규정받을 수밖에 없고, 끊임없이 국가와 시민사회의 분리를 재생산할 수밖에 없다는 것이다. 왜 그런가? 이는 자본가계급의 지배의 성격, 시민사회의 성격 자체에 의해 주어지는 것이다. 자본주의 국가는 중세 유럽과 달리 신분제 국가, 종교적 국가가 아니라 정

---

[7] 맑스. "유태인 문제에 대하여", 《마르크스의 초기저작: 비판과 언론》, 열음사, p. 358.
[8] 맑스, 앞의 글, p. 343.

치적 국가이다. 그에 따라 시민사회에 대한 국가의 관계는 정치적 관계로 국한된다. 정치적 국가로서 부르주아 국가에 대해 맑스는 다음과 같이 파악한다.

"그럼에도 불구하고 국가는 사적 소유, 교육, 직업이 각기 자기 방식대로 즉 사적 소유, 교육, 직업으로서 작용하도록 만들었으며 각자의 특수한 본질을 관철하도록 만들었다. 국가는 이들 사실상의 차이를 철폐하기는커녕 오히려 그 차이들을 전제하는 가운데에서만 존재한다. 국가는 스스로를 정치적 국가로 인지하고, 오직 이들 자신의 요소들과의 대립 속에서만 자신의 일반성을 관철할 따름이다."9)

부르주아 질서의 본질인 사적 소유, 교육, 직업에서 차이, 차별, 계급적 구분이 온존하기 위해서는, 국가는 오직 정치적 국가여야만 한다는 것, 따라서 국가와 시민사회의 분리를 끊임없이 재생산할 수밖에 없다는 것이 맑스의 주장의 요지이다. 이렇게 국가와 시민사회의 분리가 재생산될 때, 시민사회의 구성원은 이중적 삶을 살게 된다. 하나는 정치적 공동체의 삶이고, 다른 하나는 시민사회의 이기적 삶이다. "그 하나는 정치적 공동체 속에서의 삶인 바, 여기에서는 인간이 자신을 공동존재라고 간주한다. 다른 하나는 시민사회 속에서의 삶인 바, 여기에서는 인간이 사적 인간으로서 활동하며 타인을 수단으로 간주하고, 자기 자신까지 한낱 수단으로 격하시켜, 낯선 힘의 노리개감으로 전락시킨다."10) 시민사회의 개인적 삶과 정치적인 유적 삶의 이원론! 국가가 자본가계급의 국가인 한 이러한 이원론의 재생산은 자신의 본질이 된다. 부르주아 계급의 지배를 의미하는 계급분열의 재생산은 곧 국가와 시민사회의 분리의 재생산을 전제하는 것이다. 따라서 부르주아 국가이면서 국가와 시민사회의 분리의 폐지를 의미하는 파시즘은 부르주아지 스스로 자신의 지

---

9) 맑스, 앞의 글, p. 342.
10) 맑스, 앞의 글, p. 343.

배의 조건을 폐지하는 것이다.

맑스는 국가와 시민사회의 분리, 정치적 해방의 본질에 대한 비판을 수행한다.

> "인간이 현실적으로 제약에서 자유로워지지 않고도 국가가 그 제약으로부터 자유로워질 수 있다는 사실, 인간이 자유인이 아님에도 국가가 자유로운 국가일 수 있다는 사실, 이러한 사실들에서 정치적 해방의 한계가 곧바로 드러난다."11)

시민사회가 국가로부터 해방되고 시민들에게 정치적 자유가 확보되었으나 인간은 현실적 제약, 즉, 생존의 위협, 종교적 억압, 교육의 박탈 등 시민사회 내의 수많은 억압에 부딪히고 있는 현실은 정치적 해방을 넘어서는 인간해방의 문제를 제기하는 것으로 맑스는 파악한다. 여기서 맑스는 정치적 해방과 인간해방의 관계를 탐구하고 시민사회의 내부에서 인간해방의 담지자를 파악하는 길로 나아간다.

3. 노동자계급의 발전과 사회주의운동의 성립

맑스주의의 성립과 발전은 노동자계급의 형성과 발전의 이론적, 정치적 반영이었다. 19세기 초 부르주아 혁명의 결과 탄생한 사회는 자유, 평등, 우애라는 혁명의 구호와 달리 한쪽에서 거대한 부의 축적과 다른 쪽에서 빈곤의 축적을 결과하였고, 노동자계급은 무권리 상태에 처하게 되었다. 그에 따라 영국에서 노동자들의 참정권 운동인 차티스트 운동, 프랑스에서 리옹 방직공의 봉기가 발생하였고, 노동자계급은 역사의 전면에 등장했다. 이어 1848년 유럽 전역

---

11) 맑스, 앞의 글, p. 340.

에서 혁명의 발생은 노동자계급의 패배를 결과했으나, 노동자계급이 명실상부한 정치세력임을 각인하였다. 1870년의 파리 꼬뮌은 약 2달 동안 노동자계급의 권력을 인류 역사상 최초로 실현하였으나, 주도세력의 미숙에 의해 패배하였다. 19세기 사회주의(공산주의) 운동의 성립과 발전은 이렇게 한편으로 맑스주의라는 이론의 발전과 다른 한편으로 노동자계급의 성장이라는 현실이 맞물리면서 이루어진 것이었다.

이제 부르주아 혁명이 이룩한 정치적 해방의 비판과 인간해방에 대한 탐구에서 출발하여 맑스가 국가와 시민사회의 분리라는 틀을 넘어 사회구성체론으로 나아감으로써 사회주의 정치, 사회주의 운동을 성립시킨 궤적을 추적해보자.

맑스는 <헤겔 법철학 비판을 위하여>에서 "인민의 환상적 행복인 종교의 지양은 인민의 현실적 행복의 요구이다. ... 이리하여 천상의 비판은 지상의 비판으로, 종교의 비판은 법의 비판으로, 신학의 비판은 정치의 비판으로 전환된다."[12]고 하였다. 이는 19세기 중반 당시만 해도 카톨릭 등 종교의 정신적 억압이 상당했고, 부르주아 사회는 혁명 후에 국가와 종교의 분리를 막 이루어낸 상황에 의한 것이었는데, 종교가 공적 차원에서 사적 차원으로 내려온 후에 중요한 것은 현실사회의 모순에 대한 비판임을 주장한 것이다. 맑스는 독일의 사변적 철학을 비판하면서 실천의 과제를 제기한다.

> "비판의 무기는 물론 무기의 비판을 대신할 수 없다. 물질적 힘은 물질적 힘에 의해 전복되어야 한다. 그러나 이론 또한 대중을 사로잡자마자 물질적 힘으로 된다."[13]

---

12) 맑스, "헤겔 법철학 비판을 위하여", ≪맑스 엥겔스 저작선집≫ 제1권, 박종철출판사, p. 2.
13) 맑스, 앞의 글, p. 9.

이론과 실천을 엄격히 구분하면서도 이론이 아닌 실천을 주장하는 것이 아니라 이론과 실천의 통일을 제기한 것이다. 그리하여 당시 독일에서 해방의 적극적 가능성은 어디에 있는가라고 묻고 그 가능성을 프롤레타리아트에게서 찾는다.

> "사회의 다른 모든 영역들로부터 자신을 해방시키고 그리하여 사회의 다른 모든 영역들을 해방시키지 않고는 해방될 수 없는 한 영역, 한 마디로 말하면 인간의 완전한 상실이고 따라서 인간의 완전한 되찾음에 의해서만 자기 자신을 찾을 수 있는 한 영역의 형성에 있다. 하나의 특수한 신분으로서의 사회의 이와 같은 해체는 바로 프롤레타리아트이다. ... 철학이 프롤레타리아트 속에서 그 물질적 무기를 발견하듯이 프롤레타리아트는 철학 속에서 자신의 정신적 무기를 발견한다. ...이 해방의 머리는 철학이요, 그 심장은 프롤레타리아트이다."14)

이렇게 프롤레타리아트에게서 인간해방의 담지자를 발견한 맑스는 "인간이 공민보다 무한하고 인간적 생활이 정치적 생활보다 무한"하다고 보면서 "산업상의 봉기는 그것이 아무리 부분적인 것이라 하더라도 그 안에 보편적인 영혼을 담고 있다. 하지만 정치적 봉기는 그것이 아무리 보편적인 것이라 하더라도 그 거창한 형태 아래 편협한 정신을 감추고 있다."15)고 파악하고 있는데 정치적 해방에 대한 비판을 통해 인간해방의 길을 탐구하면서 인간해방의 담지자로서 노동자계급을 발견하고 있음을 보여준다. 그리하여 맑스는 "정치적 영혼을 지닌 사회적 혁명"이 아니라 "사회적 영혼을 지닌 정치적 혁명"16)을 주장한다.

인간해방에 대한 맑스의 탐구의 길은 정치적 삶에 대한 시민적

---

14) 맑스, 앞의 글, pp. 14-15.
15) 맑스, "'프로이센왕과 사회개혁, 한 프로이센인이'에 대한 비판적 평주들", 앞의 책, p. 21
16) 맑스, 앞의 글, p. 22.

삶의 일차성을 근본으로 한다. "정치적 생활이 아닌 시민적 생활이 그 성원들의 진정한 끈이다. … 오직 정치적 미신만이 시민적 생활이 국가에 의해 결집되어야 한다고 오늘날에도 아직 그릇된 상상을 하고 있는 반면에, 현실에서는 거꾸로 국가가 시민적 생활에 의해 결집된다."17) 그런데 이후 맑스는 시민사회라는 인식을 넘어서는 비약을 한다. 그것은 <포이에르바하에 관한 테제>에서이다. "낡은 유물론의 입지점은 시민사회이며, 새로운 유물론의 입지점은 인간적 사회 혹은 사회적 인류이다."18) 여기서 인간적 사회는 계급대립이 철폐된 공동체 사회를 의미한다고 볼 수 있다.

맑스는 이렇게 국가와 시민사회의 분리라는 틀을 전제로 시민사회의 일차성을 중심에 놓으면서 사회에 대한 유물론적 인식의 틀을 세우는 길로 나아간다. "의식이 생활을 규정하는 것이 아니라 생활이 의식을 규정한다."19) 이것은 생활 즉, 사회적 존재가 사회적 의식을 규정한다는 것으로서 사적 유물론의 근본적인 명제이다. 이러한 맑스의 파악 이전에 대부분의 유물론자들은 자연에 대해서는 유물론의 입장을 취했지만 사회에 대해서는 신, 정신, 영웅, 이념 등이 역사발전을 규정한다는 입장을 취했다. 즉, 사회에 대해서 유물론적 인식은 거의 존재하지 않았다. 그러나 생활이 즉, 사회적 존재가 사회적 의식을 규정한다는 것의 발견은 사회에 대한 유물론적 인식을 가능하게 했고 이에 따라 사회의 물질적 삶을 규정하는 생산력과 생산관계(교류형태)의 개념의 발견으로 나아가게 된다. "지금까지 모든 역사단계에 존재했던 생산력들에 의하여 조건 지어지고 동시에 역으로 그 생산력들을 조건 짓는 교류형태가 시민사회

---

17) 맑스, "신성가족", ≪맑스 엥겔스 저작선집≫ 제1권, 박종철출판사, p. 110.
18) 맑스, "포이에르바하에 관한 테제들", ≪맑스 엥겔스 저작선집≫ 제1권, 박종철출판사, p. 189.
19) 맑스, "독일이데올로기", ≪맑스 엥겔스 저작선집≫ 제1권, 박종철출판사, p. 201.

."20) 여기서 교류형태는 생산관계를 의미하는 것인데 생산관계가 생산력에 의해 조건 지어지는 것으로 파악되고 있다. 이리하여 사회를 하나의 구성체로 즉, 생산력과 생산관계의 모순으로 구성되는 경제적 토대와 국가, 이데올로기로 구성되는 상부구조의 총체로 파악하게 되는데 이는 국가와 시민사회의 관념적 분리를 극복하고 사회 전체를 유물론적으로 인식하는 틀을 세운 것이었다.

이렇게 사회에 대한 유물론적 인식의 수립과 더불어 맑스는 실천적 운동, 사회변혁 운동을 이론적으로 그리고 실천적으로 성립시키는 길로 나아간다. 맑스는 <독일이데올로기>에서 주목할 만한 견해를 제기한다.

"우리에게 있어 공산주의란 조성되어야 할 하나의 상태, 현실이 이에 의거하여 배열되는 하나의 이상이 아니다. 우리는 현재의 상태를 지양해 나가는 현실적 운동을 공산주의라고 부른다. 이 운동의 조건들은 현재 존재하고 있는 전제로부터 생겨난다."21)

이로써 맑스는 공산주의 혹은 사회주의를 이상, 상태로 파악하는 생시몽, 푸리에, 오웬 등의 유토피아 사회주의를 결정적으로 넘어서고, 변혁운동으로서 사회주의 운동을 성립시키는 철학적 토대를 확보한다.

맑스는 공산주의와 노동자계급의 결합을 추구하며 노동운동의 발전에 대해 다음과 같이 파악한다.

"단결은 항상 노동자들 사이의 경쟁을 지양하고 그럼으로써 자본가들에 대해 전체로서 경쟁을 수행할 수 있도록 한다는 이중의 목적을 가진다. 저항의 최초의 목적이 단지 임금의 유지였을 뿐이라 해도 자본가 쪽이 억압이라는 하나의 사상으로 결집함에 따라 처음에는 고립되어 있던

---

20) 맑스, 앞의 글, p. 216.
21) 맑스, 앞의 글, p. 215.

단결이 집단을 형성하게 되고, 끊임없이 결합하는 자본에 맞서 노동자들에게는 연합의 유지가 임금의 유지보다 더 중요한 것이 된다."[22]

이렇게 노동운동 발전의 합법칙성을 파악한 맑스는 과학적 사회주의와 노동운동의 결합의 선언인 <공산주의당 선언>을 제출한다. <공산주의당 선언>에는 프롤레타리아트의 역사적 성격과 사명이 정식화되어 있다. "오늘날 부르주아지에 대립하고 있는 모든 계급들 중에서 오직 프롤레타리아트만이 참으로 혁명적인 계급이다. 다른 계급들은 대공업의 발전과 더불어 쇠퇴하고 몰락한다. 프롤레타리아트는 대공업의 가장 고유한 산물이다."[23], "이러한 계급투쟁들의 역사는 하나의 발전 계열을 나타내고 있고, 현재는 착취 받고 억압 받는 계급— 프롤레타리아트 —이, 동시에 사회 전체를 모든 착취와 억압, 모든 계급 차별들과 계급투쟁들로부터 해방시키지 않고서는, 착취하고 억압하는 계급— 부르주아지 —의 멍에로부터 자신의 해방을 달성할 수 없는 단계에 이르렀다는 것."[24] 대공업의 발전과 더불어 성장하며 모든 착취와 억압, 그리고 계급대립 자체를 폐지해야만 자신을 해방시킬 수 있는 계급으로서 프롤레타리아트의 역사적 사명이 <공산주의당 선언>에서 제창되고 있다. 사회주의 정치, 사회주의 운동은 바로 이러한 프롤레타리아트의 역사적 사명을 실현하는 것을 자신의 본질로 한다. 맑스는 공산주의자에 대해 "그들은 프롤레타리아트 전체의 이해와 분리된 이해관계라고는 갖고 있지 않"[25]으며 "공산주의자들은 노동자계급이 직접 당면한 목적들과 이익들의 달성을 위해 투쟁하지만, 동시에 현재의 운동 속에서 운동

---

[22] 맑스, "철학의 빈곤", ≪맑스 엥겔스 저작선집≫ 제1권, 박종철 출판사, p. 295.
[23] 맑스, 엥겔스, "공산주의당 선언", ≪맑스 엥겔스 저작선집≫ 제1권, 박종철출판사, p. 410.
[24] 맑스, 엥겔스, 앞의 글, p. 380.
[25] 맑스, 엥겔스, 앞의 글, p. 412.

의 미래를 대변한다."26)고 하였다. 여기에는 분파로서 공산주의의 부정, 그리고 공산주의자의 노동계급의 전위로서의 성격이 나타나 있다.

<공산주의당 선언>은 1848년 유럽 전역의 혁명전야에 제출되었다. 그러나 1848년의 혁명들에서 노동계급은 패배하고 역사의 뒷전으로 밀려난다. 이후 1870년의 파리 꼬뮌은 인류 역사상 최초로 노동계급의 권력을 수립한 것이었다. 이 꼬뮌에 대해 맑스는 다음과 같이 파악한다. "꼬뮌—그것은 사회를 통제하고 제압하는 대신에 사회 자신의 살아 있는 힘으로서 사회가 국가권력을 다시 흡수하는 것이다. 그것은 억압의 조직된 힘 대신에 자기 자신들의 힘을 형성하는 인민 대중 자신이 국가 권력을 다시 흡수하는 것이다."27) 국가와 시민사회의 대립에서 시민사회의 힘으로 국가권력을 다시 흡수하는 것! 이는 국가와 시민사회 대립의 지양이라 할 수 있다. 또한 국가와 시민사회의 대립의 재생산, 계급분열의 재생산을 본질로 하는 부르주아 정치를 지양하고 국가와 시민사회의 진정한 통일을 이루는 것이다.

부르주아 정치는 국가와 시민사회의 분리의 재생산, 계급분열의 재생산을 자신의 본질로 한다. 맑스주의 정치, 사회주의 정치는 시민사회의 일차성을 승인하는데, 이는 물질적 생산력과 생산관계가 사회의 근본 토대라는 것을 근거로 한다. 또한 국가, 이데올로기 등의 상부구조가 경제적 토대에 의해 규정된다는 관점에 기초한다. 부르주아 정치가 단순히 국가와 시민사회의 분리에 근거하는 것임에 반해 사회주의 정치는 사회에 대해 경제적 토대와 상부구조의 통일로, 즉, 사회를 경제적 사회구성체로 보는 관점에 근거한다. 사회주의 혁명은 국가만의 혁명도 아니고 시민사회만의 혁명도 아니며 사

---

26) 맑스, 엥겔스, 앞의 글, p. 431.
27) 맑스, "프랑스에서 내전 첫 번째 초고", ≪맑스 엥겔스 저작선집≫ 제4권, 박종철출판사, p. 18.

회구성체 전체의 변혁이며, 자본주의 사회구성체의 공산주의 사회구성체로의 교체를 의미한다. 사회주의 운동은 단지 정치적인 운동이 아니라 정치, 경제, 이데올로기, 문화, 교육 등 일체의 사회적 모순을 지양하는 총체적인 운동이다. 그리고 그러한 총체적 운동의 창끝은 사적 소유의 폐지에 맞추어져 있다. 노동자계급의 권력 장악의 목적은 사적 소유의 폐지를 통해 계급대립 자체를 폐지하기 위한 것이다. 부르주아 혁명이 국가로부터 시민사회의 해방을 달성했다면 사회주의 혁명은 '사회적 영혼을 지닌 정치적 혁명'으로서 정치적 변혁만이 아니라 총체적인 사회적 변혁, 사회혁명을 그 본질로 한다.

이렇게 맑스주의 운동, 사회주의 운동은 정치적 해방에 대한 비판을 통해 인간해방이라는 범주를 도출했고, 인간해방의 담지자로서 프롤레타리아트를 발견했다. 나아가 국가와 시민사회의 분리의 재생산, 계급분열의 재생산을 본질로 하는 부르주아 정치를 비판하면서 생산력과 생산관계의 모순을 경제적 토대로 파악하고 그 기초 위에 국가와 이데올로기 등 상부구조가 위치한다는 사회구성체 개념을 정립하고, 사회주의 변혁을 사회구성체의 교체로 파악했다. 그에 따라 사회주의 운동은 프롤레타리아트에 의한 정치권력의 장악을 무기로 계급대립의 완전한 폐지를 추구하게 된다. 맑스에 의해 정립된 사회주의 운동, 그리고 이어지는 20세기의 사회주의 운동의 큰 흐름은 바로 이러한 사회주의 정치였다.

4. 한국의 국가권력의 성격과 이데올로기 지형

1) 한국의 국가권력의 성격

박근혜정권의 성격은 세 가지 측면에서 파악될 수 있다. 첫째는 경제위기 상황에 의해 강제되는 공황구제 정권이라는 점이다. 21세기 세계대공황에 의해 대외의존도가 세계에서 수위를 달리는 한국 경제는 치명상을 입고 균열되고 있다. 이러한 경제 위기에 대해 위기의 폭발을 지연시키고 위기를 관리 가능한 수준에서 묶어 두는 것이 박근혜 정권의 가장 주요한 성격이다. 둘째로, 박근혜 정권은 이데올로기 차원에서 그리고 최근에는 정치적 차원에서 파시즘을 승인하고 있다. 유신시대가 좋았다, 군대가 정치에 개입하려면 60만 군대를 동원했을 것이다라는 발언이 거침없이 나왔던 것이 불과 1, 2년 전의 모습이었고, 이러한 모습은 단지 말로, 이데올로기로 그치는 것이 아니라 통합진보당에 대한 해산선고로 현실화되었다. 이러한 파쇼적 행보는 아직까지는 합법적 방식과 절차에 따라 이루어지고 있을 따름이다. 이러한 박근혜 정권의 모습은 상황에 따라, 즉, 경제위기의 폭발 여부, 계급투쟁의 진전 정도에 따라 언제든지 전면적 파쇼화로 이행할 가능성을 열어두고 있다고 할 수 있다. 셋째, 박근혜 정권의 반동적 공세는 1980-90년대 민중투쟁의 산물로서 획득된 민주주의의 파괴로 나아가고 있다. 김대중, 노무현 정권하에서 민주주의는 국가보안법의 존재를 전제한 것이었다. 그러나 국가와 시민사회의 분리라는 점에서 보면 노동조합, 진보정당, 사회적 세력의 성장의 측면에서 민주주의는 일정하게 실현되었다. 그러나 이명박 정권을 거치며, 특히 박근혜 정권 들어서는 민중투쟁의 성과물인 민주주의의 파괴가 심각하게 진행되었다. 그런 점에서 박근혜 정권은 노동자, 민중에 대한 전면적인 탄압과 수탈의 체제라 할 수 있다.

박근혜 정권의 성격에 대해 정리해보면 박근혜 정권은 국가와 시민사회의 분리의 폐지를 기도한다는 점에서 파시즘 정권이라 할 수 있다. 박근혜 정권의 성격, 질은 파시즘이며 군사파쇼로 이행 여부는 단지 양적인 문제라 할 수 있다. 그러나 박근혜 정권이 아직 군사파쇼화를 기도하지 못하는 것, 그리고 국가와 시민사회의 분리의 전면적인 폐지로 나아가지 못하는 것은 한편으로 한국 자본주의의 발전단계가 국가와 시민사회의 분리를 요구하는 점, 다른 한편으로 노동자, 민중의 계급투쟁 역량이 군사파쇼화를 허용하지 않는 점 때문이라 할 수 있다. 따라서 박근혜 정권의 반동적 공세에 맞서는 투쟁, 반파쇼 투쟁은 노동자, 민중진영의 사활적인 과제이며 투쟁의 초점은 반파쇼 투쟁에 맞추어져야 하고 노동자계급은 광범한 반파쇼 전선의 형성에 주력해야 한다.

여기서 파시즘에 대해 좀 더 논의가 필요한데 국가보안법이 존재하면 곧 파시즘 정권인가가 논쟁이 된다. 김대중, 노무현 정권은 파시즘 정권이었는가? 그렇지 않다. 자유주의 세력인 이들의 집권은 두 가지 측면에 기인한다. 한편으로 노동자, 민중투쟁의 산물로서 한국의 정치체제가 군사파쇼에서 부르주아 민주주의로 이행했기 때문이다. 국가보안법의 존재는 자유주의 세력과 파시즘 세력의 타협의 산물이었다. 그런데 다른 한편으로 김대중, 노무현의 집권은 민중한계의 표상이다. 사회주의 정당이 존재하지 못하고 사회주의 운동이 퇴조하고 민중이 투쟁역량으로는 강력하되 정치적 역량으로는 취약한 현실, 바로 이러한 현실이 김대중, 노무현 집권의 토대가 되었다. 이러한 두 측면, 즉, 민중투쟁의 성과라는 측면, 동시에 민중한계의 표상이라는 측면에서 김대중, 노무현 정권은 국가보안법이 존재했다 하더라도 파시즘 정권으로 규정될 수는 없다. 이러한 논의는 중요한데 왜냐하면 지금의 반파쇼 투쟁의 논리, 목표와 방법이 연동되기 때문이다. 한국사회에서 사회주의 운동을 재건하고 발전시키는 것과 당면한 반파쇼 투쟁의 문제는 성격이 다른 것이다. 물론 전술적으로 한국에서 사회주의 운동의 재건은 강력한 반파쇼 투쟁의 동력을 건설하는 것이다. 그러나 사회주의 운동 재건의 문제는 단지 반파쇼에만 그치는 것이 아니다. 계급대립의 폐지를 목표로 하는 운동의 건설이 사회주의 운동 재건의 본질이다. 따라서 반파쇼 투쟁의 문제는 파시즘의 격퇴, 정치적 자유의 확보, 민주주의의 확장, 광범한 반파쇼 전선의 건설의 문제가 본질이 된다.

이러한 논의를 통해 사회주의 운동과 반파쇼 투쟁의 문제에 대한 두 가지 오류가 비판되어야 한다. 첫째는 지금의 사회주의 운동은 반파쇼 투쟁이라는 관점이 그것이다. 이것은 자신의 정체성이 사회주의 운동인지 아니면 반파쇼 투쟁인지를 혼동하는 것이다. 사회주의 운동에 있어 반파쇼 투쟁은 정세에 개입하는 성질의 것이고 사회주의 운동의 조건을 확보하는 문제이다. 사회주의 운동과 반파쇼 투쟁을 혼동하는 것은 사회주의 운동을 소부르주아 민주주의 운동으로 실천적으로 용해하는 결과를 가져온다. 둘째로 여전히 반파쇼는 반자본에 비해 부차적이며 운동의 주된 초점은 반자본에 맞추어져야 한다는 견해가 그것이다. 이러한 견해는 박근혜 정권의 성격이 파쇼정권이라는 것을 부정하거나 아니면 그것을 인정한다 하더라도 그것의 의미를 간과하는 것이다. 박근혜 정권의 반동적 공세가 총체적이라는 것, 정치, 경제, 이데올로기 등 모든 전선에서 공세가 이루어지고 있다는 것, 그리고 현재의 전선에서 더 이상 밀리면 군사파쇼화도 가능하다는 점 등을 간과한다는 점에서 이들은 사태를 안이하게 보는 것이다. 또한 이들은 반파쇼투쟁과 반자본투쟁의 관계를 잘못 이해하고 있다. 반자본 투쟁이 현실화되고 힘을 얻기 위해서는 민주주의의 확장이 필수이다. 아무리 반자본 투쟁이 요구된다 하더라도 노동자계급은 민주주의라는 무기가 없이 반자본 전선으로 나설 수 없고, 만약 그러한 무기 없이 나선다면 백전백패가 된다. 따라서 현재의 정치적 전선, 민주주의 전선에서 사활을 걸고 싸워야 한다. 민주주의의 확장만이 반자본 전선을 강화하는 길임을 놓쳐서는 안 된다.

2) 한국사회의 이데올로기 지형

국가권력의 성격 못지않게 중요한 것은 한국사회의 이데올로기 지형이다. 이데올로기 지형은 정치적 세력관계의 관념적 표현인데 피억압계급으로서 노동자계급과 민중의 무기는 강력한 사상이다. 따라서 노동자와 민중의 사상이 얼마나 강고한지가 계급투쟁의 발전을 결정짓는다 해도 과언이 아니다. 부르주아지는 지배계급이고 유산자이기 때문에 국가권력, 언론, 교육 등 사회의 대부분의 관제고지를 점령하고 있다. 그러나 무산자인 노동자계급은 가진 것이 없다. 노동자에게 있는 유일한 무기는 다수라는 것이다. 그러나 다수가 묶여져 정치적 힘이 되기 위해서는 사상이 필요하다. 그런 점에서 사회주의 운동의 핵은 사상이며, 운동의 조직이 형식이라면 내용은 정치적 활동이 된다.

현재 한국사회에서 지배적인 이데올로기는 부르주아 이데올로기이다. 부르주아 이데올로기는 현재 파시즘과 자유주의로 나뉘어 있다. 이러한 구분은 새누리당과 새정치연합이라는 정치세력의 구분과 거의 일치한다. 그런데 현재의 파시즘은 자유주의를 용인하는 파시즘이며 현재의 자유주의는 파시즘을 용인하는 자유주의이다. 최근 헌법재판소의 통합진보당에 대한 해산선고는 명백히 파쇼적 폭거이다. 이들의 선고의 논리와 사상적 근거는 공안논리 즉, 파시즘이었다. 그런데 그 동일한 헌법재판소는 간통죄에 대해 위헌결정을 내렸다. 이때의 논리는 성적 자기결정권인데 이는 전형적인 자유주의 논리이다. 이는 한국사회의 현재의 지배계급, 독점자본들에게 있어 파시즘과 자유주의는 양 손에 쥔 카드에 불과하다는 것을 말한다. 이와 같이 한국사회에서 파시즘과 자유주의는 이데올로기 차원에서 융합하고 있다.

그러면 노동자계급의 사상인 사회주의는 한국사회의 이데올로기 지형에서 어떠한 위치를 차지하고 있는가? 1980년대의 운동에서 맑스주의는 지도적인 이념이었는데 파시즘, 자유주의, 맑시즘이 한국사회의 세 가지 주요한 이념적 조류였다 해도 과언이 아니었다. 그러나 쏘련 등 20세기 사회주의의 붕괴 이후 맑스주의는 서서히 퇴조하고 사회주의 운동은 뜨로츠끼주의, 자율주의 등등의 비과학적 조류로 변질되었다. 이렇게 과학적 사회주의가 퇴조함에 따라 운동에서 건강한 기풍은 사라지고 실천에서는 정치적 계산, 절충주의가 지배적이게 되었다. 또한 현재의 노동운동은 자신의 과학적 세계관에 기초한 운동이라기보다는 조합주의, 실리주의가 지배적이 되었다. 이와 같이 사회주의가 정치적 영향력은 고사하고 이데올로기적 영향력을 상실하고 있는 것이 현재의 운동의 지형, 이데올로기 지형이라 할 수 있다. 그러나 천리 길도 한 걸음 부터이고 실은 바늘귀에 꿰어야 옷을 꿰맬 수 있다. 노동운동, 사회주의 운동의 재건의 첫걸음은 사상에서 출발할 수밖에 없다. 일반적으로도 그렇고 특수하게는 현재의 정세와 지형, 즉, 20세기 사회주의의 붕괴라는 거대한 실패를 배경으로 하고, 박근혜 정권의 파쇼적 공세와 억압이라는 조건 속에서, 운동에서 사상을 관건적 요소로 파악하는 것은 정당하고 필수적이다.

그러면 부르주아 계급과 노동자계급 사이에 위치한 소부르주아들의 이념적 지향은 어떤 것인가? 상당수의 소부르주아 하층들은 과학적 사회주의가 제시될 때 그에 동의하는 경향을 보인다. 그러나 소부르주아들의 지배적 부분은 민주주의적 지향 이상을 갖지 못한다. 이들은 자본주의와 맞설 의도와 지향이 없다. 이들은 민주주의를 기치로 자본가계급으로부터 양보를 얻어내는 것에 만족한다. 그런 점에서 이들은 소부르주아 민주주의 세력이라 할 수 있다. 이러한 소부르주아 민주주의는 사회주의 운동의 발전 속에서 서서히 극복될 수 있을 것이다.

이와 같이 한국사회에서 파시즘과 자유주의의 연합이 지배적인 가운데 노동자계급의 사회주의는 이제 재건의 길을 걸어야 한다. 그 과정에서 다양한 비과학적 조류와의 싸움이 불가피하고 이 과정에서 부르주아 이데올로기를 극복하고 소부르주아들을 견인하는 태도를 견지해야 한다.

5. 계급투쟁의 조건들

노동자계급의 계급투쟁, 사회주의 운동의 재건의 입장에서 주요한 조건들은 한국자본주의 현재의 발전 단계, 그리고 국가권력을 핵으로 하는 지배계급의 전략, 그리고 세계대공황에 의해 제기되는 세계질서의 변화 등이다.

먼저, 세계질서의 지각 변동이 이루어지고 있다. 쏘련 붕괴 뒤 세계화를 외치며 전 세계질서의 중심으로 솟았던 미국 제국주의의 위상은 세계대공황 이후 형편없이 추락하였다. 세계대공황이 세계 자본가계급을 분열시키고 그에 따라 세계화가 파탄나고 미국의 헤게모니는 추락하였다. 세계화의 파탄과 세계질서의 분열이 현 단계 세계정세의 보편성이다. 이러한 보편성은 동아시아의 경우에 중국과 미-일 동맹의 대립으로 나타나고 있다. 그러나 이러한 대립은 과거 미-쏘의 냉전과 달리 상호 간에 의존성이 존재한다는 점에서 즉, 상호 간에 무역의 의존과 중국의 미국 국채의 구매 등에 의해 대립이 전면적인 충돌로 가는 것이 아니라 제한적 충돌과 대립으로 될 가능성이 크다. 그러나 이는 세계대공황의 전개양상에 의해 크게 좌우될 것이며, 만약 중국에서 위기가 폭발할 경우 동아시아의 정세가 급변하며 전쟁위기가 발생할 수도 있다. 한반도의 정세는 이와 같이 중국과 미-일 동맹의 대립에 의해 조건지어지고 있으며, 이에 대해 한국의 노동자, 민중은 전쟁위기 반대, 한-미-일 전쟁동맹 반대를 기치로 싸워야 한다.

　한국자본주의는 2015년 들어 재차 심각한 위기 국면으로 접어들고 있다. 수출의 감소가 현실화되고 있고 가계부채는 격증하고 있다. 이렇게 내수와 수출, 투자, 재정 등 경제의 모든 영역에서 위기가 전개되고 있다. 이러한 위기에 대해 박근혜 정권은 노동운동에 대한 공격, 민중에 대한 수탈로 대응하고 있어서 계급투쟁의 격화, 민중투쟁의 폭발의 가능성이 점증하고 있다.

　한국의 정세는 공황에 따른 경제위기가 정치위기로 전화하고 있다. 최근의 뇌물추문으로 박근혜 정권의 주요 담당자들이 위기에 내몰린 현실은 우연이 아니다. 박근혜 정권이, 반동적 공세로 인한 민중의 불만의 증대를 사정정국을 통해 돌파하려 했다가 그것이 부메랑으로 자신에게 되돌아온 것이 정치위기를 부르고 있다. 따라서 위기의 근본원인은 공황에 따른 반동적 공세 자체에 있는 것이고 이는 경제위기가 정치위기로 전화되고 있고, 될 수밖에 없다는 합법칙성의 표현이다. 여기서 주목되는 것은 최근의 뇌물추문은 단지 박근혜 정권만의 문제가 아니라 부르주아 정치의 본질을 폭로하고 있다는 점이다. 국가권력은 자본주의에서 시민사회의 영역 밖에 존재해야 하지만 그럼에도 불구하고 시민사회에 의해 즉, 부르주아 계급에 의해 규정될 수밖에 없고, 공권력이라는 외양, 사회와 구분되는 국가라는 외양의 내면은 부르주아들에 의한 사적 권력에 다름 아니라는 점이 극적으로 폭로되고 있다. 이러한 점은 자유주의세력도 마찬가지인데 여기서 자유주의세력에 대한 노동자계급의 태도의 근거를 발견할 수 있다. 노동자계급은 현재의 정치위기를 박근혜 정권을 무력화시키는 계기로 삼아야 하는데, 그것은 오직 자유주의세력을 타격함을 통해서만 가능하다. 자유주의세력이 박근혜와 마찬가지로 썩어빠진 부르주아 세력이라는 것을 폭로하고, 이들이 박근혜와 연합하고 있기 때문에 박근혜의 반동적 공세가 가능하다는 점을 폭로해야 한다. 따라서 반박근혜 전선은 노동자계급과 민중이 주도해야 하고, 또 주도할 수밖에 없고 이를 위해서는 자유주의 세력과 단호히 선을 그어야 함을 제기해야 한다. 새정치연합, 문재인은 세월호 참사에서 진상규명을 사실상 가로막는 법을 박근혜 정권과 야합하여 통과시키고 이를 통해 박근혜 정권을 위기에서 구출하고 야합질서를 구축하였다. 따라서 반박근혜 전선의 발전은 이러한 구도를 폭로하고 새정치연합, 자유주의세력을 무력화시킬 때만 가능한 것이다.

6. 한국 사회주의 운동의 과제

현재 한국사회에서 사회주의 운동의 사상적, 조직적 면모는 다양하다. 사상적으로는 뜨로츠끼주의에서부터 과학적 사회주의까지 존재하며 그 중간에 20세기 사회주의를 둘러싼 다양한 입장이 있다. 이러한 사상적 분열의 상태는 사회주의 운동의 재건을 가로막는 가장 근본적인 요인이다. 따라서 사상적 측면에서 뜨로츠끼주의, 20세기 사회주의 등 다양한 쟁점에 대해 과학적 입장을 세워나가는 노력은 한 시도 늦출 수 없다.

또한 조직적 면모를 보면 사회주의 운동은 써클적 단계에 있는 조직도 있고, 정파적 규모를 달성한 조직도 있다. 또 당건설을 내세우는 조직도 있으나 당건설을 가능하게 하고 현실화할 수 있는 전망은 제출되고 있지 못하다. 사회주의 운동은 과학적 사회주의와 노동운동의 결합을 자신의 본질로 한다. 이에 비추어 보면 사회주의 운동의 발전은 첫째, 초기에는 선전써클의 단계에서 시작된다. 과학적 사회주의를 학습하고 세워나가는 과정이 이러한 써클 단계의 모습이다. 둘째로, 사회주의 운동은 선전써클의 단계를 지나 대중운동과 결합하는 단계로 발전한다. 흔히 정파라 불리는 단계가 이러한 단계이며 대중운동, 노동운동과의 결합이 성공적으로 달성될 경우 당건설을 이루게 된다. 한국사회에 존재하는 사회주의 운동은 1단계의 써클 단계이거나 2단계의 노동운동과 결합단계인 것이 대부분이며 당건설의 전망은 거의 존재하지 않는다. 사회주의 운동이 당건설로 나아가거나 당건설을 현실화할 경우 그 다음 단계는 노동자계급이 전 민중을 이끌고 계급투쟁으로 나아가고 권력 장악의 기치를 세우는 것이다. 이 단계가 비로소 계급투쟁의 본연의 의미를 실현하는 단계라 할 수 있다. 이를 정리하면 1단계의 써클 단계는 사상이 관건이며, 2단계는 대중운동, 노동운동과의 결합, 당건설론, 3단계는 변혁의 전략, 전술의 문제가 주요할 것이다. 그러나 이러한 각각의 단계의 특성은 기계적으로 분리되는 것은 아니며 사상, 조직, 전술은 모든 단계에서 상호작용할 것이다. 따라서 단계의 구분은 각 단계마다 주요 강조점이 어디에 두어져야 하는가의 의미로 볼 수 있다.

이러한 관점에서 한국 사회주의 운동의 과제는 첫째, 전술적 과제로서 반파쇼 민주주의 전선의 강화, 둘째, 대중운동과 결합의 측면에서 대중운동의 과학성, 변혁성의 제고, 셋째, 조직의 측면에서 당건설 전망에 대한 모색, 넷째, 과학적 사회주의의 선전과 보급 등이라 할 수 있다.

1) 반파쇼 민주주의 전선의 강화

현재 한국의 정세는 긴박하다. 박근혜정권의 반동적 공세는 지속적으로 강화되고 있는데 이는 경제위기의 심화에 비례할 것이다. 따라서 박근혜 정권의 성격이 파쇼정권이라는 것, 부르주아 민주주의를 부정하는 경향으로 나아가고 있다는 것, 공세의 초점은 노동운동의 무력화라는 것을 폭로하고 전선을 쳐야 한다. 반자본 전선이 주요하지 반파쇼, 민주주의 전선은 주요하지 않다는 주장은 도식에 사로잡혀, 관념에 사로잡혀 현실감각을 상실하는 주장이다. 또 논리적으로도 반자본전선은 민주주의라는 무기 없이는 성립될 수 없고 무모한 싸움은 각개격파당할 뿐이다.

 반파쇼 민주주의 전선의 의미는 두 가지이다. 하나는 정치적 전선이라는 점에서 일종의 통일전선의 의미가 있다. 반파쇼의 기치 하에 이에 동의하는 모든 세력을 아우르는 것이다. 사상, 정견의 차이를 접고 반박근혜, 반파쇼에 동의하는 세력은 현실적인 하나의 정치적 전선으로 결집하여 정치적 힘을 통일시키자는 것이다. 이러한 전선이 현실화되고 힘을 받기 위해서는 노동자계급의 주도적 참여가 필수이다. 그런 점에서 민주노총이 총파업에 박근혜 퇴진을 담은 것은 커다란 진전이다. 노동자계급이 반박근혜, 반파쇼 블록에 가담할 때만 그것은 힘을 얻고 현실화될 수 있다. 반파쇼 민주주의 전선의 또 하나의 의미는 조직적 측면이다. 단지 정치적 전선의 의미를 넘어 조직적으로 전선체를 꾸리는 것으로 나아갈 필요가 있다. 현재 사회주의 운동의 상당부분, 특히 PD파의 대부분은 전선체의 개념을 부정한다. 이는 기존의 NL과 PD의 대립의 연장선상에 있기도 한데 NL에 대한 거부감이 전선체 자체에 대한 부정으로 나아가서는 곤란하다. NL노선에 대한 비판과 전선체의 문제는 다른 것이다. 사회주의 운동의 재건의 측면에서, 당건설의 측면에서 자신의 노선을 발전시키는 것과 당면 전선에서 단일한 대오를 꾸리는 것은 배치되지 않는다.

 이러한 관점에서 사회주의 운동은 반파쇼 민주주의 전선을 자신의 사활적 과제로 삼아야 한다. 현실적인 반파쇼 투쟁 속에서 사회주의 운동 재건의 동력을 얻고 또 사회주의적 전망을 분명히 하는 운동의 재건을 통해 반파쇼 투쟁의 중핵을 건설하는 것! 이러한 관점이 민주주의에 대한 과학적 관점, '운동'으로서 사회주의에 대한 올바른 관점일 것이다.

2) 대중운동의 과학성, 변혁성의 제고

현재 노동운동은 자본의 탄압에 밀릴 대로 밀려 있는 상황이다. 정규직과 비정규직의 분할을 극복하지 못한 상태에서 이제는 정규직 노동운동에 대한 정면 공격이 시작되고 있다. 이렇게 노동운동이 밀려난 것은 사회주의 운동이 퇴조하면서 노동운동에서 건강한 기풍, 원칙이 사라지면서 실리주의, 조합주의가 득세했기 때문이다. 노동운동의 건강성을 담보했던 현장조직들은 지금은 집행부 장악의 디딤돌로 역할 하는 것이 대부분이다.

그동안은 개별적인 전투적인 민주노조들이 공격을 받아왔다. 그리고 이 싸움들에서 하나하나 밀리면서 이제는 경제위기를 기화로 박근혜 정권의 노동운동에 대한 총공세가 시작되고 있다. 정규직 노동운동에 대한 총공세는 박근혜 정권의 반동적 공세의 결정판이다. 그러나 우리는 이 싸움을 박근혜 정권에 대한 반격의 계기로 전화시켜내야 한다. 2015년의 민주노총의 총파업은 민주노총만의 총파업이 아니라 전 민중과 함께 하는 반박근혜 투쟁의 일부분이다. 이러한 투쟁들 하나하나를 성공시키면서 그동안 노동운동의 무력화의 흐름을 끊어내고 노동운동의 재건의 길로 나가야 한다.

노동자계급은 조합주의를 넘어서며 전국적 전사회적 계급으로 발전해야 한다. 그동안 진보정당들은 스스로 노동자의 정당임을 표방했지만 노동자계급의 전국적 계급으로의 형성에 실패했다. 이는 노동자들이 조합주의를 넘어서서 하나의 계급으로 형성되는 것은 자본주의를 넘어서려는 지향, 계급의 폐지를 목표로 할 때만 가능하기 때문이다. 개별 노동자는 시민으로서는 무력하다. 한 공장의 노동조합만으로서도 노동자는 무력하다. 단결의 중요성을 자각하고 단결의 범위를 전국으로 확산할 때만, 그리하여 계급으로서 단결하여 자본가계급과 국가권력과 맞설 때만 노동자는 정치적 의미를 획득하는 세력이 될 수 있다.

그동안 실리주의가 개별 대공장에서 지배적이었던 것은 한편으로 정규직과 비정규직의 분할이라는 자본가계급의 전략이 관철된 결과이기도 하지만 주체적으로 보면 노동운동의 전망 상실과 연관이 있다. 전망 상실의 결과 정규직이라는 자본가계급의 사탕발림에 안주하게 되었던 것이다. 따라서 실리주의를 근본적으로 극복하는 것은 노동운동의 전망을 세우는 것과 연관되어 있다. 노동자로서 직관적으로는 자본주의를 부정하지만 자본주의를 극복할 전망이 없는 상태의 지속이 실리주의를 불러왔던 것이다. 대공장 노동자는 노동자계급의 중핵이다. 이들이 실리주의를 극복하고 노동해방, 인간해방의 선진부대로 조직되는 것, 이것은 사회주의 운동과 노동운동 재건의 초석이다.

3) 당건설 전망에 대한 모색

그동안 진보정당운동이 있어 왔지만 진보정당들은 개량주의화의 길을 걸어 노동운동에 깊은 상처를 남겼다. 이들 진보정당운동의 실패는 1980-90년대 운동의 성과의 유실이라 할 수 있다. 따라서 이제 사회주의 운동의 재건과 노동운동의 재건은 진보정당운동과 근본적으로 다른 당건설의 전망을 필요로 한다.
맑스와 엥겔스는 다음과 같이 노동자계급 당의 의미를 설명한다.

"프롤레타리아트는 유산 계급의 집단적 권력에 대항하는 투쟁에서, 유산 계급에 의해 설립된 낡은 모든 당들과 대립되는 특별한 정당으로 자기 자신을 구성할 때만 계급으로 행동할 수 있다."[28]

이렇게 노동운동의 발생 초기부터 노동자계급의 당건설은 가장

---

28) 맑스, 엥겔스, "1872년 9월 2일에서 7일까지의 헤이그 일반대회의 결의안", ≪맑스 엥겔스 저작선집≫ 제4권, 박종철출판사, p. 157.

주요한 과제가 되었다. 그것은 당을 건설할 때만 노동자계급은 계급으로서 행동할 수 있기 때문이었다. 그러면 노동자가 계급으로서 행동한다는 것은 어떤 의미인가? 시민으로서 노동자와 계급으로서 노동자는 어떻게 다른가? 시민으로서 노동자는 무산자일 뿐이며 무력한 존재이기만 하다. 그러나 계급으로서 노동자는 무산자로서의 동질성의 연합이며 무산자임에도 남아 있는 인간적 본성, 무산자이기에 열망할 수밖에 없는 인간해방의 기치로 단결한다는 의미이다. 따라서 노동자는 국가와 시민사회의 구분에 따른 일개 시민임을 거부하고 계급대립의 주체로서 인간해방의 기치하에 행동하는 변혁의 주체로 나아가게 된다. 계급적 존재로서 노동자일 때만 노동자는 부르주아 사회에서 정치적 존재가치가 승인된다. 그런 의미에서 맑스와 엥겔스는 계급으로서의 행동을 말했고 계급으로서 행동하기 위한 필수조건으로서 당건설을 말했다. 부르주아 정당들은 자유와 정의, 민주의 기치하에 모인다. 그들은 계급을 기치로 모이지 않는다. 그러나 그러한 자유와 정의, 민주의 기치하에서 그들은 철저하게 계급적으로 행동한다. 부르주아 계급이 힘을 가지는 이유는 단지 국가권력을 장악하고 있기 때문이 아니라 스스로 계급으로서 끊임없이 행동하여 지배질서, 계급질서를 재생산하기 때문이다. 그러나 노동자는 자유와 정의, 민주의 기치가 아니라 계급해방의 기치를 내걸고 계급으로서 행동하기 위해 당을 건설한다는 것을 공공연하게 밝힌다.

　노동운동이 이렇게 무력화되고 탄압에 각개격파되어 온 현실은 노동자계급의 당, 계급해방을 전면에 내세우는 당의 부재 때문이기도 하다. 계급으로 행동하지 못하고 조합주의를 강요당해 온 현실이 노동운동 무력화의 주요한 요인이었다. 기존에는 진보정당을 통하여 계급으로서 행동하고자 하는 흐름이 상당했다. 그러나 계급해방을 전면에 내세우지 못하는 진보정당들은 개량주의의 길을 걸었고 노동자의 계급으로의 형성은커녕 노동운동에 상처를 남기기만 했다.

따라서 이제는 노동자계급이 계급으로서 행동하기 위한 당, 계급해방을 전면에 내세우는 당, 자본주의를 넘어서는 과학적 사회주의를 내세우는 당건설을 제기해야 한다. 이를 위해서는 박근혜 정권의 파쇼적 공세를 물리치고 민주주의 확장을 이뤄내고 국가보안법을 무력화하고 폐지시켜야 한다.

4) 과학적 사회주의의 선전과 보급

사회주의 운동의 핵은 사상이다. 사회주의 사회에서 당과 국가의 차이를 대별한다면 당은 사상을 중핵으로 하고 국가는 폭력의 담지자라는 것이 주요한 차이이다. 20세기 사회주의 국가들에서 이러한 점이 흐려졌던 것이 또한 20세기 사회주의 몰락의 하나의 원인이기도 하다. 그런 점에서 논리적으로 또 역사적으로 사회주의 운동 재건의 출발점은 사상의 문제이다.

현재 맑스주의, 과학적 사회주의는 정치적 영향력은 고사하고 즉, 대중에 대한 영향력은 고사하고 이데올로기적으로도 곳곳에서 공격받고 있다. 스딸린주의! 과거 맑스 시절에는 공산주의자라는 유령이 배회했다면 이제는 스딸린주의라는 유령이 배회한다. 그러나 스딸린주의라는 비난을 보면, 20세기 사회주의의 역사와 본질에 대한 천착은 보이지 않고, 20세기 사회주의에 대한 청산주의만이 있을 따름이다. 20세기 사회주의의 붕괴라는 세계사적 대반동에 대한 청산주의적 태도로서 역사적 책임의 회피! 그리고 이러한 태도, 처신이 정치적 감각이 있는 태도로 치부된다. 그러나 사회주의 운동은 그러한 얄팍한 운동이 아니며 총체적인 사회변혁운동으로서 역사와 논리의 통일이다.

현 단계에서 한국사회주의 운동의 재건을 위해 요구되는 과학적 사회주의의 선전과 보급은 20세기 사회주의에 대한 올바른 관점의 정립, 그리고 노동자계급의 과학적 세계관의 보급을 기초로 맑스,

엥겔스, 레닌, 스딸린, 마오쩌뚱 등의 역사적 경험과 성과를 되살릴 것을 요구한다. 또한 중국 사회주의 시장경제라는 수정주의에 대한 과학적 비판을 요구한다. 이렇게 역사와 논리의 통일을 추구할 때만 21세기의 조건에서 과학적 사회주의의 흐름을 강화할 수 있다.

과학적 사회주의는 노동자계급의 사상적 양식이다. 학습과 실천의 통일, 이론과 실천의 통일을 추구할 때만 사회주의 운동은 성장한다. 항상 전 계급적 시야를 유지하면서 이론과 실천을 통일시켜 가자.

대공황 8년: '좀비자본주의'와 노동자계급

채만수 | 노동사회과학연구소 운영위원

1. 상황과 상황인식 (1)

2007년 가을에 발발하여 2008년 9월 미국의 거대한 투자은행 리먼브라더스(Lehman Brothers)의 파산으로 최고조에 달했던 공황. 발발 8년이 되는 지금까지도 이 공황은 호황으로의 국면전환의 기미를 전혀 보여주지 못한 채 장기침체 상태가 지속되고 있다. 주요 자본주의 국가들과 유럽중앙은행(ECB)이나 국제통화기금(IMF) 같은 국제금융기구들이 국가독점자본주의적 화폐·금융 수법을 한껏 동원하여 이른바 '양적 완화(quantitative easing)'[1]라는 이름으로, 스스로 '헬리콥터로 돈을 뿌린다'고 비유할 만큼, 역사상 유례가 없는 대대적인 규모의 돈을 뿌려대 왔지만, 그 엄청난 자금도 자본주의를, 겨우 연명시키고 있을 뿐, 그리고 새로운 붕락(崩落)을 배양하고 있을 뿐, 위기로부터 구제하고 있지 못한 것이다. 그야말로 대공황이다. 리먼브라더스의 부도 사태를 계기로 여러 사람들이 상기했던 1930년대의 대공황을 닮은 그것 말이다.[2]

---

[1] 이 '양적 완화(quantitative easing)' 혹은 그 머릿글자인 'QE'는 이제 경제학상의 부동의 용어로까지 자리잡아가고 있는 느낌이다.
[2] "역사는 반복되는 것인가? 현재의 세계적인 경기하강은 대공황(Great Depression)과 많이 닮아 있다. 그리고 현재의 거액의 구제금융 조치들이 실패한다면, 세계경제에 대한 그 후과는 마찬가지로 격렬할 것이다." (쉬피겔

자본주의의 현 위기 상황이 어떠한지, 혹은 부르주아지의 좌절감이 어떠한지를 독일의 한 부르주아 평론가, 비판적인 부르주아의 전형적 시각을 대표하는 것으로 보이는 평론가로 하여금 말하게 하면 이렇다. (인용이 무척 길지만, 그럴 만한 가치가 있다!)

25년 전 베를린 장벽이 무너졌을 때, 서방의 자유주의적인 경제적·사회적 질서는 거의 멈출 수 없는 개선의 행진을 할 것처럼 보였다. 공산주의는 실패했고, 정치가들은 세계적으로 규제 없는 시장을 찬송하고 있었으며, 미국의 정치학자 후란씨스 후쿠야마(Francis Fukuyama)는 "역사의 종언"을 기원하고 있었다.

오늘날에는 더 이상 아무도 자유로운 자본 이동의 유익한 효과에 대하여 얘기하지 않는다. 오늘날의 관심사는, 미국의 전 재무장관 래리 썸머스(Larry Summers)가 표현하듯이, "**영속적 침체(secular stagnation)**"이다. 미국경제는 1990년대의 반절만큼의 속도로도 성장하고 있지 않다. 일본은 아시아의 병자가 되어 있다. 그리고 유럽은 독일이라는 수출 기계의 가동 속도를 낮추기 시작한 경기후퇴로 가라앉고 있으며, 번영을 위협하고 있다.

21세기의 자본주의는, 지난 주에 다시 명확해진 것처럼, 불안정한 자본주의(capitalism of uncertainty)이다. 실망스러운 약간의 미국 무역통계들이 발표되었을 뿐인데, 미국의 채권시장에서부터 원유시장까지 갑자기 시장이 전세계적으로 곤두박질쳤다. 소란은, 오랫동안 신경과민의 지표(indicator of jitters)로 간주돼온 국가, 그리스의 채권에도 나쁜 영향을 끼쳤다고 해야 할 것이다. 금융지(金融紙)들은 그것을 "순간 붕락(flash crash)"이라고 불렀다.

정치가들과 실업계(實業界)의 거물들은 지금 어디에서나 성장을 위한 새로운 결단들을 요구하고 있으나, 정부들의 무기고(武器庫)는 텅 비어 있다. 금융위기 이후 종합적인 경제 자극책들에 지출된 수십억 (달러·유

(*Spiegel*) 편집진, "Is 2009 the New 1929? Current Crisis Shows Uncanny Parallels to Great Depression (2009년은 새로운 1929년인가? 현재의 위기는 대공황과 기묘한 유사점들을 보여주고 있다)", *SPIEGEL ONLINE*, 2009. 4. 29.)

로: 인용자)은 대부분의 공업 국가들에서 산더미 같은 부채를 쌓아 왔으며, 이제 새로운 지출을 위한 자금이 없다.

중앙은행들 역시 탄약이 고갈돼가고 있다. 그들은 이자율을 0에 가깝게 밀어붙였고, 국채(國債) 매입에 수천억 (달러・유로: 인용자)을 지출해 왔다. 하지만 그들이 금융 부문에 퍼붓고 있는 거액의 자금이 경제 쪽으로는 흘러가고 있지 않다.

일본에서든, 유럽이나 미국에서든, 회사들은 더 이상 새로운 기계장치나 공장들에 거의 투자하지 않고 있다. 그 대신에, 전세계적으로 주식과 부동산, 채권시장에서 가격들이 폭등하고 있다. 지속가능한 성장에 의한 붐(boom)이 아니라, 값싼 돈에 의한 붐이 조성되고 있는 것이다. 국제결제은행(BIS)의 전문가들은 여러 분야에 임박한 붕락의 "우려스러운 조짐들"을 이미 확인해 왔다. 서방의 위기 정책은, 새로운 위험들을 만들어내고 있는 데에 더해서, 공업 국가 자신들 내부의 갈등들 역시 악화시키고 있다. 노동자들의 임금은 정체되어 있고 전통적인 예금계좌들엔 거의 아무런 이자도 붙지 않는 반면에, ... 부자들은 아주 듬뿍 돈을 벌고 있는 것이다. ...

자료들은 자본주의 엔진 실(室)의 위험한 기능부전(機能不全)을 폭로하고 있다. ... 중간계급 역시 부정적인 영향을 받아 왔다. 수년 동안, 수많은 평균 소득자들이, 자신들의 재산이 커가는 대신에 줄어들고 있는 것을 목격해 왔다.

하버드 대학의 경제학자 래리 캐츠(Larry Katz)가 악담하듯이, 미국 사회는 기형적이고 불안전한 아파트 건물을 닮아 버렸다. 꼭대기의 펜트하우스는 갈수록 더욱 커지고, 맨 아래 층들은 사람들로 넘쳐나며, 중간층들은 텅텅 비어 있고, 엘리베이터는 고장 나 멈춰버린 아파트 건물을 닮아 버린 것이다.[3]

현 위기에 대한 이 장황한 진단에는, 무엇보다도, "신경과민의 지표(indicator of jitters)로 간주돼온 국가, 그리스"라는 한 마디뿐,

---

[3] Michael Sauga, "The Zombie System: How Capitalism has Gone Off the Rails (좀비 체제: 어떻게 해서 자본주의는 궤도를 벗어나 버렸는가)", *SPIEGEL ONLINE*, 2014. 10. 23.

공식 실업률이 25%를 넘나들고, 특히 청년 실업률은 55%에서 60%에까지 이르는 그리스, 스페인, 포르투갈, 이탈리아 등 남부유럽 국가들의 비극적 상황에 대한 언급이 전혀 없다. 그것만 보더라도 위에 인용된 내용은 사실상, 미국이나 독일 등등, 이 새로운 대공황 속에서도 그나마 상대적으로 잘 나가고 있다고 할 수 있는 국가들의 상황에 관한 것임을 알 수 있다. 그럼에도 불구하고 위 평론가는 부르주아적 사고를 반영하여, "자본주의의 위기는 민주주의의 위기로 전화되었다"라면서, 즉, 자본주의의 위기는 체제 그 자체의 전반적 위기로 전환되었다면서, 다음과 같이 말하고 있다.

> 이러한 상황이 분배 비판가 토마 피케티(distribution critic Thomas Piketty) 같은 좌파 경제학자들의 주장들을 강화하고 있는 것도 놀라운 것이 아니다. 그러나 시장 자유주의자들조차 "1퍼센트 사회(one-percent society)"나 "금권정치(plutocracy)"같은 용어들을 사용하기 시작했다. ≪파이낸셜 타임즈(*Financial Times*)≫의 수석 평론가 마틴 울프(Martin Wolf)는 자본시장의 규제완화를 "악마와의 계약(pact with the devil)"이라고 부르고 있다.
> 그들뿐만이 아니다. 체제 내부자들조차 의구심으로 가득 차 있다. …
> 그들은 모두 깊은 불안감을 품고 있고, 일부는 반란의 기미까지 드러내고 있다.[4]

이것이 대공황 발발 후 7년이 지난 2014년 10월 현재 자본주의 경제의 상황, 그러나 앞에서도 말한 것처럼, 비교적 상황이 나은 국가들의 상황이고, 그에 대한 부르주아 평론가들의 비판적 인식이다.

---

4) 같은 곳.

2. '위대한 좌파 경제학자' 토마 피케티

참고로, 위 인용문에서 피케티를 대표적인 '좌파 경제학자(leftist economist)'로 적시하고 있으므로, 그리고 우리 사회를 포함하여 전 세계의 부르주아·소부르주아 경제학자들·이데올로그들이 그를 그렇게 칭송하고 있기 때문에, 나아가, 무엇보다도 특히 최근과 같은 경제위기 상황에서는 '좌파 경제학자들'이 선진 노동자들에게 미치는 이론적·이데올로기적 영향력이 지대하기 때문에, 여기에서 잠깐 그가 얼마나 위대한 좌파 경제학자인가를 보고 가기로 하자. 이미 ≪정세와 노동≫ 제111호 (2015년 4월호, pp. 19-22)에 '한 토막의 코메디'로 소개하며 적었던 내용인데, 독자가 다를 수 있기 때문에 그것을 그대로 옮겨놓자면 이렇다.

* * *

2007년 가을부터 진행되고 있는 대공황 속에서 일거에 전세계적으로 1백50만 부 이상이나 팔렸다는 ≪21세기의 자본≫이라는 저서로 '진보적 경제학'의 가히 혜성처럼 등장한 피케티(Thomas Piketty) 교수님[5]의 말씀, 지난 3월 10일 독일의 주간지 ≪쉬피겔(*Der Spiegel*)≫과의 인터뷰에서의 발언인데, 들어보시라.

피케티: … 우리 유럽인들은 험악한 상황에 처해 있어서(in a bad situation), … 어지간한 구조개혁들(minor structural reforms)로는 그것을 전혀 바꿀 수 없을 것입니다.

≪쉬피겔≫: (그러면: 인용자) 당신의 제안은 무엇인가요? (What do

---

[5] ≪쉬피겔≫은 그를 "저명한 프랑스 경제학자(celebrated French economist)", "경제학자들 중의 혜성(a shooting star among economists)"이라고 소개하고 있다.

you propose?)

　　피케티: 우리는 젊은이들을 훈련시키는 데에, 그리고 혁신과 연구에 보다 더 많은 돈을 투자할 필요가 있습니다. 그것이 유럽의 성장을 촉진하는 가장 중요한 기획 목표가 되어야 할 것입니다. 세계 최고의 대학들의 90퍼센트가 미국에 있고, 우리의 가장 우수한 두뇌들이 해외로 나가는 것은 정상적이지 않습니다. 미국인들은 그들의 GDP의 3퍼센트를 대학에 투자하는데, 반면 여기에서는 1퍼센트 남짓입니다. 그것이, 미국이 유럽보다 훨씬 빠르게 성장하고 있는 주요 이유입니다.[6]

"우리는 젊은이들을 훈련시키는 데에, 그리고 혁신과 연구에 보다 더 많은 돈을 투자하라"! "그것이 유럽의 성장을 촉진하는 가장 중요한 기획 목표가 되어야 한다"!―이렇게 철저히 '경쟁'의 관점에서 문제를 재단하는 황금신의 발언. 이것이 바로 오늘날 세계적으로, 그리하여 국내에서도 '진보적인' 소부르주아 경제학자들이나 '진보적' 언론에 의해서, 아니 사실은 보수・극우적 언론에 의해서도 사실상 이 시대 최고의 '진보적 경제학자'로 평가받고 있고 선전되고 있는 저 저명한 피케티 교수님의 발언이다!

　　대공황이 발발하고, 그 와중에 그리스 등 남부 유럽 국가들의 노동자・인민이 지옥과도 같은 대재앙을 겪고 있는 것은 결코 "혁신과 연구"의 부족, 그에 대한 투자의 부족 때문이 아니다. 거꾸로 그것은 전세계적 규모에서도 유럽・유럽연합・유로존의 규모에서도 이른바 "혁신과 연구"가 자본주의적 생산체제와는 더 이상 양립할 수 없을 정도로 발전했기 때문이고, 그로 인하여 엄청난 자본주의적 과잉생산이 누적되었기 때문이다. 그러나 저 세계적인 '진보적 경제

---

[6] "Thomas Piketty on the Euro Zone: 'We Have Created a Monster'" (Interview by Julia Amalia Heyer and Christoph Pauly)", <http://www.spiegel.de/international/europe/thomas-piketty-interview-about-the-european-financial-crisis-a-1022629.html>

학자'·'좌파 경제학자'의 발언 속에서는 그러한 사고(思考), 그러한 과학적 사고는 눈을 씻고 찾아보려야 찾아볼 수가 없다! 그런데도 오늘날 그가, 요즘 유행하는 표현을 빌리자면, 진보의 아이콘처럼 화려하게 우리에게 제시되고 있다.

참고로 그가 이렇게 '진보의 아이콘'처럼 평가·선전되는 이유를 간단히 쉬운 말로 설명하자면, 그것은 그가, 이 사회의 '진보정당들'·'진보적 정치인들'·'진보적 시민단체들' 등의 말을 빌려 표현하자면, '부자세'를 부과함으로써 심각한 이른바 '부의 불평등'을 완화하자고, 그리하여 자본주의를 파멸로부터 구제하자고 주장하기 때문이다. 맑스의 말을 빌리자면, 그가 "분배로 야단법석을 떨고, 그것에 주요한 역점을 두"면서 위기에 처한 자본주의를 구제하려 나서고 있기 때문이다. 당연히 부르주아지와 소부르주아지의 구미에 맞는 소동, 그들의 구미에 맞는 기만이요 비과학이다!

그러나 과학자 맑스는 이렇게 언명한다.

> (고타 강령의 초안이: 인용자).... 소위 분배로 야단법석을 떨고, 그것에 주요한 역점을 둔 것은 대체로 잘못이었다.
> 어떤 시대에나 소비수단의 분배는 생산조건들 자체의 분배의 결과에 불과하다. 그러나 생산조건들 자체의 분배는 생산양식 그것의 한 특징이다. 예컨대 자본주의적 생산양식은 물적(物的) 생산조건들이 자본소유와 토지소유라고 하는 형태로 노동하지 않는 자들 사이에 분배되어 있고, 이에 비해서 대중은 단지 인적(人的) 생산조건, 즉 노동력의 소유자에 불과하다는 데에 근거하고 있다. 생산요소들이 이렇게 분배되어 있으면, 오늘날과 같은 소비수단의 분배가 저절로 생긴다.[7]

생산수단의 분배를 변혁하지 않는, 오히려 일부 노동하지 않는 소수자에 의한 그 사적소유를 유지하기 위한 소득분배 야단법석, 피케티 교수님의 그것과 같은 야단법석은 대중을 기만하는 비과학일

---

7) K. 맑스, "고타 강령 비판", *MEW*, Bd. 19, S. 22.

뿐인 것이다. 오늘날 한국에서도 '진보적' 지식인들・시민단체들이 열심히 야단법석을 떨며 팔아먹고 있는 기만과 비과학!

*　　*　　*

이것이 바로 저들 부르주아・소부르주아들이 그토록 높이 평가하는 '좌파 경제학'이다. (오늘날에도 역시 마찬가지이지만,) 19세기 중반에 부르주아지가, "노동자는 임금을 자본가에게 대여하거나 (후불로 받거나)", "노동을 시장가격 이하로(?) 제공하기 때문에 이 차액(?)을 자본가에게 투하한다고 볼 수 있다"며, 노동자를 자본가로 삼는 존 스튜어트 밀(John Stuart Mill, 1806-1873)을 "위대한 정신"으로 치켜세우는 것을 보며, 맑스는 다음과 같이 말한 바 있다.

> 평평한 평야에서는 흙무덤도 언덕으로 보인다. 오늘날의 우리 부르주아지의 천박함을 그들의 "위대한 정신"(großen Geister)을 척도로 삼아 측정해야 할 것이다.8)

이 말은 오늘날 위대한 진보적인 경제학자들로 칭송되고 있는 피케티나 칼 폴라니(Karl Polanyi) 등에 대해서도 그대로 해당될 것이다.

3. 상황과 상황인식 (2)

다시 우리의 주제로 돌아오면, 국가와 중앙은행들이 엄청난 돈을 풀어 왔지만, 그 돈으로 제조업을 위시한 경제 전반이 소생하는 대신에 "전세계적으로 주식과 부동산, 채권시장에서 가격들이 폭등하

---
8) K. 맑스, 《자본론》 제1권, *MEW*, Bd. 23, S. 541.

고" 있으며 "지속가능한 성장에 의한 붐(boom)이 아니라, 값싼 돈에 의한 붐이 조성되고" 있음을 독일의 저 평론가가 지적하는 것을 보았다. 나아가, 그는 뉴욕 월가의 한 시장 평론가를 등장시켜, 미국이 "부채 공화국"으로 되었다며, 이렇게 쓰고 있다.

> 그 보수주의자는 자신의 나라가, 서방 세계가 평화시에는 과거 일찍이 본 적이 없는 부채 공화국으로 변형된 데에 대하여 분개하고 있다. ... 위기 이래 그 거대한 부채더미— 60조 달러 —를 실제로 해체한 것이 아니라 단지 그것을 재분배한 국가・은행들은 악성 대부의 많은 부분을 납세자들에게 전가할 수 있었던 반면, 정부는 과거 어느 때보다도 더 많은 빚을 지고 있다.
> 연방준비제도이사회(미국의 중앙은행: 인용자; 이하에서는 "연준")가 이자율을 낮게 유지하고 있기 때문에 산더미 같은 빚이 실제보다 작아 보인다. 그러나 동시에 이 값싼 돈은 시대를 거슬러 미국을, 다음에 벌어질 것이, 바라던 바의 경제호황일지 아니면 다른 붕락일지 아무도 모르는 위험한 경기로 몰아넣고 있다. 전 재무장관 로버트 루빈(Robert Rubin) 같은 전문가들은 **주식시장의 현 반등은 사실상 다음 붕락의 전조**라고 믿고 있다.9) (강조는 인용자. 이하 동일.)

그러면서 그 "보수주의자"가 다음과 같이 말하고 있다고 소개하고 있다.

> "오늘날과 같은, 완전히 왜곡되고 무능해진 시장으로는 연착륙(soft landing)10)의 가능성은 전혀 없다." "어떤 거대한 돌발사태가 일어날 것이다. 단지 언제냐 만이 문제이다."11)

---

9) Michael Sauga, 같은 글.
10) "연착륙(soft landing)"이란, 호황 국면으로부터 생산의 축소・침체 국면으로의, 충격이 없는 부드러운 이행을 의미하는, 부르주아・소부르주아 경제이데올로그들의 상상과 염원 속의 경기 국면 이행방식이다. 그리고 저들의 '경착륙(hard landing)'이란 물론 이 상상과 염원 속의 경기 국면 이행방식으로서의 "연착륙"의 개념적 반사물이다.

그러고는 자신의 판단을 이렇게 얘기한다.

오로지 하나만은 분명하다. 즉, 금융위기 7년 만에 미국 경제는 아직도 부채와 값싼 돈에 빠져 있다. 무엇보다도 최악은, [거대하게 살포된 자금의: 인용자] 회수 국면은 아직 시작조차 되지 않았다는 것이다.12)

그 자체로서는 모두가 맞는 말들이다. 특히 저들이 최근의 주식·채권·부동산 시장의 반등을 새로운 파탄의 징조로 보고 있는 점은 주목할 만하다.
그러나 우리는 현 상황에 대한 저들의 인식 속에서 저들의 시각의 한 특징을 본다.
저들은 무엇보다도 현 위기의 본질을 금융위기로서 파악하고 있다. 그러면서 그들은 그 원인을 금융시장에 대한 신자유주의적 규제완화·통화정책에서, 구체적으로는 레이건 행정부 시절에 시작된 그것에서 찾고 있다. 이렇게 얘기한다.

레이건 시절의 부채 정책이 미국의 보수 혁명가들의 첫 번째 오류였지만, 그것이 유일한 것은 아니었다. …
금융산업을 자유화하는 것이 정치적으로 유행했던 것은 그때, 즉 …. 당시 연준 의장 앨런 그린스펀(Alan Greenspan)이 새로운 통화정책을 발명할 때였다. 경제와 시장이 약한 징후를 보일 때마다 그는 이자율을 낮추었고, 거대 금융기관에 문제가 생기면 중앙은행의 힘으로 그것을 구제했다.
그린스펀의 값싼 돈 정책은 …. 월가에 달콤한 독약이 되었다.13)

그리고 이러한 정책의 결과로 다음과 같이 되었다고, 저 평론가

---

11) 같은 글.
12) 같은 글.
13) 같은 글.

는 자못 날카롭게 비판한다.

> 과거에는, 열심히 일하는 자는 누구나 결국엔 그 처지를 개선할 수 있다는 것이 미국의 꿈이라는 약속의 일부였다.14) 오늘날에는 부자들이 미국 자본주의의 과실(果實)의 대부분을 차지하고 있으며, 체제의 가장 두드러진 특징은 공포에 대한 공포(fear of fear)이다. 연준이 계획대로 내년에 이자율을 올리면 무슨 일이 벌어질지 아무도 모른다. 비용 증대로부터 오는 압력이 정부 적자를 폭발시킬까? 주식시장의 거품이 파열될 것이며, 금융기관들이 붕괴될 것인가? 경제가 붕락할 것인가?15)

그 자체로서는 역시 대체로 맞는 얘기지만, 저들의 시각은 이렇게 금융이라는 문제에 갇혀 있다. 그리고 그만큼 현재 지속되고 있는 대공황에 대한 저들의 시각은 피상적이고, 천박하다. 그리하여, 저들은 사실상 어느 나라에서나 "더 이상 새로운 기계장치나 공장들에 거의 투자하지 않고" "그 대신에, 전세계적으로 주식과 부동산, 채권시장에서 가격들이 폭등"하면서 새로운 붕락을 배양하고 있다고 개탄하지만, 바로 이 천박성 때문에 저들은 상황이 왜 그렇게 전개되어 가는지, 즉 값싸게 살포된 거대한 자금이 왜 제조업 생산의 효율을 개선하고 증대시키는 데로 흐르지 않고 그렇게 주식과 부동산, 채권시장으로만 몰려드는지에 대해서는 결코 설명할 수 없는 것이다.

물론 형식상으로만 보면, 독일의 저 평론가가 그것을 전혀 설명하고 있지 않은 것은 아니다. 그는 우선 드라기(Draghi) 유럽중앙은행(ECB) 총재의 저금리 정책을 비판하고, 특히 "마이너스 예금 이자율" 조치를 "특히 위험하다"고 비판한다. 그의 비판을 옮기자면, 이렇다.

---

14) 결국, 미국에서 가난한 사람들은 열심히 일하지 않은 업보를 받고 있던 것이다!
15) 같은 글.

> 이 (마이너스 이자율: 인용자) 역시 대출을 독려하려는 의도를 가지고 있다. 현실적으로는 그러나 그 조치는, 고객의 예금에 의존하고 있는 저축은행들이나 협동조합은행들과 같은 금융기관들의 상황을 훨씬 더 어렵게 만들고 있다. …
> 많은 전문가들은, 이러한 조치들로 ECB는 그것이 달성하고자 하는 것과는 정반대의 것을 달성하고 있다고 우려하고 있다. 신용 부문은 강화되는 대신에 약화되고 있다. 리스크가 줄어드는 대신에 새로운 리스크들이 생기고 있다. 병든 은행들을 청산하는 대신에, **그것들이 인위적으로 연명되고 있다**.16)

그러고 나서, 금융위기의 교훈은 그들 병든 은행들을 가능한 한 빨리 그리고 철저히 청산하는 것이라고 주장한다. 이렇게,

> 지금까지 경제는, 새로운 위기 자본주의나 소(小, miniature) 성장, 소 인플레이션, 소 이자율을 거의 경험하지 못했었다. 그러나 근년(近年, recent years)에, 예컨대, 일본과 스칸디나비아에서 대형 신용 거품이 파열된 후에 경제학자들은 한 가지를 배웠다. 금융 및 은행 위기 후에 맨 처음 해야 할 일은 은행들을 정리하는(clean up) 것이고, 그것을 재빨리 그리고 철저히 정리해야 한다는 것을. 성장할 수 없는 기관들은 폐쇄할 필요가 있으며, 반면에 다른 기관들에는 자본이 공급되어야 하는 것이다.17)

그런데 유럽에서는 그 교훈이 지켜지지 않고 있다며, 다음과 같이 흥미롭게 비판한다.

> 유럽에서는 그러나 금융 로비의 압력 때문에 이러한 과정이 수년 동안 질질 끌려 왔다. 산업(industry)의 상태가 현재 너무나도 암울하기 때문에

---

16) 같은 글.
17) 같은 글.

전문가들은 공포 영화에서 빌려온 은유를 사용하여 그 상태를 묘사하고 있다. "좀비 은행(Zombie banks)"이란 정부의 구제금융에 의해서 인위적으로 연명되고 있는 은행들이며, 그 은행들은, 할리우드 영화들 속의 좀비들처럼, 유럽의 도처에서 해악을 끼치고 있다. 그 은행들은 실질 경제에 돈을 빌려주기에는 너무나 병들었지만, 금융 투자로 투기를 할 만큼은 충분히 건강하다.18)

"좀비 은행들(Zombie banks)은 실질 경제에 돈을 빌려주기에는 너무나 병들었지만, 금융 투자로 투기를 할 만큼은 충분히 건강하다"?―이 설명 아닌 설명이, 형식적으로만 본다면, 바로 값싸게 살포된 거대한 자금이 왜 제조업 생산의 효율을 개선하고 증대시키는 데로 흐르지 않고 주식과 부동산, 채권시장으로만 몰려드는지에 대한 저 평론가의 '설명'인 것이다! 흥미롭지 않은가?
 그건 그렇다 치고, 우리는 여기에서 "좀비 은행들"이니 "할리우드 영화들 속의 좀비들"이니 하는 저 "전문가들"의 은유에 주목하자.
 저들이 정의하는 바에 의하면, 좀비들이란 "정부의 구제금융에 의해서 인위적으로 연명되고 있는 존재들(those that are being kept alive artificially with government bailouts)"이자 "도처에서 해악을 끼치고 있는(wreaking havoc throughout)" 존재들이다. 그리고 여기에서 잠시 숨을 돌려 생각하면, 우리가 주요 소재로 삼아 논의를 진행하고 있는, 저 평론가의 평론의 제목은 "The Zombie System: How Capitalism has Gone Off the Rails (좀비 체제: 어떻게 해서 자본주의는 궤도를 벗어나 버렸는가)"이다. 그런데 그의 장문의 평론 속에서 좀비라는 말, 좀비라는 은유를 발견할 수 있는 것은 바로 여기, 곧 정부의 구제금융에 의해서 연명되고 있는 은행들을 "좀비 은행들"로 규정하는 곳뿐이다. 그렇다면, 저 평론가가 말하는 "좀비 체제"란 곧 "좀비 은행 체제"를 의미하게 된다. 두말할 나위도 없이,

---

18) 같은 글.

이는 분명 현재 지속되고 있는 대공황을 바라봄에 있어서의 저들 부르주아 이데올로그들의 금융・신용 현상 위주의 시각, 그러한 천박한 시각의 표현이다.

그러나 지금 "정부의 구제금융에 의해서 인위적으로 연명되고 있는 존재", "도처에서 해악을 끼치고 있는" 존재는 병든 은행들만이 아니다. 자본주의 체제 바로 그것이야말로 정부들의 구제금융, 그것도 유례가 없는 엄청난 규모의 구제금융에 의해서만 연명되고 있는 존재 그것이고, 도처에 만연한 실업과 반실업, 빈곤, 고통이 웅변하는 것처럼 "도처에서 해악을 끼치고 있는" 존재 그것이다. 그 어떤 무엇보다도 현 자본주의 체제야말로, 더구나 대공황에 허덕이는 자본주의 체제 그것이야말로 가장 사악한 "좀비 체제" 바로 그것인 것이다!

4. 문제는 신자유주의가 아니라 자본주의 그 자체다

지금 저들 비판적인 부르주아 분석가들・평론가들・경제학자들이, '앨런 그린스펀이 발명한 새로운 통화정책' 운운하며, 떠들고 있는 바는 사실상 결국 규제 받지 않는 신자유주의적 금융, 즉 신자유주의적 신용(信用)이 이 대공황의 원인이라고 말하는 것이나 다름없다. 그리고 이러한 '비판'은, 비단 저들에 의해서만이 아니라, 특히 2008년 가을 소위 '리먼 쇼크' 직후에 국내외의 내로라하는 '진보적'・'좌파' 경제학자들과 언론인들에 의해서도 우후죽순처럼 제기되었음을 우리는 생생히 기억하고 있다. 그리고 어느 때부터인가 마파람에 게 눈 감추듯 사라져버리고 사실상 더 이상은 들리지 않지만, 그러한 원인 인식에 기초하여 당시에 그들 '진보적'・'좌파' 경제학자들과 언론인들이 제안한 대안적 정책 방향이 케인즈주의적 국가 규제의 강화, 즉 국가독점자본주의적 규제의 강화였음도 우리

는 생생히 기억하고 있다.19)

그러나 이 대공황의 위기를 그렇게 금융, 즉 신용의 신자유주의적 자유화에서 찾는 한, 방금 말한 것처럼, 거대하게 풀려나간 자금이 왜 제조업 등 산업 쪽으로가 아니라 주식과 부동산, 채권시장으로만 모여드는가조차 저들은 해명할 수 없다. 무엇보다도 우선, 아무리 천박하다고 하여도, '풀려나가는 자금을, 주식과 부동산, 채권시장이 아니라, 제조업 등에 투자하도록 통제했어야 하고, 그렇게 통제해야 한다'고 주장할 수는 결코 없을 것이기 때문이다.

금융, 즉 신용의 팽창이나 수축을 그 자체로서 공황의 원인으로 보는 시각에 대해서 맑스는 일찍이 다음과 같이 비판하고 있다.

> 경제학의 천박성은 특히, 산업순환의 시기전환의 단순한 징후인 신용의 팽창과 수축을 그 (즉, 산업순환의: 인용자) 원인으로 삼는 데에서 나타난다. 일단 일정한 운동에 던져진 천체가 끊임없이 동일한 운동을 반복하는 것과 전적으로 마찬가지로, 사회적 생산도 그것이 일단 팽창과 수축이라는 교대 운동에 던져지자마자 이 운동을 끊임없이 되풀이한다. 결과가 다시 또 원인이 되고, 그 자신의 조건들을 부단히 재생산하는 모든 과정의 부침(浮沈)은 주기성의 형태를 취한다.20)

그러면서 그는 공황의 원인이 신용의 급작스런 축소에 있는 것처럼 보이는 이유를 이렇게 설명하고 있다.

> 재생산과정의 모든 연관이 신용에 입각해 있는 생산체제에서는 신용이 돌연 중지되고 단지 현금지불만이 통용되게 되면 명백히 공황이, 지불수단에 대한 맹렬한 쇄도가 발생하지 않을 수 없다. 첫눈에는 그리하여 모

---

19) 저들 '진보적인' 소부르주아 경제학자 및 언론인들 가운데 당시 국내에서 목소리가 높았던 대표적인 사람들의 인식과 대안에 대한 간단한 비판에 대해서는, 채만수, "새로운 대공황과 그 역사적 의의", ≪노동사회과학 제1호, 공황과 사회주의≫, 2008. 11. pp. 13-42 참조.
20) K. 맑스, ≪자본론≫ 제1권, *MEW*, Bd. 23, S. 662.

든 공황이 단지 신용공황과 화폐공황으로서만 나타난다.21)

　발달한 자본주의적 생산체제야말로 바로 "재생산과정의 모든 연관이 신용에 입각해 있는 생산체제"이다. 그리고 바로 이 발달한 자본주의적 생산체제에서 "신용이 돌연 중지되고 단지 현금지불만이 통용되게 되면 명백히 공황이 …. 발생하지 않을 수 없"고, "첫눈에는 그리하여 모든 공황이 단지 신용공황과 화폐공황으로서만 나타난다"는 것이다. 그런데 여기에서 이렇게 항변하고 싶은 사람이 나타날지 모른다.―"우리는 금융의, 즉 신용의 신자유주의적 팽창이 공황의 원인이었다고 주장하고 있는데, 당신은 왜 난데없이 마치가 우리가 '신용의 축소가 공황의 원인이었다'고 말했다는 듯이 모략하고 드느냐"하고 말이다.

　그러나 누군가 그렇게 항의하고 나선다면, 그는 자신이 금융, 즉 신용과 공황의 관계에 대해서는 물론 신용 그 자체에 대해서도 그야말로 철저히 무지함을 스스로 폭로하는 것이다. 왜냐하면, 공황이, 더구나 금융공황이 발발하는 직접적인 계기는 "재생산과정의 모든 연관이 신용에 입각해 있는 생산체제"에서 대량의 채무불이행이 발생하기 때문인데, 즉 대형 어음부도가 나기 때문인데, 이런 채무불이행·어음부도야말로 말 그대로 무언가의 이유로 "신용이 돌연 중지" 내지 축소되기 때문에 발생하는 것이기 때문이다. 공황 국면에서 국가와 중앙은행이 거액의 '구제금융'을 쏟아 붓는 것도 바로 그 중지 내지 축소된 신용을 확대하여 공황의 충격을 완화하려는 것 아닌가?

　공황의 근본적인 원인은 자본주의적 생산의 사회적 성격과 그 전유(專有)의 사적 성격 및 그에 따른 사회적 생산의 무정부성에 있지만, 그 직접적 원인은, 주지하는 것처럼, 과잉생산에 있다. 그리고 신용 즉 금융의 공여(供與)·확대는 공황의 원인이 아니라 과잉생

---

21) K. 맑스, ≪자본론≫ 제3권, *MEW*, Bd. 25, S. 507.

산을, 따라서 공황을 격화시키는 원인이다. 이에 대해서 엥엘스는 이렇게 얘기한다.

> 판매되지 않은 상품에 대한 선대(先貸)를 얻는 것이 쉬우면 쉬울수록, 그러한 선대는 더욱 더 많이 차입되고, 오로지 우선 화폐선대를 받기 위하여 상품을 제조한다든지 혹은 이미 제조된 상품을 먼 시장에 투매하려는 유혹이 더욱 더 커진다. 한 나라 사업계 전체가 어떻게 그러한 현혹(眩惑)에 사로잡힐 수 있는가, 그리고 그 후 그것이 어떻게 끝나는가에 관해서는 1845-1847년의 영국의 상업사(商業史)가 우리에게 설득력 있는 예를 제공하고 있다. 거기에서 우리는 신용이 무엇을 해내는가를 본다.[22]

> 그리하여 (= 인도 및 중국과의 무역에서 영국의 공장주들은 이중의 이득을 얻었기 때문에: 인용자) 선대를 받는, 인도와 중국으로의 대량 위탁판매제도가 생겼는데, 이 제도는 곧 선대를 받기 위한 위탁판매제도로 발전하였고, 이것은 …. 필연적으로 시장의 대량 공급과잉과 파국으로 끝나지 않을 수 없었다.[23]

여기에서 "선대" 혹은 "화폐선대"는 모두 당연히 신용을 의미하는데, 그 신용 또는 그 용이함은, 그것 자체가 공급과잉 즉 과잉생산이나 파국(Krach)의 원인이 아니라, 그 과잉생산과 파국을 격화시키는 요인이었던 것이다.

이렇게 금융, 즉 신용을 그 자체로서 공황의 원인으로서가 아니라 과잉생산과 공황을 격화시키는 요인으로서 이해할 때에만, 앞에서 부르주아 평론가들이 지적만 할 뿐, 그 원인을 설명하지 않는 문제, 아니, 설명하지 못하는 문제를 설명할 수 있다. 공황 구제를 위해서 살포된 엄청난 자금을 왜 "일본에서든, 유럽이나 미국에서든,

---

22) K. 맑스, 《자본론》 제3권, *MEW*, Bd. 25, SS. 420-421의 엥엘스의 보충 설명.
23) 같은 책, S. 422의 엥엘스의 보충 설명.

회사들은 더 이상 새로운 기계장치나 공장들에 거의 투자하지 않고" 있으며, "그 대신에, 전세계적으로 주식과 부동산, 채권시장에서 가격들이 폭등하고" 있는가 하는 것이 그 문제였다.

그 이유는 간단하다. 일단 지불의 연쇄가 파열되자, 거대한 금융위기를 불러온 만큼의 지난 호황기 및 번영기의 거대한 신용 때문에 이미 과잉생산이 격화되어 있기 때문에, 그리하여 거대한 재고에 짓눌려 있고 디플레이션이라고 비명을 지를 만큼 대대적인 할인판매와 투매로 자본가치가 파괴돼가고 있기 때문에, 우선 "더 이상 새로운 기계장치나 공장들에" 투자하여 그 과잉생산을 더욱 격화시킬 필요가 거의 없는 것이다. 게다가 '경기부양'을 위한 국가독점자본주의적 초저금리 정책으로 이자 소득 또한 적기 때문에 대대적인 투기가 벌어지면서 "전세계적으로 주식과 부동산, 채권시장에서 가격들이 폭등하고" 있는 것이다.

"더 이상 새로운 기계장치나 공장들에" 투자하지 않더라도, 즉 기존의 "기계장치나 공장들"에 의해서만도 그 과잉생산이 이미 얼마나 거대하게 벌어지고 있는가는, 대공황 자체가, 즉 공황과 침체가 8년 동안이나 지속되고 있지만 회복의 기미, 호황으로의 국면 전환의 징후가 사실상 보이지 않는다는 사실 자체가 그 증거이다. 그리고 1930년대 대공황 이후 오늘날 다시 부르주아 국가와 독점자본들을 공포 속으로 몰아넣고 있는 디플레이션이 그 증거이다.

실제로 오늘날 과잉생산이 얼마나 거대하게 벌어지고 있는가는 ≪월스트리트 저널(*Wall Street Journal*)≫을 인용한 ≪한겨레≫ (2015. 4. 27.)의 다음 기사가 생생하게 보여주고 있다.

> 세계 경제가 원자재 등 상품뿐 아니라, 자본과 노동의 과잉에도 시달리고 있다. ≪월스트리트저널≫은 공급과잉에 시달리는 세계 경제가 향후 10년 동안 저성장, 저인플레로 침체되는 디플레이션을 겪을 것이라고 분석했다.

크레디스위스 은행에 따르면, 현재 세계 경제의 부는 지난 2000년의 117조 달러에 비해 약 263조 달러로 늘어 저축과 자본의 과잉공급 양상을 보이고 있다. 이런 상황은 이자율을 끌어내려 통화정책의 효율성을 갉아먹고 있다. 노동력도 과잉되어, 임금 역시 정체하고 있다. 소련 등 사회주의권 몰락과 중국의 부상으로 약 10억 명의 노동력이 새롭게 세계 노동시장에 진입한 상태다.

미국의 최대 석유비축기지가 있는 오클라호마 쿠싱의 석유비축량은 지난주 4억8900만 배럴까지 올라 사상 최고를 기록하고 있다. 면화는 전 세계적으로 1억1천만 베일(면화 거래 단위·약 80kg)이 비축되어 있다. 이는 미국이 면화 재고량을 발표하기 시작한 1973년 이래 최고치다. 지난 12개월 동안 세계 원자재 가격 지표인 '에스앤피 지에스시아이'(S&P GSCI)는 34% 급락해, 금융위기 직후인 2009년 수준으로 되돌아갔다.

완제품 재고량도 크게 늘었다. 지난 2월 미국 내 가공 내구재의 전체 재고는 4130억 달러어치로 치솟았다. 이 역시 미국이 이 통계를 발표하기 시작한 1992년 이래 최고치다. **전세계에서 자동차 판매량이 가장 빠르게 늘던 중국에서도 2년 6개월 만에 미판매 자동차 대수가 최고로 올랐다.**

수요 부족으로 고민에 빠진 각국 정부가 빚으로 경기를 부양하려 하면서, 부채 역시 엄청나게 쌓이고 있다. 미국의 정부·기업·소비자 부채는 2008년 17조 달러에서 현재 25조 달러로 늘었다. 부채가 미 국내총생산(GDP)에서 차지하는 비율이 165%에서 181%로 는 것이다. 유럽 역시 부채가 국내총생산의 180%에서 204%로, 중국은 134%에서 241%로 늘었다.

빚에 몰린 정부를 대신해 중앙은행들의 역할이 커졌다. 미국 연준과 영국 중앙은행은 최근 국내총생산의 거의 25%에 해당하는 규모로 양적완화 정책을 실시하는 등 돈을 풀었다. (강조는 인용자)[24]

---

24) 정의길 선임기자, "*WSJ*, '세계경제 공급 과잉…10년간 디플레 위기'", ≪한겨레≫, 2015. 4. 27.; 거대한 인구와 높은 성장률로 과잉생산의 완충기로서의 역할이 기대되어 온 '시장 사회주의' 중국 역시 과잉생산·재고누적의 상황임을 주목하자. 사실은 '세계의 공장'으로서의 중국이야말로 과잉생산의 주요 진앙지이지만.

참고로, 이러한 사태를 "전문가"는 "역사상 전례 없는 사태"로 보고 있다며, 위 기사는 이렇게 끝맺고 있다.

> ≪과잉공급의 시대≫의 저자인 대니얼 앨퍼트는 "경제학은 (자원의) 희소성에 기반한다. 과잉공급이란 있을 수 없다는 것이 고전적 경제학의 개념이다"라고 말하면서, 현재의 과잉공급 경제는 인류가 한 번도 경험해보지 못한 전례 없는 사태라고 지적했다.[25]

"과잉공급이란 있을 수 없다는 것이 고전적 경제학의 개념이다"?—일반적 과잉생산의 가능성을 부인한 것이 고전파 경제학의 부르주아적 편견이었음은 주지의 사실이지만, 저 대니얼 앨퍼트가 "고전적 경제학"이라고 할 때 그것은 필시 그 자신 그 흐름의 일원인 부르주아 경제학 일반을 가리킬 것이다. 그러한 한에서, "과잉공급이란 있을 수 없다는 것이 고전적 경제학의 개념이다"거나 "경제학은 (자원의) 희소성에 기반한다" 운운은, 나아가 "현재의 과잉공급 경제는 인류가 한번도 경험해보지 못한 전례 없는 사태" 운운은 부르주아 경제학의— 그리고 그걸 무비판적으로 그대로 옮기는 기자의—무지, 그 비과학성에 대한 고백일 뿐이다. "과잉공급 경제"[26] 그것은, "인류가 한 번도 경험해보지 못한 전례 없는 사태"이기는커녕, 산업혁명 후 대략 10년을 주기로 끊임없이 겪어온 사태이고, 특히 1930년대의 그것은 제2차 세계대전의 사실상의 직접적인 원인이기도 했기 때문이다. "전례가 없는 사태"가 벌어지고 있다면, 그것은 다만 그 "과잉공급", 즉 과잉생산의 규모와 그에 대응하여 부르주아 국가들이 살포하고 있는 자금의 규모, 보다 정확히 말하면, 지불수단의 규모뿐일 것이다.

---

25) 정의길 선임기자, 같은 기사.
26) 여기에서의 "과잉공급 경제"는 물론, 사회 주민의 필요를 충족시키고도 남는, 절대적 '과잉공급 경제'가 아니라, 자본주의적 생산관계·계급관계에 의해서 제약되는 수요, 이른바 유효수요를 넘는 '과잉공급 경제'이다.

그건 그렇다 치고, 오늘날의 디플레이션에 대해서는 약간의 설명이 필요할 것이다.

왜냐하면, 디플레이션이란 말로 표상하는 바는 물가의 지속적인 하락인데, 국가와 자본 측이 제시하는 통계에 의하는 한, 각국의 물가동향은, 약간의 간헐적 예외를 제외하면, 상승하고 있기 때문이고, 그런데도 디플레이션이라는 비명이 자못 소란하기 때문이다. 다시 말하면, 적어도 명목상·형태상으로는, 디플레이션이 아니라, 그 상승률이 저들의 물가 목표치라는 2%에는 못 미치고 있지만, 즉 과거의 악성 인플레이션에 비해 그 상승률이 무척 낮긴 하지만, 여전히 인플레이션 현상, 저들 부르주아 이데올로그들의 신조어(新造語)에 의하면 '로우플레이션(lowflation)' 현상 혹은 '미니아춰 인플레이션(miniature inflation)' 현상을 보여주고 있기 때문이며, 그럼에도 불구하고 저들도 우리도 그것을 디플레이션이라고 규정하고 있기 때문이다.

주지하는 것처럼, 인플레이션이란, 자본주의적 생산체제가 전반적 위기에 봉착하자 지불수단의 부족으로 파산하는 독점자본의 구제 등, 위기 타개를 위하여 부르주아 국가가 은행권의 금태환을 중지하고, 은행권의 발행 권한을 중앙은행에 집중하여 그 은행권을 국가지폐화한 후 그 불환은행권을 유통에 필요한 화폐량(=금량) 이상으로 남발함으로써 발생하는, 물가의 명목적 상승이다. 금의 일정량으로 표시되는 상품의 가격들, 즉 상품들의 금물가(金物價)는 변동이 없거나 심지어 하락(실질적 하락)하는데도, 불환은행권=지폐로 표현되는 물가는 상승하는 현상인 것이다.

그에 비해서, 디플레이션이란 물가의 실질적 하락, 즉 금물가 혹은 금량으로 표현되는 물가의 하락이며, 그것도 과잉생산에 따른 수요의 부족으로 지속적으로 물가가 실질적으로 하락하는 현상이다.

그렇다면, 대공황을 맞아 살포되어 왔고 또 살포되고 있는 가히 천문학적 규모의 자금은, 두말할 나위 없이, 상품유통에 필요한 화폐량, 즉 상품유통에 필요한 금량을 넘는 거대한 양의 국가지폐 증발을 포함하고 있으며, 지폐의 그러한 증발(增發)은 당연히 고율의 인플레이션의 요인이다. 그리고 실제로도 "디플레이션" 운운하는 현상의 배후에서 고율의 인플레이션이 진행되고 있음에 틀림이 없다.

그런데 유례가 없는 엄청난 규모의 자금이 살포되고 있음에도 불구하고 드러나고 있는 각국의 인플레이션 율은, "디플레이션" 운운할 만큼, 대체로 2%에도 못 미치고 있다. 그 이유는 무엇일까?

그 이유는, 우선 한편에서는, 현상의 배후에서 그 인플레이션과는 정반대 방향의 물가운동, 즉 지속적인 거대한 과잉생산 = 지속적 수요 부족으로 인한 디플레이션이, 그것도 고율의 디플레이션이 진행되고 있기 때문이다. 오늘날 현상적으로 보는 한, 일부 국가에서 간헐적으로밖에는 나타나고 있지 않은 디플레이션 현상, 즉 간헐적인 마이너스 물가상승률에도 불구하고, 부르주아·소부르주아 이데올로그들이 "디플레이션! 디플레이션!" 하고 비명을 지르고 있는 것도 그들이, 비록 그 이유와 원인을 과학적으로 해명할 능력은 없더라도, 본능적으로 그것을 느끼며 표상하고 있기 때문일 것이다.[27]

그런데 다른 한편에서, 현재 진행 중인 대공황 속에서의 인플레이션과 디플레이션은 1930년대 대공황 때의 그것과는 사뭇 다른 양상을 보여주고 있다. 미국을 예로 들어 보자면, 무엇보다도, 1929년 대폭락을 계기로 가파르게 진행되던 디플레이션은 1934년 4월에 시작된 '뉴딜'과 더불어, 즉 금태환의 정지 및 그에 기초한 불환 달러의 살포와 더불어 멈추고, 곧바로 인플레이션으로 반전되었음에 비해서,[28] 이번의 대공황에서는 유례가 없는 엄청난 규모의 '양적

---

[27] 최근의 디플레이션 및 디플레이션론에 대한 약간 더 상세한 비판적 논의에 대해서는, 채만수, "부르주아적 디플레이션 담론에 대하여 — 디플레이션은 인플레이션의 반대가 아니다", ≪정세와 노동≫ 제108호 (2015년 1월호), pp. 48-67 참조.

완화', 즉 자금의 살포가 계속되고 있음에도 불구하고 디플레이션이라는 비명이 계속 터져 나오고 있다.

도대체 무엇이 이러한 차이를 야기하는 것일까?

그것은, 다름 아니라, 뉴딜이, 파산의 위기에 처한 독점자본의 직접적 구제, 즉 직접적인 구제금융을 물론 포함하면서도, 그것을 넘어 대규모의 공공토목사업 등을 통해서, 즉 실업자 구제를 통해서 노동자 대중의 소득을 상당 정도 증대시키고, 그를 통하여 상품에 대한 총수요를 진작(振作)시켰음에 비해서, 현재의 '양적 완화', 즉 자금의 살포는 사실상 전적으로 독점자본의 직접적 구제, 그것도 거대 금융자본의 직접적 구제에 집중되어 있으며, 그리하여 총수요의 증대로 이어지고 있지 않기 때문이다. 극소수 독점자본의 손아귀로의 부의 집중을 변호하기 위해 떠드는 "적수효과(trickle-down effects)" 운운의 기만에 반해서, 살포된 자금이 노동자 대중의 소득으로 되어 상품에 대한 수요를 진작시키는 대신에 주식시장이나 부동산·채권시장에 몰려들어 투기만을 격화시키고 있기 때문인 것

---

28) 미국의 도매물가지수(1926년=100)

년	월	지수	년	월	지수	년	월	지수
1931.	11	70	1933.	3	60	1934.	7	75
	12	69		4	60		8	76
1932.	1	67		5	63		9	78
	2	66		6	65		10	77
	3	66		7	69		11	77
	4	66		8	70		12	77
	5	64		9	71	1935.	1	79
	6	64		10	71		2	80
	7	65		11	71		3	79
	8	65		12	71		4	80
	9	65	1934.	1	72		5	80
	10	64		2	74		6	80
	11	64		3	74		7	79
	12	63		4	73		8	81
1933.	1	61		5	74		9	81
	2	60		6	75		10	81

출처: 三宅義夫, 『金―現代の經濟におけるその役割』, 岩波書店, 1968, p. 128.

이다.

　더구나 이렇게 파산의 위기에 처한 독점자본을 구제하기 위한 단순한 지불수단으로서 자금이 공급될 때, 그때는 은행권, 즉 불환지폐의 실제의 발권을 반드시 수반하는 것은 아니다. 현재 '양적 완화'라는 이름으로 살포되고 있는 자금의 규모가 가히 천문학적이기 때문에 그에 수반하여 살포되는 지권(紙券), 즉 불환은행권=불환지폐의 절대적 규모 역시 분명 엄청난 크기이겠지만, 그 상대적 규모는 아주 작을 수 있다.29) 그리하여 이것이 인플레이션의 율을 제한하는 요인으로 작용하면서 오늘날 저들 자본으로 하여금 계속 디플레이션의 비명을 지를 수밖에 없도록 하는 것이다.

　그러면 현재의 '양적 완화', 즉 대량의 자금 살포는 왜, 팽배한 실업과 반실업에도 불구하고 실업 구제와 그것을 통한 총수요의 진작을 외면한 채, 독점자본의 직접적 구제에만 집중되는 것일까?

　이는, 왜 자본주의 경제체제가 1970년대를 경과하면서 케인즈주의적 국가독점자본주의로부터 신자유주의적 국가독점자본주의로 이행했으며, 그 후 계속 신자유주의를 심화시키고 있는가 하는 질문과

---

29) ".... 이러한 화폐핍박(Geldkllemme)의 시기에는 이 (=유통수단의: 인용자) 총량은 이중의 방식으로 제한된다. 1. 금의 유출에 의해서, 2. 단순한 지불수단으로서의 화폐에 대한 수요에 의해서. 이 두 번째의 경우에는 발행된 은행권이 곧바로 환류되거나, 전혀 은행권의 발행 없이 장부상의 신용에 의해서 거래가 청산된다. 이 경우에는 따라서 단순한 신용거래가, 그 청산이 유일한 목적이었던 지불들을 매개한다. 화폐가 단지 지불들을 결제하기 위해서 기능하는 경우에는 [그리고 공황의 시기에 선대(先貸, Vorschuß; 이 경우에는 대부, 즉 신용을 의미한다: 인용자)를 받는 것은 지불하기 위해서이지 구매하기 위해서가 아니며, 지나간 거래를 청산하기 위해서이지 새로운 거래를 시작하기 위해서가 아니다], 이 결제가 전혀 화폐의 개입 없이 단순한 신용조작에 의해서 이루어지지 않는 경우조차 화폐의 유통은 보잘 것 없다는 것, 그리하여 화폐유통을 향해 크게 쇄도(殺到)하는 경우에도 그 (=화폐의: 인용자) 유통을 확대하지 않고 이 거대한 양의 거래가 이루어질 수 있다고 하는 것은 화폐의 특성이다." (≪자본론≫ 제3권, *MEW*, Bd. 25, S. 475.)

사실상 동일한 질문이다.

자본주의 경제체제, 그 재생산·축적 체제가 신자유주의적 체제로 이행한 것, 혹은 이행할 수밖에 없었던 것은 자본주의의 발전, 그 노동생산력의 고도의 발전으로 자본주의적 생산의 전반적 위기가 다시 격화되었기 때문이었다. 다른 말로 하자면, 자본주의가 발전하고 그 노동생산력이 고도로 발전하면서, 한편에서는 자본의 집적과 집중이 극도로 강화되고, 다른 한편에서는 자본의 이윤율이 현저하게 낮아져 노동자·근로인민에 대한 착취를 더욱 강화하지 않으면 안 될 만큼 자본주의적 생산의 전반적 위기가 재격화되었기 때문이었다.

케인즈주의적 국가독점자본주의 체제로부터 신자유주의적 그것으로의 이행은 이렇게 자본주의적 생산의 전반적 위기의 재격화로 인한 것이기 때문에, 이렇게 다시 격화된 전반적 위기를 되돌릴 수 있는 방법이 없는 한, 아니, 되돌릴 방법이 없기 때문에, 그 이행은 불가역적(不可逆的)인 것, 즉 되돌릴 수 없는 것이다. 그리고 그에 따라 공황 구제자금의 살포도, 케인즈주의적 총수요 진작이 아니라, 독점자본을, 그것도 금융자본을 직접적으로 구제하는 방식, 즉 신자유주의적 방식으로밖에는 이루어질 수 없는 것이다.

앞에서 지적한 것처럼, '리먼 쇼크' 직후 신자유주의를 성토하면서 케인즈주의적인 국가규제를 강화해야 한다는 주장들이 만발했지만, 그 주장들이 어느 날 모두 슬그머니 마파람에 게 눈 감추듯 잦아들은 것도 사실은 전반적 위기의 재격화로 케인즈주의적 체제로의 복귀가 불가능하기 때문이다. 실제로 대공황 발발 후 오늘날에도 경쟁적으로 강화되고 있는 것은, 저 '진보적' 지식인들이 떠들어대던 케인즈주의적 규제가 아니라, 신자유주의적 탈규제가 아닌가?

역사적 과정과 상황이 그렇다면, 신자유주의에 대한 비판도 이러한 역사적 과정과 상황에 합당한 것이어야 한다. 자본주의적 생산체제, 그 재생산·축적 체제의 불가역적인 단계로서의 신자유주의에 대한 비판, 그리하여 자본주의 그 자체에 대한 비판으로서의 신자유주의 비판은 정당하지만, 오늘날 '진보적'·'좌파' 소부르주아 이데올로그들이 선도하고 있고, 그들의 이데올로기적 영향력 아래에 있는 순진한 대중이 외치고 있는 '(신자유주의 말고도) 수천 개의 대안이 있다'는 '비판', 즉 신자유주의가 아닌 더 좋은 자본주의가 있을 수 있다는 식의 '비판'과 주장은 전적으로 잘못된 것, 오도된 것이며, 본질적으로 좌익 포퓰리즘(left populism)이다. 그러한 '비판'과 주장은 신자유주의의 역사성, 자본주의 발전에 있어서의 그 필연성을 전혀 도외시한 비과학적인 잠꼬대에 불과한 것이다.

5. 노동자계급은 자신의 과학과 혁명적 정치 지도부를 다시 쟁취해야

우리는 앞에서 자본주의 세계경제의 현 상태와 관련한 은유로서의 '좀비'를, 독일의 저 자유주의적 부르주아 평론가가 정의하는 바에 따라, "정부의 구제금융에 의해서 인위적으로 연명되고 있는 존재"이자 "도처에서 해악을 끼치고 있는" 존재로 규정했고, 그렇게 규정했을 경우, 다른 무엇보다도 현재의 자본주의 체제야말로 바로 그 사악한 '좀비 체제'임을 확인하였다.

그런데 만약 어떤 존재가 "인위적으로 연명되고 있으면서 도처에서 해악을 끼치고" 있다면, 우리는 어떻게 해야 할까?

두말할 나위도 없이, 그 존재가 무엇이든 그것을 인위적으로 연명시켜서는 절대로 안 되고, 반드시 제거해야 하는 것은 당연한 이치이자 반드시 수행해야 할 과제일 것이다. 그리하여 자본주의 체제 역시 그것이 "정부의 구제금융에 의해서 인위적으로 연명되고 있는 존재"이자 "도처에서 해악을 끼치고 있는" 존재로서의 '좀비 체제'인 한, 그것을 폐지·제거해야 하는 것은 당연한 이치이자 반드시 수행해야 할 과제이다.

그리고, 주지하는 바처럼, 자본주의적 생산관계의 성격과 특징상 이 과업을 이행해야 할 주체, 수행할 수 있는 주체는 당연히 노동자계급이다. (독점)자본의 착취와 억압의 대상으로서 몰락의 일로에 있는 소부르주아지, 특히 그 하층 또한 그 과업을 수행함에 있어서 주체의 일익을 담당하지만, 그것은 어디까지나 비타협적인 혁명적 계급으로서의 노동자계급과의 동맹 속에서, 그 지도 아래에서라는 것은 이미 역사적 경험과 정치과학이 명백히 입증하고 있는 대로이다.

그런데 이렇게 선두에 서서 그 "좀비 체제"의 폐지·제거라는, 그리고 보다 고도의 새로운 사회의 건설이라는 과업을 수행해야 할 노동자계급의 오늘날의 상태는 어떤가? 그들은 과연 그 과업을 수행할 각오와 역량을 구비하고 있는가?

누구도 '그렇다'고 긍정적으로 대답하기 어려울 것이다. 누가 보기에도 한국에서도, 세계 어느 자본주의 국가에서도 결코 그렇지 못하기 때문이다.

지난 1월의 그리스 총선[30] 결과가 보여주는 것처럼, 심지어는

---

30) 그것은, 주지하는 것처럼, 자칭 "급진좌파연합(SYRIZA)"의 집권이라는 결과로 끝났다. 그러나 그 자칭 "급진좌파연합(SYRIZA)"은 실제로는 전혀 '급진적', 보다 정확히는 전혀 '근본적(radical)'이지 않고 소리만 요란한 소부르주아 정당이다. 이 "급진좌파연합(SYRIZA)"의 강령도 실천도 전혀 "좀비 체제"로서의 그리스 자본주의를 해체·제거하려는 것이 아니라 거꾸로 그것을 연명시키려는 것이기 때문이다. 그 때문에, 그리스의 노동자·인민 대중은 이윽고 그 집권이 현재 그리스의 노동자·인민이 겪고 있는 지옥과 같은 빈곤과 고통을 완화·제거할 것이라는 기대가 한낱 환상이었음을, 그리고 그 빈곤과 고통을 제거하는 유일한 길은 그 "좀비 체제"를 제거하고 새로운 고도의 사회체제를 건설하는 것임을 깨달을 수밖에 없을 것이다. 저 "급진좌파연합(SYRIZA)"이 수행할 역사적 임무는 바로 그것, 즉 그리스 노동자·인민의 지체된 정치의식을 바로잡는 반면교사(反面敎師)로서의 역할 그것일 것이다.

공식 실업률31)이 25%를 넘나들고, 특히 청년 실업률은 55%에서 60%에까지 이르는 그리스, 스페인, 포르투갈, 이탈리아 등 남부유럽 국가들의 노동자 대중조차 그 대부분이 아직은 '좀비 체제'로서의 자본주의를 폐지·제거하고 새로운 생산관계, 새로운 사회를 건설하려 하기보다는 어떻게든 그 "좀비 체제"를 고치고 '개량'해 쓰려는 헛된 노력에 매달려 있는 것이 오늘날의 노동자계급의 현실이다. 세계 도처에서 혁명적으로 진출하던 1930년대 대공황 당시의 노동자계급과는 확연히 대비되는 모습, 확연히 대비되는 정치적 태도를 보여주고 있는 것이다.

도대체 무엇 때문일까?

다름 아니라, 노동자계급 자신의 과학과 세계관, 나아가서는 그에 기초한 자신의 혁명적인 정치적 참모부를 해체당하고 제거당했기 때문이다. 그리고 1930년대와 1940년대를 통해서 확립되었던 20세기 사회주의 체제가, 그야말로 극소수의 국가들, 그것도 극소수의 소국(小國)에서만 어렵게 연명하고 있을 뿐, 해체되어 버렸기 때문이다. 앞에서 독일의 저 자유주의적 부르주아 평론가도 상기시키지 않았던가? 1989년과 1991년에 걸쳐 동유럽과 쏘련에서 20세기 사회주의 체제가 붕괴·해체되자 미국의 극우 정치학자 "후란씨스 후쿠야마(Francis Fukuyama)는 '역사의 종언'을 기원하고 있었다"고.

돌이켜 보면, 1930년대에는, 자본주의는 대공황의 수렁 속에서 노동자·근로인민에게 극한적인 빈곤의 고통을 강요하고, 나아가 이탈리아 독일, 오스트리아, 스페인, 일본 등지에서는 파시즘이 득세하면서 제국주의 침략전쟁의 야욕을 노골화하고 있었음에 반하여, 쏘련에서는 아주 급속한 속도로 사회주의를 건설해가고 있지 않았

---

31) "북아메리카, 유럽, 호주에서 실제 실업률은 '공식적' 실업률의 대략 두 배이다"(Pete Dolack, "Real unemployment double the official rate", *The Guardian: The Worker's Weekly*, Issue #1678 March 25, 2015. (<http://www.cpa.org.au/guardian/2015/1678/14-real-unemployment.html>).

던가? 그 때문에 그때에는 제국주의 독점자본의 반공 모략이 힘을 발휘할 수 없었고, 발달한 국가의 노동자계급, 특히 유럽 각국의 노동자계급은 사회주의를 지향하여 혁명적으로 진출하고 있었다. 20세기 사회주의 세계체제가 해체되어 버린 현재와는 현저하게 다른 상황이었던 것이다.

아무튼 1930년대 노동자계급의 이러한 혁명적 진출은 제2차 세계대전으로 인하여, 즉 파시즘의 침략을 저지·분쇄하는 것이 우선적 목표일 수밖에 없었던 제2차 세계대전으로 인하여 잠시 뒤로 물러나지 않을 수 없었다. 하지만 그렇다고 해서 그것이 멈춘 것은 결코 아니었다.

그 혁명적 진출을 멈추게 한 것은 전쟁 중에 기획되고 종전 후에 빠른 속도로 제도화된 이른바 '복지국가' 체제였고, 그와 동시에 그 지배력을 현저히 강화한 독점자본의 반공 이데올로기였다.

혁명적으로 진출하고 있는 노동자계급을 자본주의 체제 내로 포섭하기 위해서는 무엇보다도 경제적으로 대폭 양보하지 않으면 안 된다는 것을 독점자본은 알고 있었다. 그리하여 사회보장제도를 대폭 강화하여 이른바 '복지국가' 체제를 확립하였고, 그를 통해 노동자계급을 체제 내로 포섭해 갔다. 그리하여 대략 1955년을 변곡점으로 하여 발달한 자본주의 국가의 노동자계급은 '복지국가' 체제의 사회보장제도에 안주(安住)하기 시작했고, 이에 따라 시간이 가면서 자신들의 과학과 세계관, 나아가 혁명적인 정치적 참모부를 상실해 갔다.

물론 이 과정에서는 특히 제2차 세계대전 이후에 급속히 거대하게 발달하고 그 대중적 영향력을 가히 혁명적으로 강화해온, 텔레비전을 위시한, 독점자본의 이데올로기 지배, 그 지배력의 절대적 강화도 지대한 역할을 담당했다. 저 유명한 '3S', 즉 쎅스(sex)·스크린(screen)·스포츠(sports)를 통해서 대중의 정치의식·사회의식을 마비시키고, 극우적 반공 모략선전을 통해서 대중의 머릿속에 쏘련의 현실과 사회주의에 대한 의구심을 스멀스멀 불러일으켰다. 그리고 수많은 '진보적'·'좌파' 지식인들, 소부르주아 이데올로그들이 대학의 강단과 대중매체에 여러 형태로 고용되어 노동자계급의 과학을 해체하는 데에, 그리하여 그들의 혁명적인 정치적 참모부를 타락시켜 해체하는 데에 결정적인 역할을 담당했다.

더구나 이들 '진보적'·'좌파' 지식인들, 소부르주아 이데올로그들의 영향력은 자본주의 국가의 노동자계급만을 지배하게 된 게 아니었다. 그것은 동유럽 인민민주주의 국가들 내부에는 물론이요, 쏘련 내에도 면면히 잠복되어 있던 우파적 경향, 현대 사민주의적 경향을 고무하여 수정주의, 즉 기회주의적 세력들이 득세하게끔 하였고, 마침내는 동유럽 인민민주주의 국가들과 쏘련의 붕괴라는, 20세기 사회주의 세계체제의 해체를 가져왔다.[32]

저들 '진보적'·'좌파' 지식인들, 소부르주아 이데올로그들의 이론과 사상, 나아가 정치적 실천은 참으로 다양한 형태를 취하고 있고, 정세의 변화에 따라 다양하고 화려하게 그 모습을 바꿔오고 있다. 그러면서 새로운 대공황 발발 8년이 지난 지금까지도 노동자·근로인민에 대한 영향력·지배력을 유지하고 있다.

새로운 대공황 발발 8년이 지나며 '좀비 체제' 자본주의가 노동자·인민의 빈곤과 고통을 가중시키고 있지만, 심지어 그리스나 스페인 등등과 같이 그 빈곤과 고통이 사실상 극한에 달해 있는 곳들에서조차 노동자계급이, 1930년대와 달리, 혁명적으로 진출하지 못하고 있는 제1차적 원인은 바로 이것 때문, 즉 저들 '진보적'·'좌파' 지식인들, 소부르주아 이데올로그들이 노동자계급의 정치의식, 그

---

[32] 쏘련 내에서의 좌파적 경향과 우파적 경향의 계보와 투쟁, 우파적 경향의 득세와 그로 인한 쏘련의 해체에 대한 아주 개략적인 설명에 대해서는, "'배반당한 사회주의: 1917-1991년 쏘련 붕괴의 이면'의 공저자 토마스 케니와의 인터뷰(Interview with Thomas Kenny co-author of 'Socialism of Betrayed: Behind the Collapse of the Soviet Union, 1917-1991')" (<http://politicaleconomy.ie/?p=908>) 참조.

혼을 지배하고 있기 때문이다.

저들 '진보적'·'좌파' 지식인들, 소부르주아 이데올로그들의 사상과 이론은 그 형태에서 다양하고, 또 정세의 변화에 따라 화려하게 변신하고 있지만, 그 공통의 본질은 '스딸린주의 비판'이라는 날조된 구실하의 반쏘·반공주의, 반(反)맑스-레닌주의이다. 그것은 부정직한 언설로 노동자계급을 기만하고 농락하면서 독점자본의 이익을 옹호하고, 그 지배를 강화·유지시키는 반동적 비(非)과학인 것이다.

저들 '진보적'·'좌파' 지식인들, 소부르주아 이데올로그들 개개인이 자신들의 그러한 반동적 역할을 의식하고 있든, 아니면 의식하지 못하든, 즉 그들 자신이 스스로의 희생자이든, 그 차이는 객관적으로는 전혀 어떤 의미도 없다. 어쩌면 상당수의 그들이 그렇겠지만, 만일 저들이 주관적으로, 그것도 열렬히 착취와 억압으로부터의 노동자·인민의 해방을 위해서 그러한 언설을 늘어놓고, 그러한 운동을 조직하고 있다면, 그렇다면 우리는 맑스가 《자본론》 제1권(1867)에서, 그리고 레닌이 《무엇을 할 것인가》(1902)에서 인용했던 서양의 한 속담을 상기하고, 그들에게 들려주어야 할 것이다. ─"지옥으로 가는 길은 선의로 포장되어 있다"!

아무튼, 노동자계급이 저들 '진보적'·'좌파' 지식인들, 소부르주아 이데올로그들의 그러한 '반스딸린주의' 선전에 놀아나고, 그리하여 저들의 반쏘·반공주의 선전에 놀아나는 한, 저들의 새로운 '대안들'에 놀아나는 한, 그리하여 노동자계급 자신의 과학, 맑스-레닌주의를 되찾지 못하고, 자신의 혁명적 정치 지도부를 재건하지 못하는 한, 노동자계급이 혁명적으로 진출할 수 없는 것, 독점자본의 착취와 억압으로부터 자신을 해방할 수 없는 것은, 바로 오늘날의 상황이 입증하고 있는 것처럼, 명확하다.

물론, 독점자본이 지배하는 대중매체의 영향력이 아무리 강력하더라도, 저들 '진보적'·'좌파' 지식인들, 소부르주아 이데올로그들의 기만적 이론과 사상이 아무리 화려하더라도, 그들의 이데올로기적 지배가 영원할 수는 없다. 앞의 각주 30)에서, 그리스에서의 이른바 "급진좌파연합(SYRIZA)"의 집권이 그리스 노동자·인민으로 하여금 그 생활상의 처지 때문에 결국은 자신의 과학과 혁명적 정치 지도부를 되찾게 하는 계기가 될 것이라고 말한 것처럼,[33] 독점자본이, 신자유주의가, 결국 자본주의가 강요하는 빈곤과 고통이 동시에 결국은 노동자계급으로 하여금 그 과학과 혁명적 정치 지도부를 되찾지 않을 수 없도록 강요하는 것이기 때문이다.

문제는 시간이다.

1930년대의 대공황은, 그것을 호황으로 바꾸기 위한 갖은 정책 모두가 사실상 무위로 돌아가고, 이제는 주지의 사실이 되어 있는 것처럼, 끝내는 제2차 세계대전이라는, 인류 역사에 전무후무한 대파괴·대살육에 의해서만 '극복'될 수 있었다. '양적 완화'라는 이름으로 인류 역사에 전무후무한 대규모의 자금을 살포하고 있지만, 발발 8년이 지나도록 현 대공황 역시 그 끝을 모르고 지속되고 있다.

---

[33] 참고로, 물론 가야 할 길이 한참 멀고도 멀긴 하지만, "급진좌파연합(SY-RIZA)" 집권 만 3개월 만에 영국의 《더 가디언(The Guardian)》은, 그리스를 "오늘날 낙담이 지배하고 있다"며, 이렇게 보도하고 있다.—"공약에 대한 기대가 높았기 때문에 알렉씨스 치프라스(Alexis Tsipras)의 반(反)긴축 정부는 처음엔 유례없는 지지를 받았다. 그러나 3개월 후 .... 기대는 스러지고 있다(hope is ebbing). ... 지난 주 여론조사는, 급진좌파연합(SYRIZA) 주도의 연립정부가 그들을 떠받쳐온 민중적 지지를 대량으로 상실하고 있음을 보여주고 있다. 좌파 및 협상에서의 그들의 강경노선에 대한 지지가 가파르게 떨어져왔다." (Helena Smith, "Greeks' view of the debt crisis: 'What lies ahead is great, great hardship'", The Guardian, 2015. 4. 25. <www.theguardian.com/world/2015/apr/25/greeks-view-of-debt-crisis-great-hardship>). 여기에서, "협상에서의 좌파 정부의 강경노선에 대한 지지가 가파르게 떨어져왔다" 운운은 물론 부르주아적인 전도된 시각의 표현이다. 민중의 지지를 받지 못하고 있는 것은, "좌파 정부의 강경노선" 그것이 아니라, '강경노선'으로 위장된 저들 '급진좌파' 정부의 부르주아적 생산양식에 대한 굴종·숭배이기 때문이다.

1930년대의 대공황의 끝을 상기하면, 자본주의 체제가 지속되는 한 이 대공황 역시 '대전쟁'이 아니면 그 끝을 볼 수 없다는 뜻일 것이다.

그런데 또 다시 대전쟁이 일어난다면, 그 전쟁은 과연 이 대공황을 끝내는 것으로 끝날 수 있을까?

분명 아닐 것이다! 대량의 핵병기 시대인 지금 다시 그러한 대전쟁이 발발한다면, 그 전쟁은 대공황을 끝내는 것으로 그치는 것이 아니라 분명 인류의 사실상의 절멸을 불러오지 않을 수 없을 것이다. 이 새로운 대공황이 발발하고, 전세계가 이른바 '리먼 쇼크'에 전율할 때에 우리가, "21세기 전반기는 결정적인, 최종적인 사회혁명의 시대이거나 인류의 사실상의 절멸을 초래할 대전쟁의 시기일 수밖에 없다"[34]고 말했던 것도 바로 그 때문이었다.

그런데 지금 세계적으로 노동자계급의 정치적 재무장은 지체되고 있는 데에 반해서, 독점자본은 곳곳에서 전쟁책동을 노골화하고 있다. 한반도를 둘러싼 긴장의 고조도 고조려니와, 특히 중동과 리비아·이집트 등 북부 아프리카에서의 상황과 우끄라이나에서의 상황은 참으로 우려스럽게 전개되고 있지 않은가?

바로 이렇게 자신의 과학과 세계관을 되찾아 혁명적 정치 지도부를 재건하기 위하여 노동자계급이 서둘지 않으면 안 되는 상황, 노동자계급의 정치적 재무장을 위하여 깨어 있는 선진 노동자, 선진 활동가들이 목적의식적으로 노력하지 않으면 안 되는 상황, 그러한 긴박한 상황에 지금 우리는 처해 있는 것이다.

---

34) 채만수, "새로운 대공황과 그 역사적 의의", 《노동사회과학 제1호, 공황과 사회주의》, 2008. 11. p. 51.

한국노동자계급의 경제공황기 대응방안
— 2015년 민주노총 총파업투쟁의 승리를 위하여

김태균 | 노동사회과학연구소 연구위원

1. 들어가는 말

1987년 7,8,9 한국 노동자들의 대투쟁은 전 세계 노동자들의 이목을 끌기에 충분했다. 1987년 노동자 대투쟁은 한국전쟁으로 단절된 한국의 노동자 대중운동의 복원을 의미하는 것이며, 이승만 정권과 군사독재 정권인 박정희, 전두환 정권으로 이어지는 반노동자 정권에 대한 분노와 최소한의 민주주의 회복을 위한, 1987년 6월 항쟁과 더불어 전개된 투쟁이었다. 민주노조의 결성에 대한 자유마저도 봉쇄되었던 지난날의 굴욕을 뚫고 일어선 1987년 노동자 대투쟁은 한국노총의 어용성을 폭로하며 노동자들의 자주적, 민주적 노조 건설로 이어졌다. 이러한 한국 노동자 계급의 민주노조에 대한 염원은 1990년 전국노동조합협의회 결성과 1995년 전국민주노동조합총연맹 결성이라는 전국적 조직 건설로 이어졌다.

한국전쟁 이후 1960-70년대 폭압적 정세를 뚫고 일어선 한국 노동자계급 운동 진영의 민주노조 운동은 1987년 노동자 대투쟁 이후 10년 만인 1997년 12월 김영삼 정권의 노동법 개악을 저지하는 투쟁으로 이어졌고, 18여년이 흐른 2015년 박근혜 정권의 살인적 노동자 민중 탄압에 맞서 공세적 총파업 투쟁을 민주노총의 이름으로 준비하고 있는 상황이다.

한국 노동자 계급 투쟁의 역사는 한국 자본주의의 경제적 물적 토대 위에 존재해 왔다.

1910년부터 해방되기까지인 1945년 8월까지 일제 식민지하의 조선 노동자들의 투쟁은 살인적인 일본 자본가계급에 맞선 투쟁이었으며, 조선의 독립을 위한 투쟁과 맞물려 치열하게 전개된 투쟁이었다.

1945년 8월 일제로부터의 해방과 이후, 1948년 이승만 정권의 집권 사이의 3년간의 미군정 시대의 한국 노동자 계급의 투쟁은, 조국의 분단에 대한 분노의 표현이며, 최소한의 생존권을 위한 투쟁이었고, 통일 조국이 가져야 할 새로운 사회체제를 위한 변혁적 투쟁이었다.

1958년 경제원조 중단으로 발생한 경제공황기 투쟁은, 이승만 정권의 장기집권 야욕을 분쇄하고, 한국전쟁으로 단절된 민주노조의 깃발을 다시금 움켜쥔 투쟁이었다. 1948년 집권한 이승만 정권하의 한국 자본주의는 채 자본주의로서의 자기 내실을 갖추지 못한 상태에서 3년간의 한국 전쟁을 치르고 난 뒤, 미국으로부터의 경제원조에 크게 의존하였다. 미국의 경제원조로 지탱이 되었던 한국의 자본주의는 1958년 미국의 경제위기로 인해 한국에 대한 경제 원조가 중단됨으로써 한국 전쟁 이후 최초로 경제공황이 나타났다. 1959년 시작된 한국 자본주의의 경제공황은 한국 전쟁 이후 최초의 경제공황임과 동시에 1960년 4.19 투쟁의 경제적 토대가 되었으며, 한국 전쟁으로 단절되었던 한국의 노동자 민중 투쟁의 새로운 출발을 알리는 계기가 되었다.

이후 1962년 출범한 박정희 정권의 전면적 공업화 정책에 의해 한국 자본주의는 자본주의로서의 일정한 틀을 갖추게 되며, 이러한 자본주의로서의 틀 갖추기는 농촌의 붕괴와 함께 서울 등 도시를 중심으로 한 공업화의 집중 및 노동자 계급의 확산으로 나타났다.

미국을 중심으로 한 세계 자본주의는 자본주의 자체의 속성(모순)에 의한, 과잉생산으로 1958년 세계대공황 이후 10년 만인 1969년 또 다시 공황을 맞이하게 된다. 1969년 세계대공황은 생산의 사회적 성격과 소유의 사적 성격이라는 두 대립물이 충돌하면서 필연적으로 나타나는 과잉생산으로 인한 자본주의의 주기적 공황인데, 이는 50만 명 이상을 파병했던 월남전을 통한 대대적 소비 전쟁을 치렀음에도 불구하고 치유(?)나 회복(?)이 불가능한 상태에서 나타난 세계적 대공황이다.

이러한 1969년 세계대공황의 한 복판에서 발생한 1970년 한국 자본주의의 공황에 대한 노동자 계급의 투쟁은, 한국 노총을 들러리로 세운 살인적 탄압 즉 유신 헌법에 맞서 전개했던 투쟁이었다. 박정희 정권은 자주적 노조운동 진영에 대해 한국노총을 앞세워 폭압적으로 탄압했다. 자본가 계급에게는 각종 기업의 부채를 면제 혹은 경감해주는 1972년 8.3조치를 단행했고, 이어 같은 해 10월 위헌적 계엄과 국회해산 및 초헌법적인 비상조치 아래 유신헌법을 통과시켰다. 노동자 민중에 대한 살인적 탄압을 통해 경제공황을 극복하려고 하였다.

그러나 이러한 경제공황과 유신헌법이라는 폭압적 탄압에도 불구하고 한국 노동자 계급의 투쟁은 면면히 이어져 왔다. 1970년 11월 13일 서울 동부지역에 있는 평화시장에서 전태일 열사의 죽음으로부터 시작된 1970년대 투쟁은 청계피복 노조 결성투쟁(1970.11), KAL빌딩 방화투쟁(1971.9), 동일방직 노조 민주화 투쟁(1972.7), 한국모방의 노조민주화 투쟁(1972.7), 컨트롤 데이터의 민주노조 건설투쟁(1973.12), YH 무역의 노조 결성투쟁(1975.5)으로 이어져 노동자도 인간임을 선언하는 인간 선언 투쟁이 전개 되었다.

1969년 세계대공황 극복을 위해 세계의 자본가 계급은 1944년 브레튼 우즈 체제라 불리는 금과 달러를 중심으로 한 공정 환율제를 폐기하고, 나아가 1971년에 미국 달러에 대한 금 교환을 거부하는 미국의 발표가 있었다. 그럼에도 불구하고 또 다시 세계 자본주의는 1974년 대공황에 휩싸일 수밖에 없었다. 이러한 세계 자본주의의 흐름 속에, 한국 자본주의는 석유 값 인상으로 초래된 중동지역의 건설 붐 등으로 인한 건설 경기 활성화로, 1976년-1979년 "아시아의 네 마리 용" 중 한 마리라는 칭호를 받을 정도의 호황기를 누렸다. 그러나 1969년 공황에 이어 10년 만인 1979년 다시금 경제공황에 휩싸였다.

1979년 발생한 한국 자본주의의 주기적 경제공황에 맞선 투쟁은 박정희 정권의 몰락과 이후 등장하는 전두환 군부에 맞선 투쟁과 맞물려 광주항쟁과 함께 했던 투쟁이었다.

1979년 2분기 율산 그룹의 부도를 시작으로, 저가 상품을 중심으로 한 수출 중심의 한국 자본주의의 경제적 토대가 흔들렸다. 1979년 말 한국 자본주의에 경제공황이 시작되었다. 이는 자본주의 고유 모순인 생산의 사회적 성격과 소유 및 취득의 사적 성격으로 인한 과잉생산으로부터 나타난 위기이며, 1958년 미국 원조 중단으로 나타난 위기와 1969년 세계 자본주의 전시 공황에 이어 발생한 전형적이면서 주기적인 공황의 모습을 보였다.

이러한 1979년 주기적 공황에 대한 한국 노동자 계급의 투쟁은 1980년 광주항쟁과 더불어 급격히 증가하는 노동쟁의의 모습으로 나타났다. 1979년 105건이었던 노동쟁의 건수가 1980년 407건으로 급격하게 증가했으며, 절대 다수의 노동 쟁의 시 요구 사항이 임금인상과 공장폐쇄저지, 해고반대 등으로서 먹고 사는 문제를 중심으로 한 투쟁을 전개하였다.

이후 한국 자본주의는 1986년 아시안게임 특수 조성과 1985년 선진자본주의 7개 국가가 모여 '저 달러-고 엔 정책'을 합의한 플라자 합의, 그리고 "저 달러"로 인한 원자재 가격의 하락 등으로 인한 '3저 호황(저 금리, 저 달러, 저 유가)'을 맞이하면서 1989년 초까지, 1970년대 하반기 호황 못지않은 호황을 맞이하게 되었다.

그러나 한국 자본주의는 1988년 말부터 생산이 극대화되고 자본의 이윤율이 극도로 저하되면서, 수많은 자본이 생산에 투여되기보다는 부동산과 증권 등 투기산업으로 이동을 하면서, 또 다시 경제 위기 상태를 맞이하게 되었다.

이는 1959년에 이어 1969년 그리고 1979년으로 이어지는 한국 자본주의의 주기적 공황에 이어 또 다시 10년 만에 발생하는 주기적 형태의 공황임을 보여주고 있다.

3저 호황에 근거한 1986년-1988년까지의 한국 자본주의의 호황기 노동자 계급의 투쟁은 1987년 7,8,9월 노동자 대투쟁으로 나타났다. 1987년 노동자 대투쟁은 호황기 전개된 투쟁이라는 특징과 함께 한국전쟁 이후 고립 분산적으로 나타났던 한국 노동자 계급의 투쟁이 전국적으로 나타났다는 점에서 의미를 가질 수가 있다.

1989년 하반기부터 시작된 한국 자본주의의 경제 공황 시기에 한국 노동자들은, 광범위한 경제위기 이데올로기 공세를 통한 중앙단위의 임금합의 공세와 전노협에 대한 탄압 및 노조 지도부에 대한 식칼 테러, 현대중공업 노동조합 파업 투쟁에 대한 육해공 진압 작전을 통한 파괴 공작 등에 맞서 목숨을 건 투쟁을 전개했다.

1997년 "IMF 경제공황" 당시의 투쟁은 1996년 김영삼 정권의 노동법 개악을 저지하기 위한 총파업 투쟁과 자본과 정권의 소위 신노사 관계라는 사회적 합의주의에 대응하는 투쟁이었다.

2008년 말 미국에서 발발한 금융위기 그리고 2010년 유럽의 재정위기 등 2007년부터 세계 자본주의 대공황이 불어 닥치자, 한국의 자본주의는 1997년의 "IMF 경제공황"에 이어, 장기적 공황 상태에 놓이게 된다.

2015년 한국 자본주의는, 한국전쟁 이후 1958년 미국 원조 중단으로 초래된 경제공황을 시작으로, 1970년, 1980년, 1990년, 1997년에 이어, 2008년 미국 금융위기로 본격화된 세계대공황의 한 복판에 놓여 있는 상황이다.

1987년 7,8,9월 노동자 대투쟁을 제외1)하고는 주기적 공황 한 복판에서 전개되었던 한국 노동자계급의 투쟁은 한결같이, 자본가 계급이 공황 탈출을 위해 전개한 노동자 민중 죽이기에 대한 방어적 성격이 짙다.
　이러한 조건에서, 2015년 민주노총의 공세적 파업 투쟁이 무엇을 요구로, 그리고 어떠한 전망을 가지고 투쟁을 전개할 것인가는, 당면한 투쟁의 승패를 결정짓는 주요한 지점이다. 동시에, 향후 한국 노동자 계급 운동이 어떻게 변화·발전할 것인가를 결정하는 매우 중차대한 문제이다.
　이에 본 글은 2015년 민주노총의 총파업 투쟁이 어떻게 승리할 것인가? 즉, 경제공황의 한 복판에서 전개되는 2015년 민주노총의 총파업 투쟁을 어떠한 내용과 전망을 가지고 전개해야 할 것인가? 라는 질문에 대한 답을 찾고자 한다.
　역사가 답이다.
　2015년 민주노총의 총파업 투쟁의 승리는 지난 한국 노동자계급의 투쟁의 역사 특히, 경제공황 시 노동자계급의 투쟁의 역사를 보면 답이 나온다.
　본 글은 이를 위해 우선적으로 한국 전쟁 이후 한국 자본주의의 경제변동과 함께 전개되었던 한국 노동자계급의 투쟁의 역사를 간단하게 되돌아보았다.
　한국 자본주의의 경제변동에서 전개되었던 한국 노동자계급의 투쟁의 역사가, 2015년 민주노총의 공세적 총파업 투쟁을 준비하고 있는 한국 노동자 계급에게 무엇을 이야기하고자 하는지를 확인해 보고자 한다.

---

1) 물론 1997년 12월 "IMF 경제공황" 직전에 김영삼 정권의 노동법 개악 저지를 위한 한국 노동자 계급의 총파업 투쟁은 "IMF 경제공황" 직전에 벌어졌지만, 경제적 위기 극복을 위한 자본과 정권의 노동시장 유연화 공세에 맞선 투쟁의 의미를 가진다.

한국전쟁 이후 1959년, 1969년, 1979년, 1989년, 1997년 그리고 주기적 공황과 결합한 만성적 불황으로 접어들고 있는 한국 자본주의 사회에서, 한국 노동자 계급의 투쟁은 노동자 계급의 이해와 요구에 근거해서 투쟁을 전개하였다. 그러나 1950년 한국전쟁 이전 일제하 노동운동의 그것과는 달리 자본주의 사회 이후의 새로운 노동자 사회에 대한 전망을 분명히 하면서 전개된 노동운동이라 평가하기에는 많은 한계와 부족한 점이 존재한다. 지속적이고도 치열한 투쟁들이 전개되었음에도 불구하고 주기적 공황은 정해진 시기에 따라 다가오고 노동자 민중에 대한 탄압은 지속되었다. 결국, 치열한 투쟁만으로는, 주기적으로 지속되는 경제공황과 이에 수반되는 노동자 민중에 대한 탄압을 저지할 수 없음을 역사가 말해 주고 있는 것은 아닐까?

2. 2015년 민주노총의 공세적 총파업 투쟁

민주노총은 지난 2월 전 조합원 직접 선거 방식을 통해 투쟁 지도부를 새롭게 구축하였다. 새롭게 투쟁 지도부를 세운 민주노총은 곧바로 3월 21일부터 4월 8일까지 민주노총 전 조합원 65만 명이 참여하는 총파업 찬반 투표를 실시하였다. 4월 13일 총파업 찬반 투표 결과를 발표하는 기자회견이 있기도 전에 현장은 벌써 총파업의 분위기에 출렁거렸으며, 투표 결과가 압도적 찬성으로 발표되기를 기대하는 목소리가 넘쳐 났다. 이날 민주노총의 기자회견은 총파업 찬반투표의 결과뿐만 아니라 오는 4월 24일 전국적 규모의 총파업 투쟁을 선언한 자리이기도 하였다.

3월 21일부터 실시된 민주노총의 총파업 찬반투표는 그 누구의 의심도 없이 전체 조합원 54.9%의 찬성으로 결정되었다. 투표권을 가진 전체 조합원 658,719명 중 428,884명(65.1%)가 참여하여 이

가운데 361,743명(84.3%)이 찬성하여 2015년 민주노총의 공세적 파업 투쟁을 전 조합원이 결정하였다.

민주노총의 공세적 총파업 투쟁의 요구는 1) 노동시장 구조개편 (쉬운 해고)폐기, 2) 공무원 연금 개악 중단, 3) 최저임금 1만원으로 인상, 4) 5인 미만 사업장을 포함한 모든 노동자에게 노동법 적용 등을 핵심으로 한 요구였다.

총파업 찬반투표 결과를 발표하는 기자회견 자리에서 민주노총은 오는 4월 24일 전국적 규모의 총파업 투쟁을 전개하겠다는 투쟁의 계획 또한 발표하였다. 실질적으로 이후 4월 24일 민주노총의 공세적 선제 파업 투쟁에서 전국 17개 지역에서 민주노총 27만 여명의 노동자들이 총파업에 돌입하였고, 서울 시청 광장에서 전개된 서울 수도권 집회는 2만여 명에 가까운 노동자 민중이 참여하였다.

4월 24일 선제 파업 투쟁 이후 이어진 2015년 세계 노동절 투쟁

"지금도 기억나는 장면이 하나 있어요. 1996년 12월 26일. 아직 날도 밝지 않은 아침이었는데 뉴스에서 국회의원들이 노동법 날치기 통과를 위해 삼삼오오 모이고 있다는 거에요. 결국, 날치기로 법이 통과됐는데 그때 민주노총 지도부가 지금부터 무기한 전면 총파업을 선언한다는 지침을 내리는 데 너무 감동적이었어요.(중략)

지금 모두가 96·97 총파업 때보다 더 절박한 상황이라고 생각하면서 파업을 조직하고는 있는데 안타깝게 현장엔 별로 긴장감이 없는 것 같아요. 총파업이 왜 필요한지 교육도 하고 그러는데 조합원들이 자신들의 삶이랑 파업이 와 닿지 않은가 봐요. 파업해야 한다니까 하지 뭐 그런 정서 같아요. 현대자동차 같이 큰 노조도 안 하는데 우리 같이 작은 사업장이 파업해봐야 효과도 없고 현장에서 탄압만 받을 텐데 왜 하느냐는 이야기도 많고요.(중략)

저희도 4시간 파업을 결의했어요. 5월 1일 노동절에도 최대한 집중하자는 분위기이고요. 세월호 참사 정국에 성완종 리스트 파문까지 지금은 분명 우리에게 유리한 국면이니 잘 싸워야 한다는 생각이에요. 그래서 조

합원들에게 누가 나오든 나오지 않든 신경 쓰지 말고 우리 갈 길을 가자. 집회는 무조건 가야 한다고 얘기해요. 만일 1만 명이 오기로 한 집회에 나 하나 안 가면 9,999명이 되는 거잖아요. 그러니 집회는 무조건 많이 가야 한다는 생각이에요. 그게 노동자의 힘이거든요."[2]

2015년 세계 노동절 대회에서 민주노총의 한상균 위원장은 대회사에서 "2015년, 권력은 부패했고 민생은 파탄 났다. 재벌은 배불러 터지고 노동자들은 못살겠다고 아우성이다. 누가 개혁의 대상인가. 노동자의 이름으로 박근혜 정권의 노동탄압을 막아내지 못한다면 앞으로 20년은 노동자로 살아가기 힘들 것이다. 연대하고 투쟁하지 않는다면 절대로 박근혜와 그 뒤에 숨은 자본을 이길 수 없다. 싸우다 깨지면 또다시 일어나 싸워 반드시 승리의 길을 걸어가자."라고 하면서 서울시청 광장에 모인 10만여 노동자 민중에게 투쟁을 선언하였다.

민주노총의 공세적 총파업 투쟁에 대한 판단[3]은 2008년 미국의 금융위기와 2010년 유럽의 재정위기 등 세계 대공황의 지속되는 가운데에도, 박근혜 정권의 '재벌 배불리기' 경제정책으로 인해 노동자 민중의 삶이 파탄지경이라는 판단을 전제로 하고 있다.

민주노총은 세계 금융위기-경제위기의 여파가 지속되는 가운데 1) 낮은 임금에 따른 구매력 하락, 2) 경제성장률 및 물가 상승률 저하, 3) 실업률 증가 등 이른바 뉴 노멀(New Normal) 현상이 고착화되는 가운데 미국의 양적완화 조치 중단 및 일본의 소비세 인상 효과 지속과 엔화 가치 폭락, 유로존의 미약한 경기회복 동력, 브라질, 중국, 인도 등 신흥국의 성장둔화 등 최근 수년간 나타났던 세계 경제위기의 징후와 효과가 지속되고 있다는 판단이다.

---

2) 주연테크 김명신 지회장 인터뷰 내용 중 발췌.
http://www.ohmynews.com/NWS_Web/View/at_pg.aspx?CNTN_CD=A0002106807
3) 민주노총, "민주노총 정책 보고서 2015-2", 참조.

이와 같은 세계적 경제위기와 함께 이른바 '양극화' 문제는, 심지어 보수진영까지 선결 과제로 제출할 만큼 사회적으로 심각한 문제임에도 불구하고, 박근혜 정권이 한국 자본주의의 경제위기 극복 방안으로 제출하고 있는 것은 '재벌특혜 정책'과 '부동산 경기 부양책'으로 대표되는 노동자 민중 말살 정책이며, 이러한 자본가 계급 중심의 경제정책 기조는 당분간 지속될 것으로 예상하고 있다.

또한 민주노총은, 한국 자본주의의 경제위기 극복 방안은, 재벌특혜 정책, 부동산 경기 부양책, 강력한 서민 증세 정책 등, '99%의 고혈을 짜내 1%의 배를 채우는 정책'임을 분명히 하였다. 저성장·수요부진·고실업의 상황에서 재벌·자본 위주의 경제위기 극복 방안은 결국 상시적 구조조정 체제를 불러올 수밖에 없으며, 이는 임금, 고용 이슈를 둘러싼 노자 간의 투쟁을 격화시키는 결과를 낳을 것이며, 법제도 개악과 함께 사업장 단위에서는 단체협약 후퇴·해지와 취업규칙 개악 등으로 구체적으로 나타날 것으로 전망을 하였다.

결국 박근혜 정권의 한국 자본주의 위기 극복 방안은 바로 노동자 계급을 겨냥한 노동시장 구조개악과 기만적인 비정규직 종합대책일 뿐이라고 일축하고, 이를 저지하고 한 걸음 더 나아가 노동자 민중의 생존권을 보장받는 길은 전면적이고도 공세적인 총파업 투쟁뿐임을 분명히 하였다.

그렇다면 민주노총의 총파업 투쟁은 아무 문제가 없는 투쟁인가?

민주노총의 공세적 총파업 투쟁을 준비하는 과정인 지난 3월 6일 민주노총 13층 대회의실에서는 "노동자 전선" 등 9개 노동관련 단체들의 공동주최로 "총파업 승리를 위해 무엇을 해야 하는가"라는 주제로 토론회가 진행되었다. 이날 토론회에서 공동주최 조직 중 하나인 노동사회과학연구소 편집출판위원장을 맡고 있는 권정기가 토론문을 발표했는데 이날 토론문의 주된 내용[4])은 '민주노총의 4월 24일 총파업 투쟁은 총파업 투쟁이 아니다'라는 다소 공격적인 제목의 내용이었다. 이날 권정기는 총파업 투쟁이라 함은 요구나 목적 자체가 당연하게 전 계급적인 것이어야 하는데, 4월 24일 민주노총의 총파업 투쟁의 요구인 '노동자-서민 살리기 총파업 4대 요구'는 전 계급적 요구라기보다는 정규직, 비정규직을 포함한 조직 노동자, 주요하게는 금속노조의 요구이거나 공무원 노조 중심의 요구로서 총파업 투쟁의 실질적 주체가 될 수 있는 전 계급적 요구라고 보기에는 한계가 있음을 지적하였다. 이어서 권정기는 민주노총의 4대 요구로는 총파업을 할 수 없으며, 그것은 하나하나씩 넘어가야 할 과제이며, 전투를 벌여야 할 지점이라고 비판하였다. 또한 4대 요구는 공세적이거나 혹은 선제적 투쟁의 요구로서는 부족하고, 아니 너무나 수세적이며 수동적 요구라고 규정을 하면서 '노동자 서민 살리기 총파업 4대 요구'를 넘어 '박근혜 퇴진'의 깃발을 높이 치켜들어야 한다고 제언을 하였다.

이날 토론회에서는 권정기뿐만이 아니라 다수의 참가자들이 한편으로는 민주노총의 총파업 투쟁에 모든 역량을 집중해야 한다는 격려 및 지지와 함께 '박근혜 퇴진'이라는 투쟁 요구를 즉각적으로 제기해야 한다는 주문 또한 있었다. 이러한 '박근혜 퇴진' 요구는 토론회에서뿐만이 아니라 각종 투쟁의 현장에서 실천적으로 문제제기가 되었고, 다양한 모습으로 '박근혜 퇴진' 요구가 구체화되기도 하였다.

다른 한편, 이러한 토론회에서의 제언뿐만이 아니라 투쟁의 한복판에서 노동자 세상을 외치며 스스로 목숨을 끊는 안타까운 일마저 생겼다. 민주노총의 4.24 투쟁과 노동절 투쟁을 마무리하고, 6월 투쟁을 한참 준비하는 5월 10일 안타깝게도 민주노총 금속노조 사내하청 지회 양우권 조합원이 스스로 목숨을 끊는 사태가 발생하기도 하였다. 양우권 열사는 '조합원 동지들께 드리는 글'이라는 제목의

---

4) 구체적 내용은 "노동자 전선"외(2015.3.6.), "총파업 승리를 위해 무엇을 해야 하는가" 토론문 참조.

유서를 통해 "강력한 연대와 투쟁만이 노동자들에게 승리를 가져다 주는 길이다. 노동자 세상을 만들어 우리 자녀들 그리고 후손들에게 물려줍시다."라는 말씀을 남겼다.

강력한 연대, 투쟁, 노동자 세상.
양우권 열사는 당신의 마지막 말씀을 통해 연대와 투쟁 그리고 노동자 세상이라는 명확하고도 분명한 민주노총이 가야 할 길을 제시했고, 이를 위해 똘똘 뭉쳐 정규직화, 해고자 문제에서 꼭 승리해 줄 것을 당부하셨다.
민주노총의 공세적이고도 선제적인 4.24 총파업과 5월 1일 노동절 투쟁의 여운이 채 가시기도 전인 5월 10일 자결하실 수밖에 없을 정도로 외쳐야만 했던 '연대', '단결', '정규직화', '해고자 문제', '노동자 세상'이 2015년 민주노총의 총파업 투쟁의 갈 길을 명확하게 제시해 주고 있는 것은 아닐까 하는 판단이다.

3. 한국의 경제 공황 그리고 노동자 계급의 투쟁

1) 자본주의 경제 공황

경제위기 즉 경제 공황은 수많은 기업과 자본이 파산하거나 조업을 단축하고, 그에 따라 수많은 노동자들이 길거리로 내몰리면서 이루어지는 것[5]이다. 즉 경제공황기에는 가장 심각한 임금저하와 고용불안 및 해고 등과 함께 노동자들의 생존권이 심각하게 억압당하는 시기이다. 이러한 경제공황은 경제정책 혹은 그 어떠한 정치적 문제가 아니라 자본주의 그 자체에 존재하는 원인 때문에 발생한다.

---

5) 채만수, 《노동자교양경제학》, 노사과연, 2006, p. 530.

자본주의적 생산은 생산 그 자체가 발전하면 할수록 생산의 사회적 성격, 즉 생산의 협업화와 분업화, 생산 자체와 그 조직의 규모의 거대화를 발전시키지만, 그 기초가 되는 생산수단의 소유는 여전히 사적으로 소유되어 있다. 그리고 바로 이 때문에 그 사회적 생산은 무정부적-무계획적으로 이루어지면서, 필연적으로 과잉생산과 과잉축적으로서의 경제 공황이 발생[6]하며 이는 대략 10년이라는 주기를 가지고 나타난다.

자본주의의 자체 모순으로 인한 주기적 과잉생산으로 자본주의 사회가 주기적으로 경제공황이 일어나는데, 여기서 경제공황이 '주기적'이라는 점에서 '주기'는 과연 얼마만한 시기인가? 라는 점에 대해서는 맑스가 이렇게 말하고 있다.

> 투하자본 가치는 .... 여러 회전을 포함하는 하나의 순환을, 앞의 예에서는 예컨대 10개의 연 회전으로 이루어진 하나의 순환을 그리지 않으면 안 된다―더욱이 이 순환은 충용된 고정자본의 수명, 따라서 그 재생산기간 혹은 회전기간에 의해서 규정되어 있다.[7]

즉, 과잉생산으로 인한 자본주의의 주기적 공황은 고정자본의 재생산기간 혹은 회전기간인 10년 정도의 기간으로 나타남을 의미한다. 생산의 무정부성으로 인한 과잉생산, 즉 자본주의 경제는 경제공황을 경과하면서 비능률적인 약소자본을 도태시키고, 능률적인 대자본에 생산과 자본을 집중시키면서, 노동자 계급을 착취할 수 있는 새로운 물질적 기반을 형성하게 된다. 즉 과잉생산으로 인한 주기적 공황은 자본의 재편성을 완수하는 것이며, 이는 자본주의 경제의 필연성[8]인 것이다. 과잉생산으로 인한 자본주의 경제공황은 경제영역

---

6) 위의 책, p. 393.
7) 위의 책, p. 411에서 재인용.
8) 김수행, ≪정치경제학원론≫, 한길사, 1988, p. 225.

에서의 혼란뿐 아니라 정치, 사회, 문화 등 전 사회적 영역에서의 혼란을 야기시킬 수밖에 없다.

한편 자본주의는 과잉생산으로 인한 주기적 경제공황과는 달리 과학기술의 진보성 즉 생산과정에 투하되는 자본 중 가치를 생산하지 않는 불변자본의 증대 혹은 자동화로 인해, 가치를 생산하는 가변자본 즉 노동자의 노동력의 상대적 비중이 점차 축소되는 현상을 보인다. 가치를 생산하는 노동자의 노동력 즉, 가변자본의 축소로 인해 자본이 취득하는 이윤율이 저하되는 결과를 낳게 되는데 이러한 현상은 급격하게 일어나는 것이 아니라 과학기술의 발전과 함께 중장기적으로 나타나는 현상으로 '이윤율의 경향적 저하 법칙'이라 칭한다.

이러한 '이윤율의 경향적 저하 법칙'으로 인해 자본주의 사회는 발전하면 할수록 가치를 생산하는 노동력이 점차 축소된다. 즉, 생산의 자동화로 인해 가치를 생산하는 노동자의 노동력을 사상시키며, 점차 생산된 상품이 무(無)가치화된다. 이 법칙은, 자본주의는 자신을 파괴할 수밖에 없는 막다른 길로 달려가고 있다는 것을 말해준다.

이러한 '이윤율의 경향적 저하 법칙'으로 인해 경향적으로 이윤율이 감소된다. 결국 자본주의는 과잉생산으로 인한 주기적 공황과 이윤율의 경향적 저하 법칙으로 인한 이윤율의 감소가 나타나며 경제공황기에 노동자 민중에 대한 폭압적 탄압은 전면적으로 나타난다.

자본주의의 주기적 공황은 과잉 생산된 상품에 대한 폭력적인 소비와 더불어 개별 자본가들 사이에는 철저하게 소자본의 파산과 퇴출 및 거대 자본으로의 집중이 초래된다. 이 과정에서 구조조정이 발생하게 되는데, 이러한 구조조정의 과정에서 노동자 계급에 대한 해고 및 임금 삭감과 노동조건의 악화 등 노동자 민중의 생존권에 대한 억압이 발생한다. 즉 과잉생산으로 인한 주기적 공황은 노동자 계급에게는 철저하게 생존권 박탈의 형태로 나타나며, 과잉 생산된 상품의 인위적 소비는 극단적인 전쟁 등으로 해소9)를 하게 된다.

2) 한국의 주기적 경제 공황10)

1945년 일본 식민지에서 해방된 조선은 1948년 8월과 9월 남과 북이 각각 자본주의 국가로서의 대한민국과 사회주의 국가로서의 조선민주주의인민공화국이 수립되면서 분단과 함께 자본주의와 사회주의라는 서로 다른 사회구성체로서의 길11)을 걷게 된다. 이는 조선 혹은 식민지 시절의 지배 계급과는 달리 분단 한국에서의 새로운 지배 계급인 자본가 계급의 출현을 의미12)하는 것이다.

1945년 일제로부터의 해방과 분단 그리고 이후 3년간의 미군정 시절을 거친 한국은 1948년 8월 15일 이승만 정권의 출범과 함께 곧 이어 발생한 1950년 한국전쟁을 거치면서 자본주의로서 발전해 왔다. 사회주의 국가인 중국과 조선민주주의인민공화국의 대치점인 한국의 지리적 혹은 정치적 조건으로 인해 미 제국주의의 이해에 기반한 미국의 경제 원조와 이에 근거한 한국 자본주의의 발전은

---

9) 1930년대 세계 대공황과 이에 대한 소비전쟁으로서 제2차 세계대전을 보라.
10) 한국의 경제 공황 관련해서 필자는 1959년을 시작으로 10년 단위 주기적 공황으로 규정을 한 반면, 10년 단위 주기적 공황으로 간주하지 않는 연구자들의 연구 결과도 있다. 예를 들면 지주형(2011)의 경우 "한국 신자유주의의 기원과 형성"을 통해 한국 경제를 1961-1987년을 장기적, 구조적 한계와 위기 경향으로, 1988-1996년을 중기적인 구조적, 국면적 위기 경향, 1996-1997년을 단기적, 우발적 위기, 1997-1998년 중반까지를 초단기, 총체적 불황으로 규정하기도 하였다. 어쨌든 본 글은 한국 자본주의의 경제위기 관련한 연구 자료라기보다는 경제공황기 노동자 계급 운동의 대응 방안 관련한 주제를 가지고 작성한 글이기에, 한국 자본주의의 경제위기 혹은 경제 공황 관련한 논란의 지점은 이후 연구의 과제로 남긴다.
11) 조선에서의 자본주의 태동에 관한 이론은 식민지 이전 시기 혹은 식민지 시기 등 다양한 연구자들의 연구가 있다.
12) 문영찬, "한국 자본주의의 현 단계와 계급 구성", 2014. 참조.

경제공황이 발생하는 1958년도까지 이어졌다. 이러한 한국 자본주의는 1958년 미국의 경제위기로부터 발생된 경제 원조 중단으로 인해 한국 전쟁 이후 최초의 경제공황을 맞이하게 된다. 이러한 한국 경제공황은 정치적으로는 1960년 4.19 혁명 발발의 물적 토대가 되었으며, 이승만 정권 이후 등장한 장면 정권 및 박정희 정권의 전면적 공업화 정책은 서울을 중심으로 한 도시 집중화 현상과 농촌 붕괴 과정을 거치게 되면서 자본주의적 사회구성체의 토대를 마련하게 된다.

1958년 미국원조 중단으로부터 시작된 1960년 한국의 경제위기는 자본주의적 사회구성체가 채 내실을 갖추기 전인 1958년 발생을 한 반면, 이후 발생한 1970년 한국의 경제위기는 자본주의적 사회구성체의 토대가 구축된 상황에서 발생을 했다는 점에서 차이를 보인다.

50만 명 이상의 파병을 통한 대대적 소비전쟁을 치렀음에도 불구하고, 과잉 생산된 상품을 해소하지 못한 세계 자본주의는 1969년-1970년 경제위기를 맞이하게 된다. 세계 자본주의 경제위기에서 한 치도 자유롭지 못한 한국의 자본주의 또한 1970년 경제위기를 맞이한다.

1970년 한국의 경제공황 극복을 위한 한국 자본가 계급의 대응은 노동자 계급에 대한 가혹한 착취였다. 한국노총을 앞세워서 민주노조운동 진영을 말살하려 하고, 각종 반독재 악법 제·개정 및 기업의 부채를 면제 혹은 경감해주는 1972년 8.3조치와 유신 헌법이 바로 그것[13]이다.

1969년-1970년 세계 경제위기 극복을 위해 세계 자본주의는 지난 1944년의 브레튼 우즈 체제라 불리는 금과 달러를 중심으로 한 고정 환율제를 폐기하고, 달러와 금의 교환을 정지하는 1971년 미

---

[13] 보다 구체적 내용은 채만수, "한국자본주의와 공황", ≪노동자교양경제학≫, 노사과연, 2006, p. 439. 참조.

국 닉슨 대통령의 성명 발표, 변동환율제 실시에도 불구하고 1974년-1975년 대공황에 휩싸일 수밖에 없었다.

이러한 세계 자본주의의 경제위기 즉 공황의 한 복판에서 한국 자본주의는 석유 값 인상과 중동지역의 건설 붐 등으로 인한 건설 경기 활성화로 1976년-1979년 호황기를 맞이하게 된다.

1970년대 하반기에 한국 자본주의는 아시아의 네 마리 용 중 한 마리라고 칭송을 받았고, 저가 상품을 수출하며 호황을 누렸지만, 1979년 2분기 율산 그룹의 부도를 시작으로 경제의 토대가 뒤흔들리며, 1979년의 경제위기로 이어졌다. 1979년 말부터 시작된 한국의 경제위기는 자본주의 근본 모순인 생산의 사회적 성격과 소유 및 취득의 사적 성격으로 인한 과잉생산 때문에 나타난 위기이며, 1958년 미국 원조 중단으로 나타난 위기와 1969년 세계 자본주의 공황에 이어 발생한 위기와 동일하게, 전형적 주기적 공황의 모습을 보이고 있다.

이후 한국 자본주의는 1986년 아시안게임 특수 조성과 1985년 선진자본주의 7개 국가의 플라자 합의로 인한 "저 달러-고 엔 정책", 저 달러로 인한 원자재 가격의 하락 등 '3저 호황'을 맞이하면서, 1989년 초까지 1970년대 말 호황 못지않은 호황을 맞이하게 되었다. 그러나 한국 자본주의는 1988년 말부터 생산이 극대화되고 자본의 이윤율이 극도로 저하되면서 수많은 자본이 생산에 투여되기보다는 부동산과 증권 등에 투여되면서 1989년 하반기 또 다시 경제위기 상태를 맞이하게 되었다. 이는 1959년에 이어 1969년 그리고 1979년으로 이어지는 한국 자본주의의 주기적 공황에 이어 또 다시 10년 만에 발생하는 주기적 형태의 공황임을 보여주고 있다.

1989년 하반기부터 시작된 한국 자본주의의 공황 이후 한국 자본주의는 1997년 소위 "IMF 금융위기"라 불리는 경제공황, 그리고 2008년 말 미국에서 발발한 금융위기 그리고 2010년 유럽의 재정위기 등 2007년부터 불어 닥친 세계 자본주의 대공황으로 경제위기 즉 공황 상태에 놓이게 된다.

3) 한국 전쟁 이후 경제 변동기 한국 노동자 계급의 투쟁

― **해방 이후 1950년대 투쟁**14)

한국의 노동자 계급 운동은 일본의 식민지 지배 기간 동안과 1945년 해방 전후로 활발하게 전개되었다. 1940년대 후반의 한국 노동자 계급의 투쟁은 1960-70년대 계급투쟁의 그것보다 더 강력하고 정치적이었다. 그러나 1950년부터 3년간 진행된 한국전쟁은 1940년대 계급투쟁의 동력인 사회주의 노동운동을 완전히 무너뜨렸다.

한국 노동자 계급의 형성은 일제 식민지 시대(1910년-1945년) 후반에 급속하게 이루어졌는데 공장 노동자의 수가 1921년 49,000명에서 1925년에는 80,000명으로, 그리고 1930년대에는 102,000명으로 빠르게 증가15)하였다.

조선의 노동운동은 1920년대 초에 등장16)했고, 1930년대의 노동쟁의 수는 1960년대와 1970년대의 노동쟁의 수를 능가하였다. 보다 자세한 내용을 보면 1920년에는 4,599명의 노동자가 참가한 81건의 노동쟁의가 있었고 1930년에는 그 숫자가 크게 증가하여 18,972명이 참석한 160건의 노동쟁의가 있었다. 또한 1929년 2천여 명의 노동자들과 지역 주민들이 참가하여 3개월 동안 지속된 원산 총파업투쟁은 일제 강점기 투쟁의 최정점을 보여주었다. 그러나

---

14) 구해근, ≪한국노동계급의 형성≫, 서울: ㈜창작과 비평사, 2002.에서 대부분 인용.
15) 김윤환 외, ≪한국노동문제의 구조≫, 서울: 광민사, 1978, p. 67.
16) 조선의 노동조합의 최초 등장에 대한 연구는 연구자들 간의 이견이 존재한다. 예를 들면 1920년 초 등장을 주장하는 경우가 있는가 하면 김윤환의 ≪한국노동운동사1(일제하편)≫, 1981, p. 39.에서는 "1898년 성진에서는 이규순이 47명의 부도노동자들로 노동조합을 조직"하였다고 주장하기도 한다.

1930년에 들어서면서 일제의 폭압적인 노동탄압으로 인해, 일제 말기 마지막 10년 동안 한국 노동자 계급운동은 공개적 활동을 접을 수밖에 없었고, 그 결과 공산주의 운동과 관계를 가지면서 지하 활동으로 남게 되었다.

제1공화국 이승만 정권 시절(1948년-1960년)은 한국 노동자 계급 투쟁의 역사에서 가장 저조했던 시기이다.[17] 남북이 분단되는 1948년, 1950년부터 시작된 한국전쟁, 1958년 미국 원조 중단으로 발생한 한국 자본주의의 경제위기 속에, 이승만 정권은 노동자 계급을 폭압적으로 탄압했다. 그렇다고 1950년 6월부터 시작하여 1953년 7월까지 만 3년여 동안 진행된 한국 전쟁 기간에 한국 노동자 계급의 투쟁이 전혀 없었다는 것을 의미하는 것은 아니다. 1952년 부산의 조선방직 노동자들의 임금인상 및 사장 퇴진 투쟁, 1952년 광산노동조합연맹의 생존권 쟁취 투쟁, 1952년 부산 부두 노동조합의 임금인상을 위한 총파업 투쟁 등[18] 전쟁 기간에도 노동자들의 먹고 사는 문제에 대한 항의 및 파업투쟁이 전개되었다.

— 1960년 공황기 투쟁

1950년대 한국 경제는 한마디로 고통과 고난의 과정이었다. 제2차 세계대전기의 공출과 착취의 강화, 1950년부터 3년간 진행된 한국전쟁의 결과로 한국의 경제는 한마디로 빈곤의 과정이었다. 이러한 전반적인 빈곤은 생산수단을 소유하지 못한 노동자 계급의 전반적 확장의 토대가 되었다. 한 걸음 더 나아가 상상을 초월하는 정권의 고율의 현물세와 미국 잉여 농산물을 재원으로 한 저곡가 정책은 농민층 분해를 촉진하면서, 노동자 계급을 광범위하게 확산[19]시

---

17) 구해근, 같은 책, p. 52.
18) 보다 자세한 내용은 김낙중, 《한국노동운동사》, 서울: 청사. 1982.참조.
19) 채만수, 《노동자교양경제학》, 노사과연, 2006, p. 443.

컸다.

그리고 식민지 일제 자본가 계급의 철수로 인해 국유화된 귀속재산의 불하 과정과 미국 원조 물자의 배분 및 판매와 관련된 유착 등으로 자본가 계급이 급속도로 형성된 시기이기도 하다. 이러한 한국 전쟁 이후의 한국 경제는 빈곤의 악순환의 과정에서 이승만 정권의 공권력을 동원한 폭압적인 노동자 민중 탄압과 함께 미국의 군사, 경제적 지원을 통해 근근이 이어갔다. 1958년 미국을 중심으로 세계 자본주의에 불어 닥친 세계 대공황은 결국, 이승만 정권을 지탱해 주었던 경제 원조를 대폭적으로 삭감하게 하였다. 미국이 1958년 한국에 대한 경제 원조를 대폭적으로 삭감하자, 한국 경제에 공황이 발생했다. 한국전쟁 이후 전반적인 빈곤에 시달렸던 노동자 민중의 분노를 폭발시켰으며, 더구나 이승만 정권의 장기집권 야욕으로 발생한 3.15 부정 선거는 바로 이러한 노동자 민중의 분노에 기름을 붓는 역할을 하였다.

1959년 미국의 원조 중단으로 나타난 한국의 경제 공황은 한국전쟁 이후 최초로 본격화된 공황으로서의 의미를 가진다. 그러나 한국 자본주의가 과잉생산의 물질적 토대를 구축했을 정도로 발전했다기보다는 자본주의 초창기 빈곤과 과소 생산적 물적 토대 속에서 원조 중단으로 인한 경제공황[20]으로 보아야 할 것이다. 여하튼 미국의 경제원조 중단과 이승만 정권의 장기집권 야욕으로 빚어진 3.15 부정선거에 대한 한국 노동자 민중의 분노는 4월 혁명으로 이어지면서, 이승만 정권의 퇴진과 장면 정권의 성립이라는 정치적 변화를 가져 왔다.

1960년부터 1961년 장면 정권 기간 동안, 노동자 계급은 4월 혁명의 성과로 확장된 공간에서, 1958년 미국의 경제원조 중단으로부터 야기된 한국 경제공황으로부터 나타난 빈곤에 대해, 전면적으로

---

[20] 위의 책. p. 444.

투쟁했다. 이는 한국 전쟁으로 인해 단절된 한국 노동자 계급 투쟁의 부활을 의미하는 것이며, 한국전쟁 이후 최초로 발생한 한국 경제 공황에 대한 노동자 계급의 "투쟁"이라는 답변이었다.

장면 정권하에서의 노동쟁의는 1957년 45건과 1959년 95건에 비해 1960년 227건으로 크게 증가했으며, 많은 노동쟁의가 사업장 안에서 전개되는 것이 아니라 거리 시위라는 형태를 띠었다. 이 당시 무려 315개의 신규 노조가 결성되고, 이러한 노동자 계급의 투쟁의 성과로 50%에 가까운 임금인상을 쟁취하는 성과[21]를 내기도 하였다.

이 당시 한국 노동자 계급 투쟁의 특징[22]은 첫 번째로는 노동쟁의의 비약적 증가와 가두시위 투쟁이 중심이 되었고, 임금인상 등 경제투쟁과 노동조합 결성 투쟁이 중심이었다. 두 번째로는 어용 노조 간부를 규탄하는 투쟁과 급증한 신규노조 결성 투쟁이었다. 세 번째로는 교원, 언론인, 금융 노동자의 노동조합 결성 투쟁이 두드러졌다. 네 번째로는 노동법의 대상이 되지 않는 실업자 구호 대책 문제를 제기한 '전국실업자구호대책투쟁위원회' 결성이었다. 이러한 장면 정권하에서의 한국 노동자 계급의 투쟁은, 어용노총이라 할 수 있는 대한노총에 대응하기 위해 새롭게 건설된 독립노조인 전국노동조합협의회(이하 전국노협)과 대한노총을 통합한 한국노동조합총연맹(이하 한국노련)을 1960년 11월 출범시키는 성과로 이어졌다. 1960년 11월 25일 교통부 부유회관에서 진행된 한국노련 창립 대의원대회는 700여명의 대의원이 참석하여 창립을 선언하였고 다음과 같이 3가지의 기본강령과 21가지의 행동강령을 확정[23]하였다.

---

21) 구해근, 같은 책, p. 52.
22) 김금수 외, ≪한국노동운동론1≫, 서울: 미래사, 1985, p. 123.
23) 김낙중, ≪한국노동운동사≫, 서울: 청사, 1982, p. 273.

기본강령

1. 우리는 민주적인 노동운동을 통하여 노동자의 인권 수호와 경제적, 사회적 지위 향상을 위한 공통적인 투쟁의 선봉이 된다.
2. 우리는 생산성의 앙양으로서 산업경제의 재건을 기하고 노사평등의 균등사회 건설에 매진한다.
3. 우리는 민권의 확립으로서 완전한 국가적 자유를 구현시키고 국제자유노동조직과 제휴하여 세계 평화에 공헌한다.

행동강령

1. 8시간 노동제 실시
2. 단체협약권 확립
3. 파업권의 확립
4. 최저임금제 실시
5. 사회보험, 실업보험제 실시
6. 재해보상의 철저한 실시
7. 숙련 기술공의 우대
8. 불법 해고 반대
9. 노동자의 복지시설 완비
10. 임금의 정상 지불
11. 고용 증대의 확립
12. 강제 노동의 금지
13. 휴일, 휴가제의 완전 실시
14. 노동자의 교양 기관 설치
15. 노동자에 대한 균등 처우 확립
16. 연소 근로자의 보호책 확립
17. 중간착취의 배제
18. 직접 안전의 보장
19. 보건 관리의 확립
20. 노동입법의 개선

21. 노동운동의 부당 간섭 배제

　1960-61년 장면 정권 시절은 대한민국 정부 수립 이후 최초로 가장 활발하게 노동조합이 결성된 시기이다. 1959년 말 558개 노동조합에 280,438명의 노동자가 조합원으로 조직되어 있었는데, 1960년 1년 동안에 356개의 노동조합이 증가하여 914개 노동조합이 되었고 321,097명의 조합원이 조직되었다.
　한국 자본주의는 한국전쟁으로 많은 공장이 파괴된 이래 1960년까지는 이를 복구하는 건설 사업 중심으로 진행이 되었으나, 미국의 소비재 중심의 경제원조와 이승만 정권의 경제정책의 많은 문제점과, 원조중단으로 나타난 경제 공황으로 인해 많은 실업자들이 발생할 수밖에 없었다. 정부 당국의 통계를 중심으로 보더라도 완전 실업자 수는 1957년 277,000명에서 1960년 434,000명으로 약 57%가 증가[24]하였고, 불완전 취업자와 잠재 실업자 등을 고려한다면 4월 혁명 이후 실업의 문제가 전 사회적 문제임을 짐작할 수가 있다.
　1958년 경제원조 중단 이후 나타난 경제공황에 대한 한국 노동자 계급의 투쟁은 이승만 정권의 폭압적인 노동탄압에도 불구하고 1957년 9,394명의 노동자들이 참여하는 45건에서, 1958년 10,031명의 노동자들이 참여하는 41건으로, 그리고 경제원조 중단 첫 해인 1959년에는 49,813명의 노동자들이 참여하는 211건으로, 폭압적인 이승만 정권의 탄압을 뚫고 경제공황에 대응하여 전면적 '투쟁'을 확인시켜준 투쟁이었다.
　그리고 4월 혁명으로 이승만 정권을 무너뜨리고, 장면 정권 시기인 1960년에는 64,335명의 노동자들이 참여하는 227건의 쟁의행위를 전개하기도 하였다. 1960년대 쟁의행위는 쟁의행위의 원인이 대부분 임금 관련한 즉 생존권 관련 쟁의행위[25]였다.

---

24) 김낙중, 《한국노동운동사》, 서울: 청사, 1982, p. 293.
25) 보건사회부, 《보건사회통계연보, 1960, 1962》

1960년 한국 노동자 계급의 대표적 투쟁은 한국해원노동조합의 투쟁을 들 수 있다. 한국해원노동조합은 임금인상을 주된 요구로 6월 3일간의 파업으로 84%의 임금인상에 합의를 하고 쟁의를 마무리하였으나, 이후 회사 측의 합의안 부정 및 노동조합원 6명을 부당하게 해고하는 사태에 맞서, 8월 태평양 상에서 항해에도 불구하고 재파업에 돌입하여, 항해 중이던 배가 대만에 표류하는 사태 등이 발생하기도 하였다. 이후 1961년 1월 12일 재파업에 돌입한 한국해원노동조합은 총 76일간의 파업 기간을 거쳐 최종적으로 승리를 쟁취하였다.

시기	노조 수				조합원 수			
	신설	변경	해산	년 월말	신설	변경	해산	년 월말
1959	61	121	157	558	63,469	76,548	43,533	280,436
1960 1월	11	11	-	569	1,035	4,778	-	281,473
2월	11	5	-	580	1,706	10,749	172	283,007
3월	10	3	1	589	21,634	3,011	2,950	301,691
4월	17	3	1	605	1,171	3,173	264	302,798
5월	25	6	-	630	3,175	3,224	-	305,973
6월	59	29	1	688	10,663	15,644	14,561	302,295
7월	77	29	5	760	10,644	15,454	11,177	301,962
8월	35	29	5	790	11,676	11,663	1,742	312,096
9월	43	24	2	831	4,701	11,253	10,008	306,789
10월	30	17	40	857	4,267	3,252	335	301,741
11월	34	30	6	885	2,936	7,005	408	313,271
12월	36	17	7	914	9,311	14,405	1,485	321,097
1960	388	32	32	914	83,761	103,601	43,102	321,097

표] 노동조합의 신설 및 변경 상황26)

　　한국 자본주의는, 한국 전쟁으로 인한 폐허 위에서, 미국의 경제 원조로 지탱이 되었지만, 미국을 중심으로 한 세계 자본주의 대공황으로 미국의 원조가 중단되자 공황에 빠졌다. 1960년 한국 노동자 계급은, 이것에 대한 '답'으로 '생존권'을 제기했다는 점에서, 우리는

---

26) 보건사회부, ≪보건사회통계연보, 1960≫, p. 470.

경제공황기 노동조합 운동의 대응과 방향에 대한 답변의 실마리를 찾을 수가 있을 것이다.

― 1970년 공황기투쟁

1958년 공황으로부터 10년이 흐른 1960년대 말, 한국 자본주의는 자본주의로서 일정한 틀을 형성한 후 최초로 경제 공황에 빠진다. 1969년-1970년 한국의 경제 공황은 1960년대 말 발생한 세계 자본주의의 공황으로부터 야기되었다.

1970년 월남으로 파견 갔다가 철수한 건설 노동자들의 한진 그룹 점거 농성 투쟁과 경기도 광주 대단지 투쟁 등 경제 공황에 맞선 노동자 민중의 투쟁이 발생했다. 정부는, 자본가 계급에게 기업들의 각종 부채를 면제 혹은 경감해주는 1972년 8.3조치, 같은 해 10월 위헌적 계엄과 국회해산 및 헌법 정지라는 비상조치 아래 유신헌법을 통과시키고, 자주적 노조운동 진영과 민중을 폭압적으로 탄압했다.

1969년 경제공황과 유신헌법이라는 폭압적 탄압하에서도 한국 노동자 계급의 투쟁은 면면히 이어져 왔다. 1970년 11월 13일 서울 동부지역에 있는 평화시장에서 전태일 열사의 죽음으로부터 1970년대 투쟁이 시작되었다. 청계피복 노조 결성투쟁(1970.11), KAL빌딩 방화투쟁(1971.9), 동일방직 노조 민주화 투쟁(1972.7), 한국모방의 노조민주화 투쟁(1972.7), 컨트롤데이터의 민주노조 건설투쟁(1973.12), YH무역의 노조 결성투쟁(1975.5) 등으로 이어졌다. 1970년대 노동자 투쟁은 전태일 열사가 온 몸으로 외쳤던 노동자의 인간 선언 투쟁임과 동시에 한국노총 중심의 어용노조를 민주화시키는 민주노조 건설 투쟁이었다. 이러한 1970년대 노동자들의 인간 선언 투쟁은 196-70년대 폭압적 정세를 돌파하고 가장 많은 수의 쟁의행위인 1,656건의 쟁의를 기록하였다.

1970년대 경제 공황기부터 시작된 1970년대 노동자 민중 투쟁은 크게 6가지 유형27)으로 나눌 수가 있다. 우선 첫 번째로는 취업 노동자가 아닌 도시 빈민의 운동, 특히 주택문제, 도시토지문제 관련한 투쟁이다. 대표적 투쟁은 현 경기도 성남의 광주대단지 투쟁(1971)을 들 수 있다. 두 번째로는 영세 중소 사업장 노동자 투쟁으로 전태일 열사의 투쟁(1970.11.13.)과 청계 피복 노동조합의 투쟁을 대표적으로 들 수 있다. 세 번째로는 파월 한진 노동자들의 KAL 빌딩 점거 사건(1971), 현대조선소 2만 노동자들의 투쟁(1972), 사우디 현대건설 노동자들의 투쟁과 중동 노동자들의 동조파업 투쟁(1978) 등 대자본의 임금 착취에 맞선 대공장 노동자들의 투쟁이다. 당시 대공장 노동자들의 투쟁은 조합원들의 직접적 실천투쟁이라는 점에서 투쟁의 형식과 양식을 새롭게 제출하였다. 네 번째로는 노동조합 조직이 주도하는 임금 인상 등 노동 조건의 유지, 개선 투쟁이다. 1971년 섬유노동조합 42개 노동조합의 임금인상 투쟁, 시그네틱 전자의 임금인상 투쟁(1972) 등 노동조합 중심의 투쟁은 점심거부, 잔업거부, 특근 거부, 리본달기, 노래 가사 바꿔 부르기(노가바) 등 준법 투쟁을 중심으로, 생산량 저하 투쟁 등 태업 및 파업과 시위 등 다양한 형태의 투쟁 양식을 보였다. 다섯째로는 신규 노동조합 건설투쟁이다. 1970년 한국화이자 노동조합 결성 투쟁, 1971년 신진자동차(현 GM대우차) 노동조합 결성 투쟁 등 자주적 민주노조 건설 투쟁이 1970년대 주요한 투쟁의 형식이었다. 여섯 번째로는 어용노조를 민주노조로 전환시키는 노동조합 민주화 투쟁이다. 한국모방(원풍모방) 노동조합 민주화 투쟁(1972), 동일방직노동조합 민주화 투쟁(1972,1976)이었다.

   1970년 11월 13일 평화시장의 재단사 전태일이 한계 이하의 생존을 강요하는 임금 및 노동조건의 제도적 개선을 요구하다가 자신의 몸에 석유를 끼얹고 분신자살하였다. "내 죽음을 헛되이 하지 마

---

27) 김금수 외, ≪한국노동운동론1≫, 서울: 미래사, 1985. p. 131.

라"는 전태일 열사의 마지막 운명 직전의 호소를 가슴에 안고, 전태일 열사의 어머님 이소선 여사와 동료 노동자들의 노력으로 1970년 11월 27일 한국노총 회의실에서 500여 명의 조합원이 모여 한국노총 연합노조 청계피복지부를 결성하였다. 청계피복노조는 1970년대 노동운동의 상징이었다. 1970년 전태일 열사의 분신과 곧 이어 결성된 청계피복 노조는 1977년 7월 전태일 열사의 어머님이신 이소선 열사의 구속 사건과 이후 청계피복 노동교실의 폐쇄 등 노조 탄압에 맞서 1970년대 내내 청계피복 노동조합의 깃발을 휘날렸다. 동양방적(동일방직의 전신)은 해방 전후로 전평 산하 노동조합으로 조직되어 활동을 하다가, 1946년 대한노총 산하로 흡수가 되면서, 1972년 노조 민주화 투쟁 이전까지 간판만 존재하는 노동조합[28]이었다. 1969년 경제 공황에 대응하는 전태일 열사의 죽음 등 한국 노동자 계급의 투쟁의 양상이 공세적으로 전환이 되면서, 동양방적의 노조 민주화 투쟁이 시작되어 1972년 5월 10일 기존의 지부장을 퇴출시키고 새로운 민주노조 집행부를 구성하였다. 이후 1976년, 1978년 두 차례의 민주노조 수호 투쟁과 1978년부터 1980년 5월까지 진행되었던 해고자 복직 투쟁 등을 전개하면서 1970년대 투쟁의 모범[29]이 되었다.

한편 원풍모방노동조합은 1963년 9월 섬유노조 의류지부 한국모

---

[28] 위의 책 p. 158.
[29] 1976년 7월 25일 파업 3일차, 동일방직 노동자들은 세계 노동운동 역사상 유례가 없는 놀랍고도 극적인 저항 방식을 보여 주었다. 그날 오후 수백 명의 전투경찰이 공장 안으로 진입했다. 짙은 청색 복장을 하고 완전무장한 전투경찰의 모습은 위협적이었다. 일부 여성들은 무서워서 울음을 터뜨렸다. 전투경찰이 노동자들에게 다가오기 시작하자, 파업 중인 여성들은 갑자기 옷을 벗기 시작했고, 거의 알몸의 상태에서 전투경찰 앞에 섰다. 이 공포스러운 순간에 어느 노동자가 '벗고 있는 여자 몸엔 경찰 아니라 그 누구도 남자들은 손을 못 댄대' 라고 다급하게 속삭인 소리를 듣고 이러한 행동을 했다고 보고했다.―구해근, ≪한국노동계급의 형성≫, 서울: ㈜창작과 비평사, 2002. p. 126. 재인용.

방분회로 결성되어 1967년 6월 한국모방지부로 승격되며, 1975년 원풍모방이 한국모방을 인수하면서 원풍모방지부로 된 조직이다. 1973년 9월 회사 측은 부실경영 등으로 부도를 내고, 사주 박용운은 해외로 도피를 하면서 노조 사수 투쟁이 전개되었다. 이후 한국모방을 인수한 원풍모방을 상대로 한 노동조합의 투쟁은 1982년까지 이어졌다. 결국 1970년 공황기 한국 노동자 계급의 투쟁은 박정희 정권의 폭압적 노조탄압과 유신치하에서도 생존권을 위한 과감한 투쟁을 전개했고, 이는 노동조합의 민주화 투쟁의 역사이기도 하였다.

한편 1969년 세계 대공황 극복을 위해 세계의 자본가 계급은 1944년 소위 브레튼우즈 체제라 불리는 금과 달러를 중심으로 한 공정 환율제를 폐기하고, 나아가 1971년 미국은 달러에 대한 금 교환을 거부한다고 발표했다. 그렇지만 또 다시 세계 자본주의는 1974년 대공황에 휩싸일 수밖에 없었다. 이러한 세계 자본주의의 흐름 속에, 값싼 노동력에 기초한 한국 자본주의는, 석유 값 인상과 중동지역의 건설 붐 등으로 초래된 건설 경기 활성화로, 1976년

-1979년 "아시아의 네 마리 용" 중 한 마리라는 칭호를 받을 정도의 호황기를 누렸다. 그러나 1969년 공황에 이어 10년 만인 1979년 다시금 공황에 휩싸였다.

— 1980년 공황기투쟁

저가 상품을 중심으로 한 수출 중심의 한국 자본주의는 1979년 2분기 율산 그룹의 부도를 시작으로 경제적 토대가 흔들렸다. 한국 자본주의의 경제위기는 1979년 말부터 시작된다. 자본주의 고유 모순인 생산의 사회적 성격과 소유 및 취득의 사적 성격으로 인한 과잉생산으로부터 나타난 위기이며, 1958년 미국 원조 중단으로 나타난 위기와 1969년 세계 자본주의 전시 공황에 이어 발생한 전형적이면서 주기적인 공황의 모습을 가지고 있다.

1980년대 한국 자본주의 공황에서 한국 노동자 계급의 투쟁은 1980년 광주항쟁과 더불어 급격히 증가한 노동쟁의의 모습으로 나타났다. 1979년 105건의 노동쟁의 건수가 1980년 407건으로 급격하게 증가했다. 절대 다수의 노동 쟁의 시 요구 사항이 임금인상과 공장폐쇄저지, 해고반대 등 경제적 문제에 집중된 투쟁[30]이었다. 이는 결국 1979년 공황에 대한 노동자 계급의 경제적 요구를 반영한 투쟁을 의미한다.

1979년 한국의 경제공황의 한 복판에서 전면적 투쟁의 모습을 보였던 것은 바로 1979년 8월 당시 야당이었던 신민당사 점거 투쟁을 전개했던 YH무역 노동자들의 투쟁이다. YH무역은 1966년 설립되어 미국에 가발을 수출하는 주요 가발수출업체였다. 경영진은 YH무역의 이윤을 해외로 빼돌렸고, 1970년대 세계 가발시장이 쇠퇴하자 1976년 4천여 명에 달했던 노동자들을 1,800여 명으로 줄였다. 곧 이어 1979년 3월 회사 측이 공장폐쇄 방침을 내리자 이에

---

30) 구해근(2002), 《한국노동계급의 형성》, 서울: ㈜창작과 비평사, p 153.

반발하여 노동자들은 공황기 노동조합 운동을 전개했다. 공장폐쇄 철회를 요구하는 농성 시위가 이어졌고, 곧 이어 파업 투쟁으로 발전했다. 경찰이 농성 장소를 침탈할 것이 예상되자, 당시 야당이었던 신민당사 점거 투쟁을 전개하기로 하였다. 1979년 8월 9일 아침 187명의 YH무역 노동자들은 신민당사로 몰려가 4층 건물을 점거하였다. 당시 신민당 총재였던 김영삼 총재는 YH무역 노동자들의 투쟁에 대한 지지를 선언하는 등, YH무역 직장폐쇄 관련한 투쟁이 정치권으로 확산되었다. 농성 3일차인 9월 11일 새벽 약 1천 명 정도의 전투경찰에 의해 당시 농성 장소였던 신민당사 건물이 부서지면서, YH무역 노동자들뿐만이 아니라 연대 대오와 신민당 당원, 신문기자 등이 무참하게 끌려 나오면서 농성이 강제 해산되었다. 이 과정에서 YH무역 여성 노동자였던 김경숙이 신민당사 4층에서 떨어져 숨지는 사태가 발생하기도 하였다. 곧 이어 박정희 정권의 종말을 고하는 10.26사태가 발생하면서 유신체제는 종지부를 찍게 된다. YH무역 노동자들의 투쟁과 유신체제의 종말, 그리고 이후 1980년 5월 17일 광주항쟁 이전까지 노동자들의 투쟁은 공황기 노동자 계급이 어떻게 투쟁해야 하는지를 알려주는 역사적 교과서이다.

  1979년 말부터 시작된 공황기에 경제성장률 둔화, 실업의 증가, 공장가동률 저하, 공장 휴폐업의 증가, 대량 해고, 물가 상승 등으로 노동자 민중의 삶은 극도로 악화되었다. 노동자 계급은 임금 및 노동조건의 유지 개선 투쟁과 체불임금 및 휴폐업 반대 투쟁, 노조 결성 투쟁, 노조 민주화 투쟁을 활발하게 전개하였다. 당시 불충분한 정부의 발표를 보더라도, 노동쟁의는 1980년에 무려 2,168건으로 비약적 성장을 보였고, 그 형태도 작업거부가 76건, 농성이 120건, 시위가 10건 등 격렬한 투쟁의 양상을 보였다.[31]

  1979년 10.26 사태로 인해 박정희 정권이 물러나고 전두환 군사

---

[31] 보다 자세한 내용은 김금수 외, ≪한국노동운동론1≫, 서울: 미래사, 1985, p. 136-139. 참조.

정권이 등장하는 1980년, 공황기 노동자들의 피폐화된 삶에 대한 분노와 더불어 민주화 공간이 열리며 투쟁이 분출되었다. 그러나 분명한 노동자 계급으로서의 자기 전망 부재와 이에 근거한 지도부 부재 등으로 자연발생적 투쟁으로 전개되었다.

1980년 한국 노동자 계급의 공황기 노동운동의 일반성을 보여주는 투쟁 사례 중 첫 번째는 강원도 사북 탄광촌 노동자들의 투쟁이다. 동원탄좌에 고용된 약 3천 명의 광부들은 오랫동안 엄청나게 열악하고 위험한 작업조건에서 노동해 왔다. 1979년 공황을 전후로 탄광산업이 사양화되자 노동자들의 조건은 더욱 더 열악해졌다. 임금이 매우 낮고 시간외 수당조차 적절하지 않았다. 그러나 노동자들의 이해와 요구에 근거하여 투쟁을 전개했어야 할 노동조합의 간부들은, 지위를 악용하여 개인적인 부를 축적하는 등 어용노조의 행태를 보였다. 이에 대한 반감이 파업 투쟁의 동력이 되었다. 1980년 4월 파격적인 임금인상과 어용 노동조합 지도부 퇴진을 걸고 파업이 시작되었다. 이 과정에서 파업 대오 3명이 경찰차에 치이는 사건을 계기로, 파업대오가 수백 명으로 늘어나면서, 노조 사무실을 불태우고 사장 집을 파괴하는 등의 전투성이 나타나기도 하였다.

두 번째 투쟁은 1980년 4월 29일 부산의 철강공장인 동국제강 노동자들의 투쟁이다. 저임금과 열악한 노동조건에 항의하면서 전개되었던 동국제강의 투쟁은, 회사 사무실을 파괴하고 전투경찰과의 물리적 투쟁으로까지 발전했다. 그러나 사북 탄광촌 투쟁과 마찬가지로 투쟁 지도부의 부재 등으로 인해 이틀 만에 아무런 성과 없이 마무리가 되었다. 피 비린내 나는 광주의 학살을 통해 정권을 장악한 전두환 군부는 산업영역에서 '불순한 요소'들을 제거하기로 하고 민주노조운동에 가담한 수천 명의 노동조합 활동가들을 해고시키고 해고된 노동자들을 정보기관에서 블랙리스트를 만들어 재취업을 막았다. 이러한 전두환 정권의 민주노조운동 진영에 대한 탄압은 1983년까지 지속[32]되었다.

1980년 전두환 정권의 폭압적 노동탄압에 맞서 투쟁의 포문을 열어 젖힌 조직은 바로 1970년 전태일 열사의 죽음으로부터 시작된 청계피복노동조합이었다. 1980년 봄 노동쟁의에 개입했다는 이유로 전태일 열사의 어머님이신 이소선이 구속된다. 이에 항의하는 청계피복노동조합의 투쟁은, 이후 전두환 정권의 노조 해산 명령에도 불구하고 폭력경찰과의 전면적 투쟁을 전개하면서, 대규모 서울 거리 투쟁 등을 전개하였다.

　1985년 4월 22일, 23일 재벌총수인 김우중을 임금 관련한 교섭 테이블에 불러들인 대우자동차 노동조합의 1985년 파업 투쟁, 전두환 철권정치의 완화시기인 1983년부터 건설된 서울 구로공단지역의 민주노조를 중심으로 한 구로연대파업 투쟁(1985)은 이전까지 자연발생적인 노동자 계급 투쟁과 달리 조직적 연대 파업 투쟁이라는 성과를 보였던 영웅적 투쟁이었다.

― 1986-89년 호황기 투쟁(1987년 7,8,9월 노동자 대투쟁)

　1986년-1989년까지 한국 자본주의는 1986년 아시안게임의 특수 조성, 1985년 선진자본주의 7개 국가의 플라자 합의로 인한 '저 달러-고 엔 정책', 저 달러로 인한 원자재 가격의 하락 등 '3저 호황'을 맞이하면서, 1989년 초까지 1970년대 하반기 못지않은 호황을 누리게 된다. "3저 호황"에 근거한 한국 자본주의의 호황기의 한복판인 1987년 한국의 노동자 계급은 한국 노동운동사에 분수령을 이루는 투쟁을 전개했다.

　1987년 4월 13일 전두환 정권은 장기집권의 포석으로 대통령 간선제를 유지하겠다는 4.13 호헌조치를 발표하였다. 이러한 군부독재 정권의 장기집권 야욕을 분쇄하기 위한 노동자 민중의 투쟁이 '호헌 철폐 독재 타도'로 표현되면서 전개되었다. 이러한 투쟁의 과정에서,

---

32) 같은 책. p. 156.

시위 중이던 대학생의 폭력 경찰에 의한 살해, 여성 노동자에게 가해졌던 성고문 사건 등이 대중의 분노를 불러일으키며, 1987년 6월 항쟁이 전개되었다. 6월 항쟁의 결과 급기야 당시 집권 여당인 민주정의당의 대표 노태우를 앞세운 자본가 계급은, 1987년 6월 29일 노동자 민중의 요구대로 대통령 직선제 등을 포함한 소위 "6.29 항복 선언"을 하기에 이른다.

6.29 선언 이후 2주일이 채 흐르지 않은 시기에 한국 노동자 계급은 격렬한 투쟁의 시위로 등장했다. 1987년 7월부터 9월까지 총 3,341건의 노동쟁의가 발생했으며, 거의 대부분이 작업 중단, 비조직 파업, 거리 시위 및 가투의 형태를 띠었다. 이것은 지난 20여 년간 급속한 산업화 기간 동안 발생한 전체 노동쟁의 건수를 능가하는 것이었다(아래 표 참조).33)

표]노동조합 조직률과 노사 분규 수34)

년도	노동쟁의(건)	노동조합(수)	노동조합원(천명)
1963	-	1,820	224
1964	126	2,105	272
1965	113	2,255	302
1966	117	2,359	327
1967	130	2,619	378
1968	135	2,735	413
1969	94	2,939	445
1970	90	3,063	473
1971	109	3,061	497
1972	-	2,961	515
1973	-	2,865	548
1974	-	3,352	656
1975	133	3,585	750
1976	110	3,854	846

---

33) 구해근, ≪한국노동계급의 형성≫, 서울: ㈜창작과 비평사, 2002. p. 223.

1977	96	4,042	955
1978	102	4,301	1,055
1979	105	4,394	1,088
1980	407	2,618	948
1981	186	2,141	967
1982	88	2,194	984
1983	98	2,238	1,010
1984	113	2,365	1,011
1985	265	2,534	1,004
1986	276	2,658	1,036
1987	3,749	4,086	1,267
1988	1,873	6,142	1,707
1989	1,616	7,883	1,935
1990	322	7,698	1,887
1991	234	7,656	1,803
1992	235	7,527	1,735
1993	144	7,147	1,667
1994	121	7,025	1,659
1995	88	6,606	1,615
1996	85	6,424	1,599
1997	78	5,733	1,484
1998	128	5,560	1,402

 1987년 7,8,9 노동자 대투쟁은 여타의 노동자 계급의 투쟁과는 다른 특징35)을 보였다. 우선 첫 번째로 전국적으로 전 산업에 걸쳐 폭발적인 양태를 띠며 동시다발적으로 터져 나온 점이 특징이다. 8월 중순에 들어서는 하루 평균 300개 이상의 사업장에서 파업 농성 투쟁이 전개되었는데, '사실상의 총파업' 수준이었다. 두 번째로는 이번 투쟁은 소수 선진 활동가들에 의해 목적의식적으로 기획되고 지도된 것이 아니라, 6월 항쟁의 성과물로서 6.29 선언 이후에 열려진 정치 사회적 공간의 틈을 비집고, 그 동안 억눌려온 노동자 대중의 욕구가 터져 나온 것이라는 점이다. 세 번째로는 요구의 수준

---

34) 한국노동연구원. <분기별 노동동향 분석>. 1989, 2000.
35) "기사연 리포트, 7-8월 노동자 대중투쟁. 1987. 9", p. 48.

이 아직은 개별 사업장 차원에서 머무르고 있지만 민주노조 쟁취 요구가 중심적인 요구로 등장했다는 점이다. 넷째로는 투쟁 형태가 파업, 농성, 시위 등 집단행동으로 나타났으며 선 농성 후 협상의 모습을 보였다는 점이다. 다섯째로는 지역별, 재벌그룹별, 산업별 동맹과 연대 투쟁이 주요한 투쟁의 형태로 나타났다는 점이다. 여섯째로는 중공업과 화학 공업 중심의 지역에서 노동자 대투쟁이 시작되어 경공업 지역 및 기타 지역으로 확산되는 모습을 보였다는 점이다.

여러 가지 면에서 1987년 노동자 대투쟁은 오랫동안 누적된 노동자들의 한이 폭발하고 분출한 계기였다. 다른 한편으로는 3저 호황에 근거한 열려진 경제적 조건과 함께 6월 항쟁의 결과 나타난 정치적 조건이 맞물려 전개되었던 투쟁이었다. 이는 그간의 노동조합 투쟁 즉, 임금인상이나 휴폐업에 따른 고용불안에 대한 요구 투쟁이라기보다는, 노동자의 장기적 목표하에 노동자들을 보호할 수 있는 민주노조의 건설 투쟁으로 집약되었다는 점에서도 여타의 노동자 투쟁과는 다른 특징을 보이고 있다. 그러나 여전히 노동자 대중 투쟁을 지도하고 전개할 지도부가 없이 자연적으로 발생했다는 점에서 여타의 시기의 노동운동과 공통점을 보이고 있다.

"현대자동차 20년! 조용하기만 하던 노동자의 바다에 갑자기 태산 같은 파도가 일었다. 쉼 없이 돌아가는 컨베이어에 매달린 채 기계부속품 정도로밖에 대접받지 못하던 하찮은 노동자들이 기계임을 거부하고 인간임을 선언하는 장엄한 광경이 펼쳐진 것이다.[36]"

1987년 노동자 대투쟁은 서울 경기 중심의 수도권에서 시작된 것이 아니라 울산의 현대 그룹 노동자들로부터 시작되었다. 노태우

---

36) 이수원, 《현대그룹 노동운동 : 그 격동의 역사》, 서울: 대륙, 1994. p. 74.

의 6.29 선언 이후 채 한 달이 안 된 7월 5일 울산현대엔진의 약 100여 명의 노동자들이 울산 인근 지역에 모여 비밀리에 노동조합을 결성하였다. 현대엔진 노동조합 결성 이후 곧바로 현대 사업장 11개에서 노동조합을 만들거나 혹은 결성 중에 있었다. 어쨌든 이렇게 결성된 노동조합을 중심으로 현대 노동자들은 25-30%의 임금인상과 차별적인 임금체계 철폐, 머리길이에 대한 통제 폐지, 강압적인 아침 체조 중단, 점심식사 시간 개선 등을 요구하며 대부분의 사업장에서 파업 투쟁을 전개하였다. 현대 노동자들은 8월 17일 울산 공설 운동장을 향해 덤프트럭, 지게차, 소방차, 샌딩머신을 실은 대형 트레일러를 몰고, 북과 꽹과리를 치며 울산 도심을 행진하였다. 그리고 '정주영은 물러가라'고 외치며 울산 거리에서 전투경찰의 최루탄 가스에 맞서 돌과 화염병을 투척하는 투쟁을 전개하였다.

울산 현대 노동자들로부터 시작된 전국적 1987년 노동자 대 투쟁은 1988년 전국사무금융노동조합연맹, 전국언론노동조합연맹, 전국병원노동조합연맹, 민주출판노동조합협의회, 전국대학교직원노동조합협의회, 전국 건설노동조합협의회 결성으로 이어지고 마침내 1990년 1월 22일 민주노조운동 진영의 새로운 전국 조직인 전국노동조합협의회(이하 전노협)가 출범하였다. 전노협은 결성 당시 전체 노조의 5.8%인 456개 조합과 전체 조합원의 8.6%인 16만 명이라는 전국조직에 걸맞지 않은 조직규모로 출발을 하였다. 그러나 전노협은 출범 이후 한국 노동조합 운동의 역사에서 가장 선명하게 노동자 계급의 목소리를 대변하였고 헌신적인 지역노조 조합원들로부터 지지를 받았다.[37]

한국자본주의는, 1988년 말부터 생산이 극대화되고 자본의 이윤율이 극도로 저하되면서, 수많은 자본이 생산에 투여되기보다는 부동산과 증권 등에 투여되면서 또 다시 경제위기를 맞이하게 된다.

---

[37] 김금수, ≪한국노동운동의 현황과 과제≫, 서울: 역사와 비평사, 1995, pp. 49-51.

한국 노동자 계급 투쟁의 역사의 한 페이지를 장식했던 1987년 노동자 대투쟁도, 공황기 노동운동으로의 전환을 맞게 된다.

1989년 한국 자본주의의 공황은, 1959년에 이어 1969년, 그리고 1979년으로 이어지는 한국 자본주의의 주기적 공황에 이어 또 다시 10년 만에 발생하는 주기적 형태의 공황임을 보여주고 있다.

― 1990년 공황기 투쟁

1989년 1/4분기가 지나면, 이제 자본은 극도로 낮아진 이윤율을 임금의 삭감을 통해서 보전할 양으로 '경제위기', '총체적 위기'를 선전하게 된다. 서민층은 물가와 특히 부동산 가격의 폭등으로 생활에 타격을 받게 되고, 부동산 문제에 대한 정부의 대책을 요구하면서 사회적 투쟁을 본격화하기 시작하였다.[38] 3저 호황의 붕괴와 함께 정부는 증권시장의 붕괴를 방지하기 위한 12.12. 조치, 즉 1989년 12월에 수조원의 자금을 증권시장에 쏟아 붓는 조치까지 취하지만 파국을 면하지 못했다[39].

국가와 자본의 공세와 경제공황의 극복 방안으로 한국 노동운동 운동은 1990년대 초 큰 어려움에 직면[40]한다. 우선 첫 번째로 조직률의 감소이다. 노조 수는 1989년 7,883개로 정점에 달한 후 줄어들기 시작했다. 조합원의 수 또한 1989년 1,932,000명에서 1993년 1,667,000명으로, 1997년에는 1,484,000명으로 감소했다. 결과적으로 노조 조직률은 1989년 18.6%에서 1993년 14.2%로, 1997년 11.2%로 떨어졌다. 두 번째로 단체행동은 더욱 급격하게 감소했다는 점이다. 1989년 노사분규 수는 1,616건에서 1990년 그 수가 322건으로 급격하게 줄었고, 1993년 144건, 1997년 78건으로 계속해서 줄어들었다.

---

38) 채만수, ≪노동자교양경제학≫, 노사과연, 2006, p. 443, pp. 456-457.
39) 채만수, 같은 책, p. 443. p. 457.
40) 구해근, ≪한국노동계급의형성≫. 서울: ㈜창작과 비평사. 2002, p. 274.

또 다른 한편, 1989년 경제공황의 위기 극복 차원에서 진행된 자본과 정권의 민주노조 파괴 공작으로 1993년과 1994년 연이어 한국노총과 경총이 전국적인 수준에서 동결 수준의 임금을 합의했다. 일부 노동조합에서는 무쟁의를 선언하는 등 투쟁의 깃발을 내리는 경우가 발생하였다.

1987년 7,8,9월 노동자 대투쟁의 성과로 건설된 전노협의 경우, 민주노조 운동 진영의 전국 조직임에도 불구하고, 지도부의 구속과 수배 등 자본과 정권의 온갖 탄압을 받았다. 그래서 대공장 노동조합이나 사무직 노동조합은 가입을 주저하였다.

1989년 경제공황과 함께 노태우 정권의 폭압적 노동탄압이 시작되었다. 1989년 1월 2일 신정연휴를 틈타 대규모 공권력 동원해, 안산 풍산금속 노동조합의 파업 투쟁을 파괴하였다. 1월 8일 현대그룹노동조합 지도부 테러사건, 3월 지하철 노동자들의 파업투쟁에 대한 강경대응, 3월 30일 현대중공업 노동조합 파업 현장에 대한 공권력 침탈, 5.1절 서울 노동절 대회 원천봉쇄 등으로 탄압했다.

노태우 정권이 노동자 계급의 희생을 통해 경제공황을 극복하려 했다는 것은, 대정부 차원의 임금 통제 전략을 통해 노동자 계급의 임금을 억제했다는 점에서 확인이 가능하다.[41]

노태우 정권의 임금억제는 1989년 하반기 노동탄압과 함께 시작되었고, 그것은 자연스럽게 1990년 상반기 자본과 정권의 노동정책과 연결이 되었으며, 직능급제 임금체계를 중심으로 한 임금정책은 1991년 하반기 이후 구체화 되었다.

1990년 노태우 정권의 임금억제 정책은 한자리수 임금인상 억제 정책으로 표현될 수 있다. 공기업 5% 이내 억제, 민간기업 한자리수 임금인상 유도, 선도 사업장 지도 등을 주된 내용으로 한 1990년 노태우 정권의 임금억제 정책은, 1989년 몰아친 경제공황으로

---

[41] 노중기, "국가의 노동통제전략에 관한 연구: 1987-1992", 서울대학교 박사 논문, 1995, p. 122.

인한 노동자의 살림을 더욱 더 피폐하게 만드는 원인이 되었다. 이러한 노태우 정권의 임금억제 정책은 1990년 한자리수 억제정책, 1992년 총액 임금제로 구체화 되었다.

노태우 정권의 폭압적 노동탄압과 경제공황에도 불구하고 한국의 노동자 계급은 1989년 노동절 총파업 투쟁과 전국교직원노동조합 결성(5.28), 대우조선노동조합 파업(6.23) 등으로 대응을 하였다. 특히 이러한 89년 경제공황기 한국노동자계급의 투쟁은 노태우 정권의 폭압적 탄압에 맞선 투쟁이었고, 노동자계급은 드디어 1990년 1월 민주노조의 전국적 단일 조직인 전노협의 깃발을 움켜쥐었다.

경제공황에 대한 한국 노동자 계급의 화답은, 1990년 현대중공업 노동자들의 골리앗 투쟁과 KBS 노동자들의 언론 노동자 최초의 총파업 투쟁이었다.

현대중공업 노동자들의 골리앗 투쟁을 살펴보자.

울산의 현대중공업 노동조합은 1987년 노동자 대투쟁의 과정에서 건설되었다. 7월 민주노조를 결성할 때부터 현대중공업 회사는 어용노조를 설립하여 먼저 노동부에 신고하는 등의 탄압을 자행했고, '파업전야'라는 영화의 한 장면처럼 1988년 6월부터 시작된 단체교섭 과정에서 제임스 리에 의한 테러사건, 식칼 테러 사건 등 상식 이하의 노조탄압을 자행했다. 128일 동안의 파업투쟁은 이에 맞서 전개된 투쟁이었다. 동시에 이 파업투쟁은 1987년 투쟁을 거치면서 구속 해고된 노동자들의 원직복직과 노동조건을 명시적으로 구체화하는 단체협약을 체결해야 하는 투쟁 과제42)를 안고 있었다.

128일 동안의 파업 투쟁을 마무리하고, 1990년 1월 20일 새로운 지도부인 이영현 집행부를 구성하고 전열을 가다듬고 있었다. 노태우 정권은 취임식도 하지 않은 이영현 위원장의 구속과 수석 부위원장의 수배 조치라는 탄압을 하였다. 2월 9일 위원장 구속으로 즉

---

42) 조돈희, "1990년 현대중공업 골리앗 투쟁", 2009, 참조.
http://www.newscham.net/news/view.php?board=news&nid=53901

각적인 파업 찬반투표를 대의원 대회에서 전개했으나, 84:116의 반대로 파업 돌입이 부결이 되는 등 내부 혼란을 겪기도 하였다. 파업투쟁이 부결된 상황에서 권용목, 윤재건에 이어, 4월 20일 수배 중이었던 수석 부위원장까지 구속되자, 4월 21일 조선 사업부 노동자들을 중심으로 자발적 파업 투쟁에 돌입하였다. 이에 4월 22일 소집된 현대중공업노동조합 대의원 대회에서, 현재 상황을 총체적인 노동조합 탄압으로 규정하고, 4월 25일 전면 총파업 투쟁 돌입을 결정하게 된다.

이에 현대중공업 회사는, 4월 25일 노동조합의 총파업 일정에 맞추어 4월 28일 공권력 투입 날짜를 잡고, 울산 전역에 1만2천여 명의 전투경찰과 백골단 등을 배치하는 등 파업 투쟁을 앞두고 긴장이 고조되었다. 이에 현대중공업 노동조합은 공권력 침탈에 맞서 골리앗 크레인을 점거하고 계속적으로 투쟁하겠다는 방침을 확정하고, 4월 26일 골리앗 점거조 78명을 82M의 골리앗에 올려 보낼 결정을 하였다. 1990년 4월 28일 새벽 3시 45분경, 정부는 이른바 '미포만 작전'으로 명명된 파업 파괴 작전을 개시하고, 현대중공업노동조합이 파업하고 있는 현대중공업 회사 진입을 시도하였다. 작전 개시 2시간이 조금 넘은 새벽 6시경 페퍼포그가 앞을 식별할 수 없도록 최루탄을 발사하면서, 73개 중대 1만여 명의 경찰병력이 불도저를 앞세운 채 현대중공업으로 진입했다. 당시 하늘에는 파업 해산을 주 내용으로 하는 선무방송을 하는 헬기가 떠 있고, 군함을 동원하여 미포만으로 진입하는 등 육해공 합동 작전으로, 현대중공업 노동자들의 파업 투쟁을 파괴하기 시작하였다. 회사로 진입한 경찰에 의해 대부분의 노동자들이 연행되었지만, 사전에 준비한 골리앗 농성조 78명은 계획된 대로 현대중공업 82M 상공의 골리앗 농성을 전개하였다. 공장 안은 비록 공권력의 육해공 합동 작전에 의해 파업 대오가 흐트러졌지만, 78명의 골리앗 농성조와 함께 울산 전 거리에서는 연일 가두 투쟁이 전개되었다. 전노협의 골리앗지지 총 파업 투쟁도 전국적으로 전개되었다. 5월 6일 78명의 골리앗 농성단은 82M 고공에서, 목숨을 건 집단 단식 농성을 전개했다. 그러나 고립된 상황에서 농성 13일 만인 5월 10일 오후 2시경, '현중노조가'를 부르며 골리앗에서 내려와 전원 연행됨으로써 현대중공업 노동조합의 골리앗 투쟁은 마무리되었다. 현대중공업 노동자들의 골리앗 파업 투쟁이 전개되었을 때인 4월 28일, 현대자동차 노동자들은 현대중공업으로 들어가는 길목을 점거하며, 현대중공업으로의 공권력 진입을 저지하는 투쟁을 전개했다. 골리앗 농성이 전개되었던 1990년 5월 1일 전노협은 101주년 세계 노동절 대회에 맞추어 전국 총파업 투쟁을 전개하기도 하였다.

노태우 정권의 1989년 경제 공황 극복 방안은 임금억제 정책과 함께 민주노조 진영에 대한 공안적 탄압이었다. 특히 민주노조 진영에 대한 공안적 탄압은, 대대적인 업무조사 등을 통한 전노협 와해 공작과 현대중공업 노동자들과 KBS 노동자들에 대한 폭력적인 파업 파괴 공작이었다. 이러한 한국 노동자 계급에 대한 공격을 통해 1989년부터 시작된 경제공황을 극복(?)한 한국 자본주의는 1991년부터 9%를 상회하는 경제성장률을 이룩하지만, 결국 10년도 채 안되어 1997년 "IMF 경제 공황"을 다시 맞이하게 된다.

— 1997년 공황기 투쟁

IMF나 IBRD로부터 '기적'이라고까지 평가받던 한국 경제가 1997년 말 갑작스럽게 전반적인 공황에 빠졌다. 한국 정부는 IMF에 긴급구제 금융을 요청하지 않을 수 없었고, IMF는 구제 금융을 제공하는 조건으로 한국 경제의 신자유주의적 개혁을 요구했다. 이 과정에서 경제위기와 공황에 대한 원인은 물론 IMF의 개혁 방향에 대해서도 전혀 다른 두 가지 견해가 등장한다.[43] 그러나 1997년도

---

43) 김수행, ≪자본주의 경제의 위기와 공황≫, 서울대학교 출판부, 2006, p. 455.

경제공황 또한 한국 자본주의가 가질 수밖에 없는 자본주의 고유의 주기적 공황이다. 다만 그것이 다른 경제공황과 다르게 격심한 외환위기와 경제적 파국으로 치달았던 이유는 당시 한국 경제의 제도적 특성에 기인[44]한 것이다.

한국 자본주의는, 전국적 차원에서의 임금 억제와 민주노조 진영에 대한 공안탄압으로 1989년 경제공황을 극복한다. 1990년 전반기부터 개별 자본 간의 경쟁에서 살아남기 위하여, 자본은 대규모 투자를 감행하여 설비규모를 확대하고 신기술을 도입한다. 이는 전형적으로 설비의 과잉을 낳았다. 더욱이 당시에 한국 경제는 저 기술, 저 단가 품목에서는 중국과 동남아시아에 대해 경쟁력을 잃은 상태였다. 고 기술, 고 단가 품목에서는 일본이나 다른 선진국을 따라잡지 못할 상황에 처해 있었다. 이러한 상황을 타개하기 위해 독점자본은 전자, 반도체, 자동차, 철강, 석유화학 등의 산업에 대대적인 투자를 실행하였다. 이는 과잉투자에 의한 과잉생산의 토대를 구축하는 것이었다. 이러한 과잉투자로 인해 부채가 급증할 수밖에 없었으며, 이러한 부채 비율의 증가가 결국 금융적으로 한국의 독점자본의 취약성을 극대화하는 조건이 되었다. 결국 이러한 금융의 취약성은 이윤율의 저하 과정에서 "IMF 금융위기"를 가져[45]올 수밖에 없는 구조를 형성했다.

1997년 1월에 한보철강이, 3월에는 삼미특수강이, 4월에는 진로, 5월에는 대농, 6월 한신공영, 7월 기아, 10월 쌍방울, 11월에는 해태와 뉴코아가 각각 부도로 무너지고 급기야, 1997년 12월 IMF에 구제 금융을 요청하게 되었다.

"IMF 경제공황"에 대한 자본과 정권의 위기관리는 정리해고제와 비정규직의 확산 등 노동시장의 전면적 유연화와 이를 위한 노사정위원회 등 제도 관리였다.

---

44) 같은 책, p. 464.
45) 같은 책. p. 466.

1997년, "IMF 공황"의 기운이 싹트기 시작한 1996년 4월 24일 김영삼 정권은 "노조는 투쟁과 분배 우선의 노동운동에서 벗어나 국민경제의 발전과 함께 가는 합리적이고 생산적인 노동운동을 해야 한다"는 [신 노사 관계 구상]을 발표하였다. 이에 따라 공익위원 10명과 학계 10명, 노동계 9명, 재계 5명 등으로 구성되는 "노사관계 개혁위원회(이하 노개위)를 구성하고, 연내에 정리해고제와 변형근로제, 근로자 파견법을 도입하겠다고 발표했다. 노동시장의 유연화를 통한 경제 위기 극복 방안을 제출한 것이다.

　이러한 자본과 정권의 경제 위기 극복 방안에 대해 민주노총은 노개위의 참여, 탈퇴와 이후 복귀를 반복하였고, 김영삼 정권의 개악안 발표와 민주노총의 총파업 투쟁 발표 등의 공방이 전개되었다. 1996년 12월 26일 새벽 6시 당시 여당이었던 신한국당 국회의원 154명은 노동관계법과 안기부법 등 11개 법안을 단 6분 만에 통과시켰다.

　이날 통과된 법안은 '교사와 공무원의 단결권 부정, 복수노조 전면 유예, 노조 전임자 임금지급 금지, 해고 노동자의 조합원 자격 부정, 쟁의기간 대체근로 허용, 제3자 개입 금지 조항 존속, 사업장의 쟁의행위 금지, 공익사업장 직권중재 지속, 쟁의기간 임금 지급 금지, 정리해고제 도입, 변형근로제 도입 등 노동자 계급의 자주적 투쟁을 심각하게 제약하는 독소조항으로 가득 차 있었다.

　김영삼 정권의 노동법 전면 개악에 대해 민주노총의 화답은 전면적 총파업 투쟁이었다. 민주노총은 곧 바로 12월 26일 전면적인 총파업 투쟁 돌입을 선언하였고, 이에 현총련, 금속, 대학, 자동차, 전문, 화학 등 민주노총 산하 6개 연맹 88개 노조 14만 명이 오전 8시부터 즉각적 총파업에 돌입하였다. 이어 12월 27일에는 병원노련 8개 노조 1만 3천 명 등 40개 노조 4만 명이 추가로 파업에 돌입하였다. 12월 28일은 서울지하철 노조가 파업에 가세하면서 모두 171개 노조 22만여 명의 노동자들이 파업대오를 이루었고, 이후 12

월 29일 부산지하철 노조가 결합하고 종교계, 학계, 변호사 등 시민사회단체의 지지가 이어졌다.

결국, 민주노총 등 한국 노동자 계급의 총파업 투쟁에 김영삼 정권은 1월 21일 영수회담에서 "통과된 법률 재논의와 영장기각 집행유예"를 밝히면서 투쟁의 대오를 흐트러뜨리려고 했으나, 3월 중순까지 총파업, 부분파업, 수요 파업 등 파업 수위를 조절하며 총파업 투쟁이 전개되었다.

1997년 새해벽두부터 시작된 민주노총의 노동법 개악 저지 총파업 투쟁은 노동법 개악을 저지한 성과를 냈으나, 이후 1997년 "IMF 경제 공황"이라는 한국 자본주의 물적 토대의 변동에 대한 과학적 인식 부족으로 거대한 투쟁의 물결 속에서 한계점을 노출했다. 결국, 1997년 11월 국제통화기금에 구제 금융을 요청하였고, "96-97 노동법 총파업 투쟁"이 1년도 채 지나지 않은 시점에 경제공황을 맞이하게 되었다.

1997년 말 경제공황은, 실업자 수가 1997년 12월 658,000명에서 1998년 12월 170만 명으로 약 3배 증가했고, 연간 실업률은 1997년 2.6%에서 1998년 6.8%로 증가하면서 한국 전쟁 이후 최악의 경제공황으로 노동자 민중에게 다가왔다.

1997년 12월 대통령 선거를 통해 당선된 김대중은 경제공황을 극복하기 위하여 사회조합주의 모형에 따라 노사정위원회를 제안한다. 노사정위원회[46)]는 1998년 1월 설립이 되고 같은 해 1월 20일

---

46) 김대중 정권이 노사정위원회를 제안했지만, 실질적으로는 "국민과 함께 하는 노동운동"이라는 노선으로 출범한 민주노총 1기 지도부가 먼저 노사정위원회를 제안했다. 민주노총은 1998년 1월 7일 민주노총 중앙위원회 회의 자료인 '1998년 투쟁방침'에서 "IMF 경제위기의 정세조건을 고려할 때, 상층교섭과 대중투쟁의 결합에 의한 공세적 투쟁을 배경으로 노동자의 사회적 참가를 관철하고 전반적인 사회구조개혁을 달성할 수 있을 것"이라고 언급하면서, 1997년 12월 3일에 '경제위기 극복과 고용안정을 위한 노사정 3자 기구' 설치를 정부에 제안한 사업을 보고한 바가 있다.

최초로 노사정 공동 성명서를 발표했다. 이후 노사정 공동 성명서에 근거하여 2월 6일 정리해고제 실시와 노조의 정치활동 및 교사와 공무원의 단체교섭권을 인정하는 수준의 내용에 대해 합의를 하였다.

"2.6 노사정 합의"는 한국 노동자 계급이 경제공황의 시기에 나라 경제를 살리기 위한 노사정위원회에 참여를 했다는 점과 정리해고제, 근로자 파견법을 핵심으로 하는 노동법 개악[47])에 동의를 했다는 점에 경제공황기 노동자 계급의 투쟁에 대한 방향을 설정하는데 있어 많은 고민의 지점을 던져 주었다.

2월 민주노총의 노사정위원회 합의는 민주노총 조합원들의 반발을 불렀다. 이로 인해 2월 9일 민주노총 대의원 대회에서 노사정 합의안이 부결되고, 민주노총 1기 지도부의 총사퇴와 비상대책위원 구성안이 의결되고, 2월 13일 총파업 투쟁이 결정되었다. 그러나 비상대책위원회는 2월 12일 역량 부족 등으로 파업을 철회하고 재교섭을 선언하는 등 혼란의 극치를 보였고, 이에 항의하는 대우조선의 최대림 조합원이 정리해고제와 근로자 파견제 도입에 항의하는 분신 투쟁 등을 전개하기도 하였다.

이후 민주노총은 혼란을 거듭하다가, 1998년 5월, 제11차 대의원 대회를 통해 노동자의 고용·생활안정과 민중생존권 사수 및 정치·사회·경제구조의 전면적 개혁을 목표로 하는 총력투쟁방침을 확정한다. 이는 공황 초반기 민주노총의 주요슬로건인 경제민주화와 재벌해체와는 상당한 차이를 보이는 것이다. 우선 노동시장의 유연화와 정리해고제의 전면도입으로 인해 노동자 생존권의 악화가 눈에 띄게 진행되었다는 요인이 있겠다. 또한, 신자유주의 구조조정으로 인해 노동자뿐만 아니라 농민과 빈민 등 기층 민중의 생존권 요구투쟁이 본격화되었기 때문이기도 했다.

---

47) 이는 1996-97년 노동법 개악 저지를 위한 총파업 투쟁을 통해 쟁취한 성과물을 한순간에 자본과 정권의 손아귀에 넘겨준 꼴이 된 것이다.

공황 관련하여 민주노총을 중심으로 한 한국 노동자 계급의 대응은 이후 1998년 현대자동차 노동조합, 만도기계의 파업투쟁 등 치열한 현장 투쟁이 있었으나, 1998년 6월 5일 민주노총의 정부와의 양보교섭, 6.10 총파업 철회, 7.23 총파업 철회 등 중앙단위의 혼란으로 인해 전국적 현장 투쟁으로 확산되지는 못하였다.

1997년 경제공황에 대응하는 한국 노동자 계급의 투쟁 중 대표적 사례인 만도기계 노동조합의 투쟁에 대해서 당시 노동조합 사무장의 말을 들어보자.

≪현장에서 미래를≫. 제37호, 1998년.

김희준(만도기계노동조합 사무국장)

현재의 상태
IMF로 표현되는 경제위기는 "70%를 살리기 위해서는 30%의 희생은 어쩔 수 없다"는 논리로 DJ는 한줌도 안 되는 기득권 세력을 위해 전 민중을 상대로 모든 희생을 강요하고 있다. 단위사업장 차원에서는 자본은 정리해고를 무기로 임금삭감, 단협 개악을 공세적으로 진행하고 있다. 이러한 자본의 탄압은 구조조정의 진행이라는 흐름 속에서 보아야 한다. 노동자의 희생을 바탕으로 한 구조조정에 대한 반대투쟁을 전개했던 만도기계노동조합의 투쟁은 공권력 침탈이라는 총자본의 공격을 받고 있다. 공권력 투입 이후 현장 조합원들에게 임금반납 서명을 협박하고 현장 활동가들과 간부들에게 정리해고를 무기로 무급순환휴직과 희망퇴직을 강요하는 상황이다. 만도기계노동조합의 투쟁은 부도, 로스차일드를 통한 외자유치 등으로 만도를 기업구조조정의 표본으로 삼고자 하는 정부-자본과의 투쟁으로서, 현재의 정세를 포괄하고 이후 투쟁 방향을 가늠할 수 있는 투쟁이었다.

98년 임・단투 진행의 특징
민주노총 1기의 정리해고 직권조인, 6, 7월의 총파업투쟁 유보. 현대자동차투쟁은 노동과 자본을 둘러싼 대리전이라고 누구나 얘기한다. 그러나 현대자동차투쟁은 전국 전선이 허물어져 있는 상황에서 총자본(정부, 전경련, 현대자동차) 대 노동조합의 투쟁으로 전개되었다. 투쟁의 중요성에 비추어 볼 때 민주노조운동의 대응은 너무나 제한된 것이 현실이었다.

전국적으로 진행되는 노동조건의 하락(임금반납, 복지축소), 근로기준법과 단체협약에 명기된 노동조건의 하락 불가가 자본의 공격에 의해 전국의 사업장에서 허물어지고 있다. 민주노조운동 10년의 성과가 경제위기를 틈타 협상의 대상으로 전락되고 있는 것이다. 그동안 우리가 불러왔던 "너희는 조금씩 갉아먹지만 우리는 한꺼번에 되찾으리라"는 노래의 한 구절은 지금 자본의 모습이다.

민주노조 전국 사업장에서 노동조건의 개악이 진행되고 있지만, 노정합의를 이유로 총파업투쟁이 유보·철회되면서 전국 전선을 설치하지 못하고 있는 것이 올해 임·단투의 또 다른 특징이다.

만도기계 노동조합은 2월 7일 대전역에 7개 지부 조합원들이 모여 '정리해고 철폐! 고용안정 쟁취!'를 위한 총파업투쟁을 일정대로 사수하였다. 임금체불에 대해서도 부도사업장이라는 조건에 위축되지 않고 5월 투쟁을 통해 체불임금을 확보하는 성과를 만들었다.

희망퇴직

정리해고와 함께 정리해고의 변종인 희망퇴직이 광범위하게 진행되었다. 자본은 "희망퇴직은 개별의 희망에 따라 결정하는 문제이므로 노동조합과 합의사항이 아니다"라고 주장한다. 때로는 노동조합이 퇴직자의 처우문제를 놓고 협상을 하면서 희망퇴직 자체에 대해서는 합의해주는 조건으로 진행되기도 하였다.

정리해고 된 조합원보다 희망퇴직을 통해 나간 조합원 숫자가 훨씬 많다. 그만큼 정리해고와 함께 희망퇴직 문제는 뜨거운 감자였다. 그러나 민주노조운동 내에서 희망퇴직에 대한 지침은 없었다. 결국 단위사업장 차원의 결정으로 떨어진 문제로 귀결되었다.

정리해고든 희망퇴직이든 현장에서 빠져나간 조합원 숫자는 제조업을 비롯한 전 산업의 10%를 육박한다. 이렇게 빠져나간 조합원들의 빈자리는 인원 충원 없이 남아 있는 조합원들의 몫으로 넘겨졌다. 노동 강도의 강화, 현장에 대한 통제가 희망퇴직과 함께 진행되었다. 그리고 노동 강도의 강화는 다시 여유 인원 산정의 근거로 정리해고를 정당화시켜주는 자본의 근거로 탈바꿈 하고 있다. 자본은 희망퇴직을, 손에 피 안 묻히고 노동의 유연화를 진행하는 무기로 활용하고 있다.

만도기계의 경우에도 1차 희망퇴직의 경우 적극적으로 대응하지 못하면서 360명의 조합원들이 희망퇴직으로 나갔다. 그로 인해 조직력의 타격뿐만 아니라, "현장에서 희망퇴직을 통해 여유 인력이 해소되면 정리해고가 없을 것이 아니냐?"는 의식이 확산되었다.

노동조합은 희망퇴직은 정리해고의 변형이자, 전주곡이라고 규정하고 노동시간 단축을 통한 일자리 나누기를 선행한 후 희망퇴직자 처우문제를 논의할 것을 요구하였다. 노동조합의 요구에 대해 회사가 "희망퇴직은 개인이 결정하는 문제이므로 협의의 대상이 아니다"는 입장을 밝히고 2차 희망퇴직을 강행하자, 노동조합은 선거구별로 희망퇴직 원서를 수령한 후 소자보 투쟁을 전개하고 총무과 앞에서 희망퇴직 화형식을 함으로써 2차 희망퇴직자는 개인적인 이유에 의해 선택한 40명만으로 최소화 할 수 있었다.

구조조정의 진행
(퇴출기업 55개, 퇴출은행 5개, 금융, 공공, 기업, 노동 구조조정)

DJ는 9월 28일 기자회견을 통해 금융, 공공, 기업, 노동 구조조정을 강력하게 진행할 것이라고 선언하였다. 이미 55개의 퇴출기업, 5개의 퇴출은행을 통해 구조조정의 진행이 노동자에게 미칠 영향은 확인되었다. 금융구조조정이 32% 인원삭감으로 금융노련과 합의되었다. 구조조정이 단계적으로 꾸준히 일정에 따라 진행되고 있고 앞으로의 일정도 발표된 상태이지만 구조조정에 대한 공동전선을 설치하는 문제, 연대를 통한 공동전선은 지금 이 시간에도 해당사업장, 업종의 문제로 제한되어 진행되는 것이 우리의 현실이다.

9월 28일 DJ는 특별기자회견을 통해 "구조조정을 강력히 진행해서 내년부터는 잘 살 수 있을지도 모른다. 단 노동자들이 이 과정에서 고통을 전담한다면"이라는 전제를 빠뜨리지 않았다.

만도기계의 구조조정
만도기계의 구조조정 과정

만도기계의 투쟁은 회사와 로스차일드로 표현되는 다국적 자본, 정부

3각 연합에 대한 투쟁이었다. 정부는 9월 이후 본격적으로 진행될 구조조정의 모범답안이 필요했었다. 로스차일드로 표현되는 다국적 자본은 돈이 되는 사업에 대한 제한적 선택권(돈 안 되는 사업에 대한 퇴출), 노동유연화를 10억불 외자유치의 대가로 요구하였다. 회사는 경영권을 방어하기 위해서는 구조조정의 장애물인 투쟁적인 노동조합을 퇴출시키고, 노사협조주의에 입각한 노사관계의 정립, 노동의 유연화를 확보할 필요가 있었다. 이렇듯 자본의 입장에 입각한 구조조정이라는 공동의 목표 속에서 노동조합과 조합원들은 철저히 배제되었다.

회사가 노리는 것은 무엇인가?
회사는 부도와 IMF라는 경제위기를 노동의 유연화를 위한 절호의 기회로 이용하고 있다. 정리해고를 무기로 노조로부터 희망퇴직, 임금반납, 복지축소 등을 통해 노동의 유연화를 기도하고 있다.

노동의 유연화는 정리해고라는 폭력적 방법뿐만 아니라 희망퇴직, 임금삭감, 현장의 통제를 통해 계속해서 진행되고 있다. 만도기계의 경우에도 작년과 비교해 볼 때 공권력 침탈 이전에 자연퇴사자 120명과 400명의 조합원들이 희망퇴직으로 나갔고 공권력 침탈 이후에는 450명에 달하는 조합원들이 희망퇴직으로 현장을 떠났다. 부도 이후 1,000여 명의 조합원들이 빠져 나간 속에서 현장은 인원 충원 없이 예전과 같은 생산을 하고 있다. 민주노조 파괴, 노동 강도 강화, 고용조정을 통해 노동의 유연화를 실현하고 아산공장 매각, 사업부 매각을 통해 규모중심의 경영에서 이익중심의 경영으로 구조조정을 진행하려 하고 있다.

고용안정 협약 투쟁
96, 97년 노동법 투쟁을 경과하면서 고용안정은 노동운동의 화두였다. 자본의 공세 속에서 고용안정을 위해서 우리는 무엇을 할 것인지 대답하지 않으면 안 되는 수세적인 정세에 몰려 있다. 이는 정리해고에 대한 입장의 차이로, 내부의 문제로 급속하게 진행되었다. 민주노총 내부에서도, 단위사업장에서도 결코 중간이 없는 속에서 우리의 선택은 분명하였다. 특히나 구조조정 사업장의 경우 '정리해고를 암묵적으로 수용하든지', 아니면 '정면으로 돌파하든지'의 선택의 문제로 다가왔다.

민주노총이 정리해고를 수용하고 금속산업연맹이 정리해고를 '철폐'에서 '재논의'로 바꾸는 순간 단위사업장은 선택을 해야 했다. 만도기계노동조합이 '정리해고 철폐'를 투쟁의 목표로 잡는 순간 투쟁은 길은 하나였다. 그리고 우리는 그 길을 피하지 않았다. 지금 그 투쟁의 결과로 노동조합의 조직력의 파괴, 희망퇴직의 강제 진행을 당하고 있지만, 노동조합의 투쟁은 전국 노동자에게 하나의 미래를 보여주었다. 우리는 2월 민주노총이 총파업투쟁을 정리해고 수용은 절대 수용하지 못한다며 투쟁일정을 잡자, 그에 따라 노동조합의 투쟁을 일정대로 진행하고 정리해고 입법화 과정에서 고용안정협약을 쟁취하였다.

'인위적인 인원감축을 실시하지 않는다', 회사는 '3자 인수, 분할, 매각, 합병과 같은 중대한 경영상의 결정사항이 발생할 시에는 고용승계 및 단협승계를 보장한다.'는 고용안정협약을 쟁취하였다. 만도기계노동조합이 합의한 고용안정협약은 정리해고에 대한 문제뿐만 아니라 구조조정에 대해서 노동조합이 주체로 참여하는 중요한 투쟁의 성과였다. 그러나 고용안정협약서는 단 5개월을 넘기지 못하고 휴지조각으로 변하였다. 노동부의 간부는 공권력 투입이 임박했을 때 "양보교섭을 통해 실리를 확보하는 것이 중요하지 않느냐?"고 노동조합에 제안해 왔다. 우리는 노동부에 물었다. "고용안정협약을 쟁취한 속에서도 이런 상태가 오는데 어떻게 할 것이냐?"고 묻자, 노동부는 "그러면 고용안정 기간을 협약서에 명기하자"는 대답에 우리는 다시 "협약서가 효력이 있느냐?"고 물었다. 노동부 대답 왈 "이전 고용안정협약과 같다"는 것이었다. 노사 합의한 고용안정협약마저도 파기하는 마당에 또 다른 협약서가 무슨 소용이란 말인가? 정부, 로스차일드, 회사가 꼭 같은 이해로 고용안정협약을 파기한 마당에 '구조조정 과정에 정리해고'에 대해 또 다른 협약이 어떤 강제가 되겠는가? 우리는 결국 하나뿐인 길 '정면 승리'를 피하지 않기로 결의하였다. 1만5천 폭력경찰과 공장을 뒤덮는 최루탄도 우리의 투쟁을 막을 수는 없는 것 같다.

노동시간 단축 투쟁

자동차산업의 침체와 부도라는 개별적인 상황의 악화는 노동조합에게 고용안정 방안에 대해 입장을 가질 것을 강제하였다. 우리는 고용안정 투쟁에 임함에 있어 전체 조합원의 고용유지와 함께 생존권을 사수한다는 두 가지 원칙에 입각해 방안을 모색하였다. 그러나 답은 의외로 간단하면서도 원론적인 대안이었다.

'임금삭감 없는 노동시간 단축.' 노동운동의 역사가 증명하고 우리가 수 없이 얘기했던 구호가 우리가 선택할 수 있는 유일한 대안이었다. 자동차산업의 경우 완성차 6사 모임을 통해 노동시간 단축에 대해서는 합의했지만 그 속 내용 즉, 노동시간의 단축, 임금보전에 대해서는 이견을 보였었다. 노동조합은 내부적으로 주 32시간 노동과 월차 반일사용을 내용으로 통상급 100%보전을 내용으로 한 고용안정 방안을 확대간부회의에서 결의하고 우리는 주장하였다. 그러나 우리의 투쟁에서 노동시간 단축투쟁은 주장 이상을 넘지 못하였다. 이유는 간단하였다. 정리해고가 임박한 속에서 노동시간 단축은 저들의 요구 속에서, 노동조합 내부에서도 쟁점으로 부각되지 못하였다. 한편으로는 현장에서 '일도 없다고 정리해고를 통보하는 판에 노동시간이 현실적인 대안이겠느냐?'는 물음과 함께, 임금삭감을 통한 노동시간 단축을 주장하는 회사의 노동시간 단축은 우리를 더욱 힘들게 하였다.

전면적인 총자본의 탄압

41명 구속, 7명 수배, 300명 불구속, 2,700여 명의 조합원 연행.

9월 3일 폭력경찰의 침탈과 함께 노동조합에 대한 탄압은 '노조말살'이라는 말 외에는 달리 표현할 말이 없었다. 회사와 정부, 로스차일드 3각 연합의 공동목표인 노동조합에 대한 탄압은 우리의 상상을 넘었다. "양보교섭을 하면 노동조합의 조직력은 보전할 수 있지 않을까?"하는 물음은 무책임하고 구조조정에 대한 이해가 없는, 현실 앞에 무색한 말이다. 회사는 양보교섭은 양보교섭이고, 정리해고는 정리해고라는 입장을 명확히 하고 있다. 그런 속에서 노동조합이 선택할 수 있는 방안은 오직 하나였다. 회사는 조합비를 가압류하고 23명에 대해서는 체불임금에까지 가압류를 하는 무식함을 보여주었다.

지금 우리가 할 수 있는 모든 것을 시작해야 한다.

정부가 금융, 공공, 기업, 노동 구조조정을 정면 돌파를 통해 강행하겠다는 것을 밝힌 이상 하반기 투쟁은 피할 수 없는 상황이다.

희망은 만들어 가는 것이다. 지금 우리가 싸우지 않는다면 우리의 미래는 어떻겠는가?

지금 '우리가 무엇을 할 것인가?'가 아니라 '지금 우리가 할 수 있는 모든 것을 시작하자.' 그렇지 않는다면 민주노조운동은 심각한 위기에 직면할 것이다.

민주노총의 노정합의도 지켜지는 않는 속에서 어느 단위사업장의 자본가가 노동조합과의 협약을 지키려고 할 것인가?

노동조합은 노동자의 원칙을 지키며 구조조정을 정면 돌파하려고 하였다. 총자본의 탄압으로 내부적으로는 엄청난 조직력의 파괴와 자본의 현장통제가 진행되고 있다. 지금은 비록 힘들지만 전국의 동지들과 함께 구조조정 반대, 고용안정 쟁취를 위한 투쟁에 적극 동참할 것을 밝힌다.

노사가 맺은 전국의 단체협약과 정부와의 합의사항이 지켜지지 않고 있다. 우리는 단체협약 준수, 노정 합의 준수라는 공동의 목표를 가지고 전국적인 연대전선을 만들어야 한다.

전국의 동지 여러분! 민주노조운동 10년의 투쟁 성과를 지켜나가는 것이 지금 당장 시작해야 할 우리의 공통된 투쟁과제입니다. 지금 우리가 싸우지 않는다면 어떻게 내일을 얘기할 수 있겠습니까?

1998년 만도기계 노동조합 김희준 사무국장은 "노동조합은 노동자의 원칙을 지키며 구조조정을 정면 돌파하려고 하였다. 총자본의 탄압으로 내부적으로는 엄청난 조직력의 파괴와 자본의 현장통제가 진행되고 있다. 지금은 비록 힘들지만 전국의 동지들과 함께 구조조정 반대, 고용안정 쟁취를 위한 투쟁에 적극 동참할 것을 밝힌다."라고 하면서 IMF 경제 공황기 만도기계 노동조합의, 아니 한국 노동자 계급이 나아가야 할 길을 분명히 제시하고 있다.

1997년 IMF 경제 공황 이후 한국 자본주의는 만성적 공황으로 접어들었다. 이러한 만성적 공황의 위기관리 방안으로 자본과 정권은 소위 신자유주의적 노동자 민중 탄압 정책을 노골화 하고 있다.

김대중 정권에 이어 2003년 집권한 노무현 정권의 신자유주의 정책은 무엇보다도 '기업하기 좋은 나라' 건설을 모태로 한 노동시장의 유연화 공세를 가속화하는 것이었다.

― 이후 투쟁

1997년 IMF 경제 공황 이후 정리해고제와 근로자 파견법의 도입으로 인해 한국의 노동현장은 각종 비정규직 노동자들로 넘쳐 났다.

2001년 대표적 비정규직 노동자들의 투쟁을 보면 우선 한국통신 계약직 노동조합의 정규직화 투쟁, 전국건설노동조합의 노조 인정 투쟁, 린나이 코리아 노동조합의 해고자 원직복직과 노조 인정 투쟁, 방송사 비정규직 노동조합의 파견법으로 인한 해고 반대 투쟁, SK 인 사이트코리아 노동조합의 정규직으로의 원직복직 투쟁, 명월관 노동조합의 해고자 원직복직 및 노조 인정 투쟁, 캐리어 사내하청 노동조합의 노조인정과 정규직화 투쟁, 보험인 노동조합의 노조 인정 투쟁 등 대부분의 비정규직 노동자들의 투쟁은, 정규직 전환 관련한 요구를 가지고 2001년 현재 평균 1년 넘게 투쟁을 전개하고 있다.

이러한 비정규직 노동자들의 투쟁이 전개되는 가운데, 급격히 증가한 비정규직 노동자들의 열악한 노동조건으로 인해 생존권을 위협 받으면서, 2003년 노무현 정권 이후에는 죽음으로 항거하는 안타까운 모습이 나타나기 시작했다.

2003년 1월 두산중공업의 배달호 열사의 죽음, 10월 한진 중공업의 김주익 지회장의 자결, 10월 23일 세원테크 이해남 지회장의 분신, 10월 26일 근로복지공단 비정규직 노조 광주전남지역 본부장 이용석 열사의 분신, 10월 30일 한진 중공업 곽재규 열사의 투신 등 노동자들이 죽음으로 항거하는 극단적 투쟁의 모습이 나타났다.

4. 2015년 민주노총의 총파업 투쟁의 승리를 위하여

1) 2015년 민주노총의 총파업 투쟁

한국은행은 지난 2015년 4월 9일 금융통화위원회(이하 금통위) 전체회의를 열고 기준금리를 연 1.75%로 유지하기로 한 뒤 올해 경제성장률 전망치를 기존 3.4%에서 3.1%로 내렸다. 또한 이주열 한국은행 총재는 금통위 직후 열린 기자 간담회에서 "단기(금융) 완화 정책도 필요하지만 구조개혁으로 대응하지 않으면 지속적인 (경제) 회복세를 기대하기 어렵다. 정부의 구조개혁 노력이 좀 더 결실을 봤으면 한다."고 이야기 하였다.[48]

결국 자본과 정권은 한국은행 이주열 총재를 내세워 현 한국 자본주의의 위기적 상황 즉 사상 초유의 초저금리 정책을 통해서도 경제공황의 극복(?)이 불가능함을 고백함과 동시에, 이를 극복하기 위해서는 노동자 계급을 향한 공세를 늦추면 안 된다는 선전포고를 동시에 한 격이다.

다른 한편 지난 2015년 2월 12일 오후 1시 서울 등촌동 KBS 스포츠 월드에서 민주노총의 정기 대의원 대회가 개최되었다. 민주노총 사상 처음으로 전 조합원 직선제로 진행된 임원선거에서 선출된 한상균 지도부가 당선된 이후 처음 개최되는 정기 대의원 대회였다. 이 자리에서 민주노총은 박근혜 정권의 노동탄압에 맞서 오는 4월을 시작으로 6월까지 상반기 공세적 파상 정치 파업을 전개하기로 결정하였다.

박근혜 정권이 3월까지 노동시장 구조개혁에 대한 노사정위원회 합의를 요구하고, 공무원 연금 개악을 4월 중으로 마무리 하겠다고 노동자 계급에게 공격의 칼날을 겨눈 상태에서 결정된 민주노총의

---

48) ≪한국경제≫, 2015년 4월 9일자 기사 내용 참조.

결정 사항이었다. 민주노총의 선제적 총파업 투쟁 관련한 결정 사항은 민주노총 정기 대의원 대회 이전에 진행된 민주노총 임원 직선제 선거에서 일찌감치 결정이 되었던 내용이기도 하다. 민주노총 조합원은 직선제 임원선거에서 즉각적 총파업을 공약으로 약속했던 한상균, 이영주, 최종진 후보 조를 선택하였다.

지난 2007년 하반기부터 시작된 세계 자본주의의 위기적 상황, 즉 세계적 공황기에서 한국의 노동자 계급과 자본과 정권은 서로 비켜날 수 없는 철로를 양 방향에서 달려오는 듯한 모습이다. 비켜갈 수 없는 노동자 계급과 자본가 계급 간의 격돌, 그 한가운데는 단순한 임금이나 노동정책의 문제가 아니라 한국 자본주의의 위기적 상황, 즉 공황이라는 체제적 위기하에서 노동자 계급과 자본가 계급 모두가 생존의 기로에 있음을 서로 계급적 본능으로 알고 있다.

경제공황의 한 복판인 2013년, 박근혜 정권이 출범하면서 먹고 살기 힘들어서 스스로 목숨을 끊은 노동자들이 속출하고 있다.

2012년 대선 이틀 뒤인 12월 21일, 대규모 정리해고 사업장인 한진중공업의 최강서 조합원이 노조탄압 등을 비관해 자살했다. 하루 뒤인 22일에는 이운남 현대중공업 사내하청노조 초대 조직부장이 투신자살했다. 크리스마스인 25일에는 해고 기간 쌓인 부채로 생활고에 시달리던 이호일 한국외대 지부장이 스스로 목숨을 끊었다. 이기연 외대지부 수석부위원장도 지부장의 빈소를 지키다 쓰러져, 이튿날 심근경색으로 사망했다.

1월 19일에는 서울지하철 6호선 기관사로 일하던 도시철도노조 조합원 황모 씨가 스스로 목숨을 끊었다. 그는 기관사에 대한 열악한 처우로 스트레스성 장애 소견을 받고 치료를 받고 있는 상태였다. 같은 달 28일에는 기아차 화성공장에서 일하다 해고된 비정규직 노동자 윤주형 씨가 자택에서 스스로 목숨을 끊었다. 그는 현장 투쟁을 하는 과정에서 해고돼 복직투쟁을 벌여왔으나, 복직이 더뎌

지며 스트레스와 생활고에 시달린 것으로 알려졌다.

이후에도 노조탄압, 비정규직, 정리해고 등에 내몰린 노동자들의 사망은 비슷한 형태로 이어졌다. 같은 해 4월 14일 현대차 사내하청 비정규직으로 근무하다 촉탁직으로 전환된 후 계약 만료된 공모 씨가 집에서 목을 매 자살했다. 16일에는 기아차 광주공장 사내하청분회 김모 조직부장이 공장 안에서 비정규직 철폐를 외치며 분신을 시도하기도 했다. 7월 15일에도 현대제철비정규직지회 조합원이 부당징계에 항의하며 연탄불을 피워 자살을 시도한 사건도 있었다. 10월 18일에는 서울도시철도공사 기관사 정모 씨가 스스로 목숨을 끊었다. 유족과 노조는 고인의 사망이 열악한 노동환경과 조직문화, 악질적 노무관리 등에 따른 것이라 목소리를 높였다. 이듬해 9월 18일, 서울도시철도공사 기관사 송모 씨도 비슷한 노동조건에 시달리다, 공황장애와 우울증 등으로 자살하는 사건이 반복됐다. 같은 해 4월 4일에는 철도공사 마산신호제어사업소에서 전기원으로 근무하던 철도노조 조합원 조모 씨가 강제전출에 시달리다 스스로 목숨을 끊기도 했다. 2013년 11월 29일에는 또 한명의 한진중공업 노동자가 목숨을 끊었다. 김모 조합원은 2011년 정리해고 후 현장에 복귀하지 못한 채 휴직자 생활을 해 오다 자신의 집에서 목을 맸다. 10월에는 삼성전자서비스 AS기사 최종범 씨가 회사의 노조파괴 공작에 스스로 목숨을 끊었고, 다음해 5월 17일에는 삼성전자서비스지회 양산 센터 분회장이었던 염호석 씨가 노조탄압으로 괴로워하다 자살했다. 같은 해 7월 19일에도 삼성전자서비스 부산 광안센터에 근무하던 IT수리기사 정모 씨가 노조활동을 끝까지 하지 못한 처지와 저임금으로 인한 생활고를 토로하며 자살했다. 회사 청산으로 직장을 잃은 뒤 생활고에 시달리던 발레오 공조 코리아 해고자 양모 씨도 2014년 3월 스스로 목숨을 끊었다. 노동절을 하루 앞두고는 전북지역버스지부 신성여객지회 진기승 조합원이 국기게양대에 목을 매고 1층으로 투신해 사망했다. 고인은 3년간 해고자 생활을 이어오며 생활고 등에 시달려 온 것으로 알려졌다. 9월에는 중소기업 중앙회 비정규직 여성노동자가 초단기 쪼개기 계약과 지속적인 성추행에 시달리다 자살했다. 11월에는 신 현대 아파트 경비원 이만수 씨가 강제전보와 입주민의 괴롭힘 등에 괴로워하다 스스로 목숨을 끊었다. 올해 2월 16일에도 금호타이어지회 김재기 대의원이 도급화 철폐를 요구하며 분신자살했다.

민주노총의 4.24총파업 투쟁과 5.1절 노동절 투쟁을 거치는 과정에도 한국의 노동자들은 죽음을 택하는 방법을 취하고 있다. 그리고 민주노총의 총파업이 전개되는 과정인 5월 10일 민주노총 조합원인 양우권 조합원이 스스로 목숨을 끊었다.

> 조합원 동지들께 드리는 글[49]
> 민주노총 그리고 금속노조 조합원 동지 여러분 용기 잃지 마시고 힘내어 가열차게 투쟁하여 저 간악한 정권과 자본을 무너뜨리고 꼭 승리하십시오.
> **강력한 연대와 단결로 투쟁하는 것만이 노동자들에게 승리를 가져다주는 길일 것입니다.** 그리하여 우리가 간절히 원하고 바라는 **노동자 세상을 만들어 우리 자녀들 그리고 후손들에게 물려줍시다.** 그것이 우리에게 부여된 사명입니다. 포스코 사내하청지회 양동운 지회장, 그리고 동지 여러분 소수의 조합원이라도 정예의 조합원들 아닙니까. 제가 바라는 것은 아시다 시피 양동운 지회장을 위시하여 **똘똘 뭉쳐 끝까지 싸워서 정규직화 소송, 해고자 문제 꼭 승리하십시오.** 멀리서 하늘에서 연대하겠습니다.
> 마지막으로 저를 화장하여 제철소 1문 앞에 뿌려 주십시오. 새들의 먹이가 되어서라도 내가 일했던 곳 그렇게 가고 싶었던 곳, 날아서 철조망을 넘어 들어가 보렵니다. (강조는 필자)

이 글을 쓰는 시기에도, 이 땅의 노동자들은 경제공황으로 인한 삶의 불안감 속에서 스스로 목숨을 끊는 안타까운 일들이 반복되고

---

[49] 2015년 5월 10일 민주노총 금속노조 포스코 사내 하청지회 양우권 열사가 돌아가시면서 민주노총 조합원들에게 남긴 유서 내용.

있다.

도대체 어떻게 하면 이 악순환의 고리를 끊어 낼 수 있을 것인가? 이 질문에 대한 답이 바로 당면한 2015년 민주노총의 총파업 투쟁의 승리의 관건이자, 지금도 지속되고 있는 죽음의 행렬을 멈추는 길이며, 좁게는 이 글을 작성하는 목적이기도 하다.

답은 분명히 나와 있다.

양우권 열사가 마지막 민주노총 조합원들에게 남기신 말씀 중 "강력한 연대와 단결로 투쟁하는 것만이 노동자들에게 승리를 가져다 준다", "정규직화, 해고자 문제 기필코 승리하여, 노동자 세상을 만들어 우리의 자녀들과 후손들에게 물려" 주자는 말씀이 있다.

이를 달리 표현하자면 '연대와 단결로 노동자들의 이해와 요구에 근거한 투쟁을 전개하여 노동자 세상(노동해방 세상)을 건설하자'라는 말씀이다.

단기적 요구와 목표에 근거한 투쟁이 아니라 전면적인 노동자 계급의 이해와 요구에 근거한 투쟁을 전개하여 노동자들의 세상을 건설할 때만이 경제공황기 노동자 계급이 나아갈 방향임을 분명하게 확인해 주고 있는 것이다.

2) 선배 노동자 계급의 경제공황기 투쟁은?

한국 노동자 계급의 경제공황기 투쟁은 저 멀리 1950년 한국 전쟁 이후 미국의 원조중단으로부터 최초로 발생한 1958년 경제공황기 투쟁으로부터 시작되었다.

일제 식민지 시대 후반기부터 급속하게 형성된 한국 노동자 계급은 4월 혁명의 결과 등장한 장면 정권 시절인 1960년에 1959년보다 약 4배의 쟁의행위를 전개했고, 쟁의행의 형태 또한 사업장에서 머물지 않고 거리로 나서는 가두투쟁의 형태를 띠었다. 또한 315개의 신규 노조가 결성되었고, 50%에 가까운 임금인상을 쟁취하는 성과를 내기도 하였다.

특히, 교원노조를 중심으로 한 일부 노동조합은 한국전쟁으로 단절된 변혁적 노동운동의 기풍을 되살리는 움직임을 보였다. 또한 전민중적 요구인 실업자 관련한 요구 투쟁을 전개하였다. 조직적 측면에서는 대한노총에 대응하는 민주노조의 전국적 조직인 한국노동조합총연맹을 건설(1960.11)하기도 하였다.

결국, 곧 이어 나타난 박정희 정권에 의해 민주노조 운동이 일정 부분 파괴는 되었지만, 1959년 경제공황에 대한 선배 노동자들의 대답은 "노동자 대중의 이해와 요구—임금인상"을 위한 전면적 투쟁이었고 전국적 조직인 대한노총의 민주화 투쟁이었다.

1958년 경제공황에 이어 주기적으로 나타난 1969년 경제공황에 대한 선배 노동자들의 화답은 자본과 정권의 경제공황 위기관리 해법인 1972년 8.3 조치와 유신헌법에 맞선 전면적 투쟁이었다.

1970년 전태일 열사의 분신 투쟁으로부터 시작된 노동자 계급의 투쟁은 전면적 산업화에 반대하는 도시빈민 투쟁과 대공장 투쟁 그리고 노조 민주화 투쟁 및 신규 노조 결성 투쟁으로 나타났다.

동양방적 노동자들의 알몸 시위 투쟁은 당시의 폭압적 노동탄압에 맞서 전면적 투쟁이 무엇인지를 분명하게 보여주는 투쟁의 사례인 것이다.

결국, 1970년 공황기 한국 노동자 계급은, 박정희 정권의 유신치하의 폭압적 노조탄압에 맞서 생존권을 위한 과감한 투쟁을 통해 노동조합의 민주화 투쟁을 전개했다.

1979년 중반 율산 그룹 부도를 시작으로 나타난 한국 자본주의의 경제공황에 대한 선배 노동자들의 화답은, 광주항쟁의 치열함과 동시에 1979년 105건에서 1980년 407건으로 급증한 노동쟁의였다.

1980년 노동쟁의의 요구는 대부분 임금인상과 공장폐쇄 반대, 해고자 원직복직 등 경제투쟁의 모습이었다. 1979년 YH무역 노동자들의 신민당사 점거 투쟁을 비롯한 1980년대 노동자 투쟁은, 전형적인 경제공황기 임금인상 등 경제적 요구를 중심으로 한 투쟁이었고, 투쟁의 양식은 대단히 전투적인 모습을 보였다. 그러나 1980년 노동자 대투쟁 또한 기존의 경제공황기 선배들의 투쟁과 마찬가지로, 자본주의 사회 이후의 대안사회에 대한 전망을 가지지 못했고, 이에 근거한 투쟁 지도부도 없어서 자연발생적 투쟁의 한계가 있었다.

1989년 이윤율이 극도로 낮아지자, 노동자들의 임금을 삭감하고자 했던 자본과 정권은, 1989년 중순부터 소위 '경제 위기', '총체적 위기' 등을 선전하며 이데올로기 공세를 전개하였다. 이로 인해 노동조합 조직률이 급감하고 단체행동이 줄었다. 자본과 정권의 경제 위기 이데올로기의 포로가 된 한국노총은 경총과 임금을 동결 수준으로 합의했다.

1989년 경제공황에 대한 자본과 정권의 위기 극복 방안에 대해, 노동자 계급은 현대중공업 노동자들의 골리앗 투쟁, KBS 노동자들의 파업 투쟁과 전노협의 노동절 총파업 투쟁 등으로 더욱 더 비타협적으로 대응했다. 노태우 정권은 육해공군을 동원한 파업 파괴 책동과 깡패들을 동원한 테러, 업무조사 등을 동원한 전노협 와해 공작 등 입체적인 탄압을 전개하였다.

이후 1991년부터 9%를 상회하는 경제성장률을 보이면서 1989년 경제공황을 극복하는 듯한 모습을 보였다. 그러나 결국 1997년 12월 IMF 경제공황에서 한국 사회는 전형적인 주기적 공황에 빠졌다. IMF로부터 긴급구제 금융을 지원받은 자본과 정권은 소위 신자유주의적 정책을 통해 경제공황을 극복하고자 하였다. 민주노총은 경제위기 극복을 위한 노사정위원회 참여와 불참을 반복하며 혼란을 거듭했다. 그러나 이 와중에도 현대자동차 노동조합과 만도기계 노동조합 등에서는 노동자 대중의 이해와 요구에 근거한 현장 투쟁들이 전개되었다.

1989년 경제공황 시기에 노동자 계급은, 1990년 전국노동조합협의회를 건설하고 전면적 비타협적 투쟁을 전개했다. 이러한 투쟁의 성과는 곧 바로 민주노총 건설로 이어졌고, 1996-97년 노동법 개악 저지를 위한 총파업 투쟁을 조직하는 토대가 되었다. 그러나 여전히 1959년-'69년-'79년-'89년-'97년으로 이어지는 경제공황의 주기적 고리를 끊어내지 못하는 한계를 보였다.

3) 지난 선배들의 투쟁은, 2015년 총파업의 머리띠를 동여매고 있는 우리들에게 무엇을 이야기하고 있는가.

― **처절한 투쟁이 있었음에도 불구하고 주기적 경제 공황을 끊어내지는 못하였다.**

한국 전쟁 이후 1959년 경제공황을 시작으로 '69년, '79년, '89년, '97년 그리고 작금의 경제 공황으로까지 이어지는 한국 자본주의의 주기적 경제 공황에 대한 선배 노동자들의 투쟁은, 임금인상과 고용안정, 노동조건 개선, 그리고 민주노조 건설 및 사수를 위한 목숨을 건 투쟁의 역사였다. 그럼에도 불구하고, 10년을 주기로 공황은 끊임없이 등장하고, 그때마다 노동자 계급은 실업과 빈곤, 절망의 나락으로 떨어지는 것은 무엇을 의미하는가?

한마디로 이야기하자면 이는 곧 일정한 주기를 가지고 나타나고 있는 경제공황에 대한 원인을 분쇄하는 투쟁이 전개되지 못했기 때문이다. 노동자 민중의 피를 요구하는 주기적 공황의 고리를 끊어내는 길은, 자본주의 그 자체에 대한 공격과 더불어, 자본주의 이후의 사회에 대한 전망을 분명히 하는 경제공황기 노동자들의 투쟁을 통해서만이 가능하다.

1997년 IMF 경제공황 직전에 전개된 1996-97년 노동법 개악 저지 투쟁은, 한국 전쟁 이후 최초의 정치적 총파업이라는 영광스런 평가(?)를 받는다. 그러나 새로운 사회에 대한 전망을 가지고 노동자 세상을 건설하려는 투쟁이 아니었다. 결국 자본과 정권이 제출한 노동법 개악을 단지 저지하는 투쟁이라는 한계에 갇히게 되었고, 곧이어 공황이 발발하자 노사정위원회에서 개악된 노동법을 합의할 수밖에 없었다.

이는 1997년 경제공황에 대한 대응에서 뿐만이 아니라 1959년 경제공황과 1969년 경제공황 등 이후 주기적으로 나타난 경제공황을 바라보면 그 한계점을 분명히 할 수가 있다.

> "노동자의 절대수를 감소시키는 생산력의 발달─ 즉 국민 전체가 보다 짧은 시간에 총생산을 달성할 수 있게끔 하는 생산력의 발달 ─은 이 생산양식 아래에서는 혁명을 유발 할 것이다. 왜냐하면 이러한 생산력의 발달은 인구의 다수를 무용지물로 만들어 버릴 것이기 때문이다. 여기에서 우리는 또 다시 자본주의적 생산의 특징적 한계를 보게 되며, 그리고 자본주의적 생산은 결코 생산력의 발달이나 부의 생산을 위한 절대적인 형태가 아니라 오히려 일정한 점에 달하면 이 발전과 충돌하게 된다는 것을 알게 된다. 이러한 충돌의 하나의 측면은 **주기적 공황에서 그 모습을 드러내는 데, 그 이유는 노동인구의 이러저러한 부분이 자기의 종래의 직업에서 불필요하게 될 때 공황은 발생하는 법**이기 때문이다.[50] (강조는 필자)

맑스는 경제공황은 노동인구가 종래의 직업에서 불필요 하게 될 때 발생한다고 하였다. 굳이 맑스의 이야기를 근거로 하지 않더라도 1959년부터 시작된 한국 자본주의의 주기적 공황의 모습을 보면 항상 노동자 계급에게 해고의 모습으로 그리고 임금삭감과 노동조건의 악화로 나타났다.

노동자 계급에게 해고와 임금삭감 그리고 노동조건의 악화를 가져오는 주기적 공황에 대한 대응 방안은, 주기적 공황을 발생시키는 원인을 제거함으로써 가능하다. 자본주의의 주기적 공황은 위에서도

---

50) 칼 맑스, ≪자본론≫, 제3권, 서울: 비봉출판사, 1999.

이야기 했듯이 생산은 사회적으로 이루어지지만, 그 생산의 결과물은 개인이 소유하기 때문에 발생한다. 직접적 원인은, 보다 많은 이윤을 추구하는 자본은 생산력을 무한히 발전시키지만, 바로 그 이윤 추구 때문에 노동자의 임금을 최소화하여 대중의 소비를 극도로 축소시켜서, 과잉생산이 발생하기 때문이다. 과잉생산과 이로 인한 주기적 공황이 발생하면, 자본과 정권은 불필요하게 된 노동인구를 제거하고 상품을 투매하여, 이를 극복하고자 한다. 그리고 이러한 주기적 공황은 그 위기를 극복하고 호황 등을 거치다가, 생산설비의 생명의 기간이라 할 수 있는 10년을 거치며 주기적으로 나타난다.

결국, 주기적 경제 공황의 해소는 주기적 경제 공황의 원인인 생산의 사회적 성격과 소유의 사적 성격과의 모순을 해결하는 것을 통해 가능하다. 즉 소유의 사적 성격을 '해소'하는 것, 생산수단을 사회적으로 소유하는 것을 통해 가능하다. 이는 자본주의의 근본 모순을 '해소'하고, 사회적으로 생산하고 소유하는 새로운 사회를 건설하는 것을 의미한다.

1959년 경제공황으로부터 현재까지의 주기적 공황에 대한 한국 노동자들의 투쟁은, 주기적 공황의 원인이 되는 생산의 사회적 성격과 소유의 철저한 사적 성격을 '해소'하지 못함으로 인해, 일정한 투쟁의 성과에도 불구하고, 여전히 때가 되면 나타나는 주기적 공황으로부터 고통을 당할 수밖에 없었다.

양우권 열사의 마지막 말씀, "정규직화, 해고자 문제, 노동자 세상"은 결국 경제 공황기 노동자들의 투쟁이 노동자들의 생존권을 중심으로 한 이해와 요구에 근거한 투쟁을 통해, 자본주의 사회-자본가 세상이 아닌 노동자 세상을 만들어야만, 그것을 우리의 후손들에게 남겨 줄 수 있다는 명확하고도 확연한 주문을 하고 있는 것이다.

― 경제공황기 노동자 계급의 투쟁은 회사 살리기, 나라 살리기가 아니라 노동자 살리기, 노동자 생존권 투쟁임을 분명히 해야 한다.

선배 노동자들의 경제공황기 투쟁은 국가의 존폐가 달린 엄혹한 조건에서도 노동자의 생존권을 위한 투쟁이었다.

1948년 이승만 정권의 출범 이후 한국의 자본주의는 한국전쟁이라는 국가의 존폐가 달린 정국에서, 미국의 경제원조 중단으로 인한 국가적 위기에서, 채 자본주의적 토대가 구축되지 않은 조건에서의 경제공황기에서, 그리고 IMF으로부터 구제 금융을 받은 1997년 경제공황기에서도 선배 노동자들은 노동자 살리기, 노동자 민중의 생존권을 위한 전면적 투쟁을 전개하고 조직하였다.

이러한 선배 노동자들의 투쟁은 이후 주기적으로 나타날 수밖에 없는 자본주의 그 자체에 대한 단죄를 이끌어 내는 투쟁으로 확산되지는 못했다. 그러나 자본과 정권의 국가 살리기 혹은 기업 살리기 공세에 맞서 노동자 살리기, 노동자 생존권 쟁취를 위한 투쟁을 통해, 경제 공황기 노동자 계급의 가장 기본적인 요구와 투쟁 방향이 어떠해야 하는지에 대한 답을 주고 있다.

― 전국적, 전 산업적 연대 투쟁의 필요성을 일깨워주고 있는 선배 노동자들의 투쟁

선배 노동자들의 경제공황기 투쟁은 현장의 치열한 임금인상 등 생존권 쟁취를 위한 투쟁과 맞물려 전국적 투쟁을 조직하고 지도한 전국적 조직의 건설 및 민주화 투쟁의 과정이었다.

대한노총의 굴욕적 역사를 뒤로 하고, 전국노협의 건설과 한국노총으로의 통합, 한국노총의 어용성을 극복하기 위한 1990년 전국노동조합협의회의 건설, 그리고 곧 이어 1995년 전국민주노동조합총연맹의 건설이 바로 그것이었다.

이와 함께 민주노총 건설 이후 노사정위원회 합의에 대한 현장의

분노로부터 시작된 민주노총의 민주화 투쟁의 과정은 경제공황기 전국 단위 노동조합의 민주화와 지도력에 대한 필요성을 재확인시켜준다.

일제치하에서 지역 주민들과 함께 전개했던 원산 총파업 투쟁, 1976년 동일방직 노동자들의 알몸시위까지 감수한 전투적 투쟁, 1979년 신민당사 점거투쟁을 통해 보여준 YH무역 노동자들의 투쟁 등 선배 노동자들의 전투적 투쟁은, 현장에서 어떠한 투쟁의 방식과 연대의 방식을 전개해야 하는지를 분명하게 보여주고 있다. 한 걸음 더 나아가 1987년 7,8,9월 노동자 대투쟁에서 보여주었던 '선 파업, 후 교섭' 방식의 공세적 투쟁은 여전히 2015년 총파업 투쟁을 고민하고 있는 우리들에게 다양한 투쟁 방식을 고민하게 해 주고 있다.

1989년 경제공황에 대응하는 1990년 현대중공업의 골리앗 투쟁과 KBS 노동조합의 파업 투쟁을, 서울과 울산이라는 지리적 간격을 극복하고 전국적 연대 파업투쟁으로 만드는 방법은 없었을까?

1997년 경제공황기, 1998년 한 달 차이로 전개된 현대자동차 노동조합과 만도기계 노동조합의 파업 투쟁의 시기를 집중하는 것은 왜 현실적으로 나타나지 못했을까?

1996년 12월 날치기 노동악법에 대해 년 말임에도 불구하고, 민주노총 지도부는 총파업을 선언하며, 1996-97년 총파업 투쟁을 진행했다. 그러나 이후 1998년 2월 노사정위원회에서 비슷한 내용의 노동악법을 합의해 주고, 그 때문에 총사퇴했다. 새롭게 구성된 민주노총 비대위는, 대의원 대회에서 총파업 투쟁을 결정했지만, 내부 동력 부재 등의 이유로 이를 유보했다. 이 과정에서 나타난 차이점들은 무엇인가? 2015년 총파업 투쟁의 승리를 위해서, 이러한 문제들에 대한 보다 깊은 고민이 필요할 듯싶다.

— 노동자 계급 중심의 연대투쟁, 민주주의 쟁취 투쟁만이 노동자 민중을 살리는 투쟁이며, 2015년 민주노총 총파업 투쟁의 승리

를 안아오는 투쟁이다.

2월 9일 원세훈 전 국가정보원장이 국정원법과 선거법 위반으로 법원으로부터 실형을 선고받았다. 선고의 주된 내용은 지난 18대 대통령 선거에서 당시 박근혜 후보의 당선을 위해 선거에 개입했다는 내용이다. 또한 성완종은 대선 때 박근혜 캠프 조직총괄본부장인 홍문종 의원에게 2억 원을 선거자금으로 주었다고 밝히고, 자살을 했다. 이보다 더욱 더 큰 문제는 박근혜가 대통령으로 선출되었다는 18대 대통령 선거가 선거관리위원회에 의해 개표가 조작된 원천적인 부정선거였다는 점이다.

국정원과 불법선거자금으로 선거운동을 하고 선관위를 동원하여 불법 개표를 통해 당선(?)된 박근혜 정권은, 부정선거를 규탄하는 노동자 민중 대오를 파괴하고자 2013년 통합진보당이 내란음모를 했다고 조작하면서 정당을 해산하는 작태를 연출하였다.

어디 이뿐인가? 단 한 명이라도 살리기는커녕 세월호 승객 304명을 전원 학살하고, 진실을 위해 투쟁하는 노동자 민중에게 물대포와 폭력으로 일관하면서, 세월호 참사 1주기를 맞이하고 있는 상황이다.

불법 대통령 선거, 세월호 진실 외면, 통합진보당 해산을 통한 민주주의 파괴는, 박근혜 정권의 경제공황기 노동자 민중 죽이기와 함께 자행되고 있는 민주주의 파괴의 핵심이다.

이에 2015년 민주노총의 총파업 투쟁은 대통령 부정 선거 규탄 및 세월호 진상규명과 민주주의 회복 투쟁이 노동자 계급 자신의 투쟁과 과제임을 분명히 하고, 조직된 민주노총의 이름으로 미조직된 노동자 계급뿐만이 아니라 전 민중과 함께 투쟁할 때만이 승리의 깃발을 움켜쥘 수 있다.

4) 2015년 민주노총 총파업 투쟁의 승리를 위하여

본 글을 통해 우리는 한국 자본주의 경제 공황기 국가권력의 모습, 위기 극복을 위한 자본과 정권의 노동자 민중 탄압 양태를 살펴보았다.

1959년 이승만 정권은 정치적으로는 장기집권 야욕으로 3.15 부정선거를 자행하고, 경제적으로는 살인적 임금삭감과 인원감축 그리고 이에 항의하는 노동자 계급을 파쇼적으로 탄압했다.

이에 저항하는 노동자 민중의 투쟁은 3.15 부정선거 규탄시위와 4월 혁명을 낳고 이승만 정권을 퇴진시켰다. 이후 성립된 장면 정권하에서 광범위한 노조 민주화 투쟁과 신규 노조 결성 및 50%에 가까운 임금인상을 쟁취했다.

그러나 그러한 성과에도 불구하고, 자본주의의 주기적 과잉생산을 피하지 못하고 또 다시 1969년 경제 공황을 맞이할 수밖에 없었다. 이러한 주기적으로 나타난 경제공황하에서, 폭압적 유신독재에 맞서 전태일 열사의 죽음과 함께 치열하게 투쟁을 전개했음에도 불구하고, 또 다시 한국의 노동자 계급은 1979년 발생한 주기적 공황을 끊어 내지는 못했다.

이러한 한국 노동자 계급 투쟁의 한계 속에서 2015년 현재, 경제공황의 한 복판에서 민주노총의 이름으로 총파업 투쟁의 머리띠를 다시금 동여매고 있다.

어떻게 해야 할 것인가는 분명하다.

2015년 민주노총의 총파업 투쟁은 경제공황의 원인을 해소하는 투쟁, 자본주의 자체의 모순으로부터 야기된 경제공황을 끊어내기 위해서 자본주의 자체의 문제를 제기하고, 새로운 사회에 대한 전망을 분명히 하는 투쟁이어야만 한다. 그럴 때에만 민주노총의 총파업 투쟁은 승리의 환희를 만끽할 것이다.

현재 진행되고 있는 민주노총의 총파업 투쟁은 잘못된 정책을 바로 잡는 투쟁도 아니고, 부정 비리에 찌들어 있는 정치인의 퇴출을 위한 투쟁도 아니다. 2007년 말부터 시작되고, 미국의 금융위기와 2010년 유럽의 재정위기를 거치며, 확산되고 있는 세계 경제공황의 한 복판에서 비정규직으로 내몰리고 하루가 멀다 하고 살기 힘들어 죽어가는 우리의 동지를 살리는 투쟁이다.

① 이에 한국 노동자 계급은 당연하게도 주기적 공황의 원인에 대한 '해소' 투쟁으로부터 당면한 투쟁의 승리를 안아야 할 것이다.

자본주의 그 자체가 가져올 수밖에 없는 경제공황, 비록 어찌 어찌 해서 2015년 민주노총의 총파업 투쟁이 승리한다 하더라도, 자본주의 자체가 새로운 사회로 전환되지 않는다면, 여전히 우리는 또 다른 경제공황과 이로 인한 자본과 정권의 폭압적 탄압에 봉착할 수밖에 없다. 결국 이 죽음의 주기를 끊어내는 유일한 길은 자본주의 자체에 대한 공격, 소유의 철저한 사적 성격을 사회적 집단적 성격으로 전환하는 투쟁, 자본가 세상이 아닌 노동자 세상을 위한 투쟁만이다.

② 2015년 민주노총의 총파업 투쟁의 승리는 철저하게 노동자 계급의 이해와 요구에 근거한 생존권 쟁취 투쟁으로부터 가능하다.

우리는 선배 노동자들의 투쟁으로부터 배웠다. 1997년 IMF 경제공황기 나라 경제를 살려야 한다는 자본과 정권의 노래 장단에 맞추어 노사정위에 참여와 불참을 반복하고, 총파업의 깃발을 세웠다가 꺾었다가 했던 지난 역사가 노동자 계급의 삶을 얼마나 피폐하게 했는지를 우리는 분명히 알고 있다.

한국전쟁이 터지고 있는 1952년 수도 한복판이었던 부산에서, '아무리 전쟁이더라도 먹고는 살아야겠다'는 말을 외치며 생존권을 위한 총파업 투쟁을 전개했던 선배 노동자들의 투쟁은, 2015년 지금 현재 우리들에게 민주노총이 분명하게 노동자 민중의 생존권을 위해 투쟁할 것을 주문하고 있다.

③ 전국적, 계급적 연대 투쟁과 이를 지도할 민주노총의 역할

대한노총의 어용성에 반발하여 전국노협을 건설하고 이후 한국노총과의 통합, 전국노동조합협의회 건설 및 전국민주노동조합총연맹 건설이라는 민주노조 운동 진영의 전국적 조직 건설, 그리고 전국조직의 민주화 투쟁의 과정은 선배 노동자들의 투쟁의 역사였다. 특히 현대중공업의 골리앗 투쟁과 KBS 노동조합의 총파업 투쟁의 과정에서의 전노협의 5월 노동절 총파업 투쟁, 1996년 12월 노동법 개악 저지를 위한 민주노총의 총파업 투쟁, 1997년 IMF 이후 노사정위원회에서 정리해고 등과 관련된 민주노총의 양보합의와 이후 뺑파업 논란 등에서, 우리의 선배 노동자들은 우리에게 전국조직의 지도력의 역할과 임무를 분명하게 보여주고 있다.

일제시대 원산 총파업 투쟁에서 보여 주었던 노동자 계급과 민중들과의 연대 투쟁, 1985년 '묻지 마 연대식' 구로 연대 파업투쟁, 1987년 노동자 대투쟁의 과정에서 일상화되었던 '선 파업-후 교섭' 투쟁 등 현장 단위의 (연대) 투쟁의 방식은, 우리가 투쟁 전술을 고민할 때 모범으로 삼아야 할 것들이다.

④ 부정선거 규탄, 세월호 학살 진상 규명, 민주주의 쟁취를 위한 박근혜 정권 퇴진의 요구로 전 민중연대 투쟁

박근혜 정권의 출범 그 자체가 불법 선거로 인한 민주주의 파괴였고, 세월호 참사 진상 외면 및 통합진보당 해산 등도 최소한의 부르주아 민주주의를 부정하는 것이다. 박근혜 정권의 반민주주의적 작태는 경제 공황 극복을 위한 노동자 민중 죽이기와 맞물려 함께 나타나고 있다.

민주노총은, 부정선거 규탄, 세월호 참사 진상규명, 민주주의 회복, 노동자 민중 살리기를 위하여 박근혜 정권의 즉각적 퇴진 투쟁

의 깃발을 노동자 민중 연대의 이름으로 펄럭이며, 2015년 총 파업 투쟁을 조직해야 한다.

5) 2015년 민주노총의 총파업 투쟁은 더 이상 사람을 죽이지 않고 살리는 투쟁이 되어야 한다.

박근혜 정권 출범과 동시에 수많은 이 땅의 노동자들이 스스로 목숨을 끊는 방식으로 자본과 정권으로부터 학살을 당해오고 있다.
한진중공업 최강서 조합원, 이운남 현대중공업 사내하청노조 초대 조직부장, 이호일 한국외대 지부장, 이기연 외대지부 수석부위원장, 철도노조 조합원 황모 씨, 기아차 해고 비정규직 노동자 윤주형, 현대차 사내하청 비정규직 공모 씨, 기아차 광주공장 사내하청분회 김모 조직부장, 현대제철비정규직지회 모 조합원, 서울도시철도공사 기관사 정모 씨, 서울도시철도공사 기관사 송모 씨, 철도노조 조합원 조모 씨, 한진중공업 김모 조합원, 삼성전자서비스 AS기사 최종범 씨, 삼성전자서비스지회 양산 센터 분회장이었던 염호석 씨, 삼성전자서비스 부산 광안센터에 근무하던 IT수리기사 정모 씨, 발레오 공조 코리아 해고자 양모 씨, 전북지역버스지부 신성여객지회 진기승 조합원, 중소기업 중앙회 비정규직 여성노동자, 신 현대 아파트 경비원 이만수 씨, 금호타이어지회 김재기 대의원, 포스코 사내하청지회 양우권 조합원, 하이디스지회 배재형 전 지회장, 부산합동양조 진모 씨 등, 박근혜 정권 출범 이후 돌아가신 노동자들이 벌써 20명이 넘어서고 있다.
어디 이뿐인가? 2009년 정리해고 이후 쌍용 자동차 희생 노동자의 수가 28명에 이르고 있으며, 젊디젊은 세월호 희생자들....
경제공황기 자본과 정권의 살육은 끝나지 않고 있으며, 그 무언가 끝을 알리는 투쟁이 없다면 앞으로도 지속될 것이다.
2015년 민주노총의 총파업 투쟁은, 사람을 살리는 투쟁, 노동자를 살리는 투쟁, 기필코 이겨야만 더 이상 죽음을 부르지 않는 투쟁인 것이다.

참고 문헌

기사연 리포트, "7-8월 노동자 대중투쟁. 1987. 9", 1987.
구해근, ≪한국노동계급의 형성≫, 서울: ㈜창작과 비평사, 2002.
김금수 외, ≪한국노동운동론1≫, 서울: 미래사, 1985.
김낙중, ≪한국노동운동사≫, 서울: 청사, 1982.
김수행, ≪정치경제학원론≫, 한길사, 1988.
김수행, ≪자본주의 경제의 위기와 공황≫, 서울대학교 출판부, 2006.
김윤환 외, ≪한국 노동문제의 구조≫, 서울: 광민사, 1978.
김희준, ≪현장에서 미래를. 37호≫, 1998.
"노동자전선" 외, "총파업 승리를 위해 무엇을 해야 하는가" 토론문, 2015.3.6.
노중기, "국가의 노동통제전략에 관한 연구: 1987-1992", 서울대학교 박사 논문, 1995.
칼 맑스, ≪자본론≫, 제3권, 서울: 비봉출판사, 1999.
문영찬, ≪한국 자본주의의 현 단계와 계급 구성≫, 2014.
민주노총, "민주노총 정책 보고서 2015-2", 2015.2.
보건사회부, ≪보건사회통계연보, 1960, 1962≫
이수원, ≪현대그룹 노동운동 : 그 격동의 역사≫, 서울: 대륙, 1994.
조돈희, ≪1990년 현대중공업 골리앗 투쟁≫, 2009.
채만수, ≪노동자교양경제학≫, 노사과연, 2006.
≪한국경제≫, 2015년 4월 9일자.
한국노동연구원, ≪분기별 노동동향 분석≫, 1989, 2000.

2015년 비정규직 노동자들의 조직과 투쟁

천연옥 | 민주노총 부산본부 비정규위원장

1. 들어가며

맑스는 ≪자본론≫ 제1권 25장 3절 '상대적 과잉인구 또는 산업예비군의 누진적 생산'에서 이렇게 쓰고 있다.

"자본축적은 자본구성의 누진적 질적 변화 즉, 자본의 가변적 구성부분(노동력을 구매)을 희생시키면서 불변적 구성부분(생산수단을 구매)을 끊임없이 증가시키는 것을 수반하면서 진행된다.... 노동인구는 그들 자신이 생산하는 자본축적에 의해 그들 자신을 상대적으로 불필요하게 만드는 (즉 상대적 과잉인구로 만드는) 수단을 점점 더 큰 규모로 생산한다. 이것이 자본주의 생산양식에 특유한 인구법칙이다.... 과잉노동인구는 마치 자본이 자기의 비용으로 육성해 놓은 것처럼 절대적으로 자본에 속하며 자본이 마음대로 처분할 수 있는 산업예비군을 형성한다.... 노동자계급 중 취업자들의 과도노동은 그 예비군을 증가시키고, 거꾸로 예비군이 경쟁을 통해 취업자들에게 가하는 압박의 강화로 취업자는 과동노동을 하지 않을 수 없고 자본의 명령에 복종하지 않을 수 없다.... 자본의 축적이 한편으로 노동에 대한 수요를 증대시킨다면, 다른 한편으로는 노동자를 '유리'시켜 그 공급을 증대시키고, 동시에 실업자들의 압력은 취업자들로 하여금 더 많은 노동을 수행하지 않을 수 없게 하며, 따라서 일정한 정도까지는 노동의 공급을 노동자의 공급과 무관한 것으로 만든다. 이러한 토대 위에서 행해지는 노동의 수요 및 공급의 법칙의 작용은 자본의 독재를 완성한다. 그러므로 노동자들이 일을 많이 하면 할수록 타인의 부가 그만큼 더 많아지며, 그리고 그들의 노동생산성이 증가하면 할수록 자기들의 기능조차 그만큼 더 위태롭게 되는 이유에 대한 비밀을 알게 되자마자; 또 그들이 자기들 사이의 경쟁의 강도는 전적으로 상대적 과잉인구의 압력에 의존한다는 것을 알게 되자마자; 또 그들이 자본주의적 생산의 이 자연법칙이 자기들의 계급에 미치는 파멸적인 영향을 제거하거나 약화시키기 위해 노동조합의 설립 등등에 의해 취업자와 실업자 사이의 계획된 협력을 조직하려고 노력하자마자; 자본과 그의 아첨꾼인 정치경제학은 '영원한' 이른바 '신성한' 수요공급법칙에 대한 침해라고 떠들어 댄다"[1]

이어서 4절 '상대적 과잉인구의 상이한 존재형태, 자본주의 축적의 일반법칙'에서 순환적 형태, 유동적 형태, 잠재적 형태, 정체적 형태라는 상대적 과잉인구의 여러 범주들에 대해서 설명하고 있다. 여기에서 정체적 과잉인구를 설명하기를 "그 취업이 매우 불규칙적인 현역 노동자 집단의 일부를 이루고 있다. 자본에게 마음대로 처분할 수 있는 노동력의 무진장한 저수지를 제공한다. 그들의 생활형편은 노동자계급의 정상적인 평균수준 이하로 떨어지며, 바로 이 사실로 말미암아 그들은 자본주의적 착취의 특수부문들을 위한 광범한 토대로 된다. 그들의 특징은 최대한도의 노동시간과 최소한도의 임금이다"[2]라고 하는데, 이것이 바로 비정규직 노동자들에 대한 설명이다.

이 글은 맑스주의의 관점에서 국가가 개입하여 독점자본주의를 지탱하는 한국사회의 비정규직의 규모와 실태, 비정규 노동자의 조직과 투쟁을 살펴보고, 이 문제의 궁극적 해결책은 자본주의의 철폐 외에는 다른 어떤 것도 없음을 확인한다. 이 글을 쓰기 위해 2014년과 2015년의 한국노동사회연구소의 ≪이슈페이퍼≫와 ≪노동포럼≫, 전국불안정노동철폐연대의 기관지 ≪질라라비≫, 각종 언론보도,

---

1) 칼 맑스, ≪자본론≫ 제1권, 비봉출판사, 김수행 역, pp. 858–874.
2) 칼 맑스, ≪자본론≫, 제1권, 비봉출판사, 김수행 역, p. 877.

투쟁하는 노동자들의 투쟁경과보고 등을 참고하였다. 더 많은 자료들이 있고, 더 많은 사례들이 있으나 능력과 시간의 부족으로 제한된 내용을 담게 되었다. 흩어진 자료들을 정리하는 수준이라고 생각하고 읽어주었으면 한다.

2. 비정규직 규모와 실태

해마다 통계청의 경제활동인구조사 부가조사를 분석하여 비정규직 규모와 실태를 발표하는 한국노동사회연구소의 김유선의 2014년 11월 자료는 이렇게 설명하고 있다.

"경제활동인구조사 부가조사(2014년 8월)를 분석한 결과 발견된 특징은 다음과 같다. 첫째, 2007년 3월 879만 명(55.8%)을 정점으로 2014년 3월 823만 명(44.7%)까지 감소하던 비정규직 규모가 2014년 8월에는 852만 명(45.4%)으로 증가했다. 그러나 사내하청 노동자들을 정규직, 특수고용 노동자들을 자영업자로 잘못 분류하고 있어 실제 비정규직 규모는 50% 선을 넘어설 것으로 보인다.

둘째, 정규직 임금은 2013년 8월 284만 원에서 2014년 8월 289만 원으로 5만 원(1.9%) 인상되고, 비정규직 임금은 141만 원에서 144만 원으로 3만 원(2.2%) 인상되었다. 정규직 대비 비정규직 임금격차는 월 임금총액 기준으로는 49.7%에서 49.9%로 0.2%p 축소되고, 시간당 임금 기준으로는 52.8%에서 53.2%로 0.4%p 축소되었다. 남자 정규직 임금을 100이라 할 때 여자 정규직 임금은 67.4%, 남자 비정규직 임금은 53.9%, 여자 비정규직 임금은 35.8%로 격차가 매우 크다. 이는 정규직과 비정규직의 임금격차가 100:50에서 고착화되고 있을 뿐만 아니라, 성별 고용형태별 차별이 비정규직 여성에게 집중되고 있음을 말해준다.

셋째, 저임금계층은 24.5%로 OECD 국가 중 가장 많고, 임금불평등(P9010, 상위10%와 하위10% 임금격차)은 5.0배로 멕시코 다음으로 심하다. 2009년 3월 222만 명(13.8%)을 정점으로 2012년 8월에는 170만 명(9.6%)으로 감소하던 법정 최저임금 미달자가 박근혜 정부에선 증가세로 돌아서 2014년 8월에는 227만 명(12.1%)으로 늘어났고, 정부부문 최저임금 미달자도 13만 명(5.6%)에 이르고 있다. 시급제 노동자도 법정 최저임금(5,210원) 미달자가 7만 명(6.1%)에 이르는데, 시급이 최저임금인 사람은 32만 명(26.8%), 최저임금보다는 많지만 내년도 최저임금인 5,580원 미만인 사람이 26만 명(21.8%)이다. 이는 법정 최저임금이 저임금 노동자들의 임금수준에 결정적인 영향을 미치고 있음을 말해준다.

넷째, 한국은 OECD 국가 중 고용이 가장 불안정한, 초단기근속의 나라다. 근속년수 평균값은 5.6년이고 중위값은 2.4년으로 OECD 국가 중 가장 짧다. 단기근속자(근속년수 1년 미만)는 전체 노동자의 32.3%로 가장 많고 장기근속자(근속년수 10년 이상)는 20.1%로 가장 적다.

다섯째, 노조 조합원(조직률)은 2008년 8월 205만 명(12.7%)을 정점으로 2011년 8월에는 191만 명(10.9%)으로 감소했다. 하지만 2012년부터 증가세로 돌아서 2014년 8월에는 234만 명(12.5%)으로 3년 만에 43만 명(1.6%p) 증가했다. 특수고용 노동자들은 노조 조합원이 한 명도 없다고 조사되고 있음을 감안하면, 실제 조합원수는 이보다 많을 것으로 보인다."[3]

"그 취업이 매우 불규칙적인 현역 노동자집단, 자본에게 마음대로 처분할 수 있는 노동력의 무진장한 저수지를 제공" 하는 비정규노동자의 규모가 상비군인 정규직보다 더 커진 것은 신자유주의 노동유연화가 그만큼 많이 진행되었다는 것이고, 이렇게 착취율을 높이지 않고는 유지할 수 없을 정도로, 자본주의의 위기와 모순이 첨예화되고 있다는 증거이다.

위의 자료보다 조금 일찍 2014년 7월에 발표된 '300인 이상 대기업 비정규직 규모'에서는 사업체규모와 고용형태별 노동자수가 경제활동인구 부가조사 분석과 다르게 나타난다. 이것은 정부가, 비정규직 확산에 따른 노동시장 이중구조화가 심화되고 있는 상황에서, 근로자의 고용형태를 공시하여 기업이 자율적으로 고용구조를 개선

---

3) 김유선, ≪이슈페이퍼≫, 한국노동사회연구소, 2014-22, 2014.11.

하기 위해, 300인 이상 기업의 고용형태를 공시하라고 도입한, '고용형태 공시제'에 따라 기업이 공시한 결과를 분석한 것이기 때문이다.

지난 7월 1일 노동부는 고용형태 공시제 첫 시행 결과를 발표했다. 필자가 심상정 의원실의 의뢰를 받아 노동부 원자료를 다시 분석한 결과를 요약하면 다음과 같다.

첫째, 300인 이상 대기업 2,942개사에서 일하는 노동자는 436만 명으로 통계청 경제활동인구조사(223만 명)보다 두 배 많고, 비정규직 비율은 37.3%로 통계청 조사(13.4%)보다 3배 높다. 따라서 정부와 대기업이 비정규직 남용을 막고 차별을 해소하는 방향에서 노동정책을 운용한다면 비정규직 문제를 상당부분 해소할 수 있다는 함의를 도출할 수 있다.

둘째, 노동부 집계에서 300인 이상 대기업에서 일하는 비정규직은 162만 명(37.3%)이고, 직접고용 비정규직은 75만 명(17.2%), 간접고용 비정규직은 87만 명(20.0%)이다. 한데 노동부는 파견근로와 용역근로가 대부분인 사업시설관리 및 사업지원 서비스업 노동자 64만 명을 정규직 29만 명, 직접고용 비정규직 32만 명, 간접고용 비정규직 3만 명으로 분류하고 있다. 이들을 간접고용 비정규직으로 분류하면 300인 이상 대기업에서 일하는 비정규직은 191만 명(43.8%), 간접고용 비정규직은 148만 명(33.9%)으로 늘어나고, 직접고용 비정규직은 43만 명(9.9%)으로 줄어든다.

셋째, 300인 이상 대기업에서는 기업규모가 클수록 비정규직 비율이 높다. 거대 기업일수록 간접고용 비정규직의 온상이자 주범인 것이다. 비정규직 비율은 산업별 차이가 크지만, 같은 산업에서도 기업별 차이가 크고 사용방식이 다르다. 이는 기업의 인력관리 방식을 개선하면 비정규직 비율과 사용방식을 크게 개선할 수 있음을 의미한다.

넷째, 이번에 처음 시행한 고용형태 공시제는 비정규직 문항을 좀 더 세분하고 임금과 노동조건 실태를 조사하고 공공기관경영정보시스템(알리오) 수준으로 발전시켜야 한다. 구체적으로 실태를 파악할 때만이 올바른 대책과 해결이 가능하기 때문이다. 통계청 경제활동인구조사 부가조사는 사내하도급 설문 문항을 추가해야 한다."[4)]

위의 자료에 의하면 그동안 한국의 노동자의 87.8%가 중소영세사업장에서 일하고 중소영세사업장일수록 비정규비율이 높아서 기업경영상태가 열악한 중소영세업체에 비정규노동자들이 몰려 있다보니 비정규직 문제해결이 쉽지 않다는 설명이 잘못되었다고 분석한다. 즉 12.1%가 아니라 25% 정도가 300인 이상 기업에 종사하고 있다는 것이고, 비정규직 비율도 13.4%가 아니라 37.3%에 달한다는 것이다.

또한 2014년 12월에 발표한 '10대 재벌 비정규직 현황'을 보면 대기업일수록 간접고용 비정규직 문제가 심각함을 알 수 있다.

"노동부 '고용형태 공시제 현황(2014년 3월)'을 분석한 결과, 10대 재벌 비정규직은 36.3%로, 간접고용 비정규직(30.2%)이 직접고용 비정규직(6.1%)보다 5배 많다. 현대중공업, 포스코, 롯데 그룹은 전체 노동자의 절반 이상이 비정규직이고, 재벌 계열 거대기업일수록 사내하청을 많이 사용하고 있다."5)

2014년 5월에 발표한 '간접고용 실태와 개선방안'은 이렇게 요약한다.

"이 글은 경제사회발전노사정위원회 주최로 개최된 '공정노동시장 구축을 위한 간접고용 해법' 토론회(2014년 4월 25일)에서 발표된 글입니다.
비정규직 중 그 동안 사회적 관심에서 비껴나 있던 간접고용 노동자의 문제가 노사관계 및 노동시장의 핵심 이슈로 부상하고 있다. 2013년의 노동문제를 보더라도 정규직 중심의 기존 노사관계는 안정된 반면, 노동시장의 외부자였던 비정규직, 사내하청 노동자들이 노조결성을 계기로 낮은 임금, 열악한 처우, 불안정한 고용 실태를 고발하는 노동쟁의는 급격히 증가하는 추세이다. 이마트의 불법파견 논란, 케이블TV, 학교 회계직, 인천공항공사 비정규직, 재택위탁집배원, 금속노조 삼성전자서비스지회,

---

4) 김유선, ≪이슈페이퍼≫, 한국노동사회연구소, , 2014-19.
5) 김유선, 전사랑), ≪이슈페이퍼≫, 한국노동사회연구소, 2014-23.

SK브로드밴드와 LG유플러스 비정규직 등이 그 예라 할 것이다.

간접고용 노동자들의 열악한 노동조건, 불안정한 고용 및 노동기본권 부재가 사회적 논란이 되고 있지만, 간접고용의 해결을 위한 제도적 모색은 더딘 상황이다. 산업·업종별로 간접고용의 유형은 다양하지만, 간접고용의 핵심 문제는 "고용의 불안정성, 임금 및 근로조건의 열위 및 차별, 노동기본권의 형해화, 불법 파견 등 법률적 논란" 등으로 요약할 수 있다. 이의 개선방안은 다음과 같다.

첫째, 간접고용의 남용과 확대를 방지하기 위한 입법이 필요하다. 이때 국제노동기구(ILO)와 국가인권위원회의 기준 및 권고가 가이드라인이 될 수 있다. 국제노동기구는 2006년 '위장된 고용관계'를 근절하기 위한 국가정책 수립을 권고하였다.

둘째, 정부의 근로감독 및 법 집행 강화이다. 정부는 근로감독을 강화하여 탈법적인 간접고용의 확대를 막아야 한다. 안산시화공단 등 근로자파견업체들의 탈법적 행위와 산업현장에 만연한 불법파견을 근절해야 한다.

셋째, 정부의 친고용적 공공부문 개혁과 모범사용자의 역할 확립이다. 정부 스스로 간접고용을 확대하면서 민간부문에 간접고용을 억제하는 정책을 추진할 수 없다. 용역 파견업체 소속 6,231명을 단계적으로 정규직화한 서울시의 사례는 공공부문 간접고용 해결을 위한 벤치마킹 대상이다.

넷째, 고용공시제의 확대 및 내실화이다. 정부는 2014년 3월부터 '고용형태 공시제'를 실시하고 있으나 그 대상이 300인 이상 사업장에 국한되어 있고, 공시를 하지 않더라도 처벌조항이 없다. ISO26000에서 보듯이 기업의 고용 및 노사관계 지표 공개가 의무화되고 범위도 확대되어야 한다.

다섯째, 간접고용노동자의 노동권 보장이다. '근로자 있는 곳에 대표 있다'는 노사관계의 법 정신을 실현하기 위해서는 노동법 개정을 통해 '사용자의 범위'를 확대하여야 한다."[6]

위의 자료에서는 간접고용 노동자의 규모가 200만 명 내외로 전

---

6) 노광표, 《이슈페이퍼》, 한국노동사회연구소, 2014-12.

체 임금노동자 8명 중 1명, 비정규직 노동자 4명 중 1명이 간접고용노동자라고 한다. 그런데 위의 글이 노사정위원회에서 발표한 글이라서 그런지 관점에 문제가 많다고 생각한다.

첫째, 정규직 노사관계가 안정적이라고 표현하고 있다. 물론 최근에 분출하는 비정규직 노동자들의 투쟁에 비해 상대적으로 안정적인 측면도 있다. 그러나 복수노조 허용 이후 교섭창구단일화라는 노동조합 및 노동관계조정법의 개악으로 정규직 노동자들의 파업권을 봉쇄하고 민주노조를 깨기 위한 기획, 의도된 정리해고, 구조조정으로 몸살을 앓고 있는 정규직 노동자들의 현실이 보이지 않는가? 쌍용자동차, 풍산마이크로텍, 유성기업, 구미 스타케미칼, 경주 발레오만도, 보워터코리아, KT 대량 구조조정에 맞선 노동자들의 투쟁, 세종호텔 노동자들의 투쟁 등 일일이 열거하기도 힘든 정규직 노동자들의 구조조정 반대와 민주노조 사수를 위한 투쟁이 보이지 않는가? 철도민영화에 반대하는 파업, 공기업 가짜 정상화에 저항하는 노동자들의 투쟁, 그리고 현대중공업마저 들썩이고 있다.

둘째, 서울시의 사례를 모범사례로 묘사하고 있다. 그러나 서울시가 지하철 청소용역 노동자들을 자회사를 통해 직고용한 것은 또 다른 문제를 안고 있음이 드러나고 있다. 자회사는 결국 또 다른 용역회사임이 밝혀지고 있다.[7]

마지막으로 간접고용 문제의 해법을 법과 제도의 정비, 국가의 역할을 강화하는 것에서 찾고 있다. 그러나 박근혜정권이 고용율 70% 달성을 외치며 시간선택제 일자리를 확대하고, 노동시장 구조개혁이란 이름으로 비정규 종합대책을 발표하고, 이것을 노사정위원회를 통해 합의하려고 하는 내용들을 면면히 살펴보면, 이 국가가 이런 것을 할 수 없는 국가라는 사실이 명백히 드러나고 있다.

2014년 5월에 발표한 '지방자치단체 비정규직 실태와 개선과제'

---

[7] 김혜진, "공공부문 비정규직 대책과 '자회사 정규직화'의 문제점", ≪질라라비≫, 2014.4.

에서 이렇게 요약한다.

"□ 첫째, 공공부문 종합대책과 고용개선 발표 이후 지난 2년(2012년~2013년) 사이 공공부문 비정규직 규모는 8,474명(2011년 340,636명 → 2012년 360,255명 → 2013년 351,781명) 감소했음. 반면에 이 시기 자치단체 비정규직 규모는 3,846명(2012년 60,769명 → 2013년 64,615명) 증가했음.

□ 둘째, 지방자치단체 중 광역 지자체 비정규직(2012년 9,777명 → 2013년 9,628명)은 149명 감소(직접고용 109명 감소, 간접고용 40명 감소)한 반면, 기초 지자체 비정규직(2012년 50,992명 → 2013년 54,987명)은 4,065명 증가(직접고용 4,100명 증가, 105명 감소)했음.

□ 셋째, 무기계약 전환 인원은 지난 2년 동안 53,821명으로 전체 비정규직의 15% 수준에 불과함. 공공부문 비정규직 감소 효과가 미약한 것은 무기계약 전환 제외 대상자가 약 73.8%(185,878명) 정도 되기 때문임. 전환 제외 대상 비율은 지방자치단체(84.2%, 43,064명), 교육기관(72.5%, 125,572명), 중앙 공공기관(71.5%, 32,989명), 지방 공공기관(66.6%, 8,507명), 중앙행정기관(64.6%, 13,115명) 순임.

□ 넷째, 지방자치단체 비정규직 무기계약 전환 규모는 6,038명으로 자치단체 비정규직의 10%에도 미치지 못 함. 이는 서울을 제외하고 다수의 광역 지자체에서 전환 의지가 미약하거나 기초 지자체에서 상시 지속 업무 판단 가능 직접고용 비정규직(기간제 8,397명)과 저임금 시간제(780명) 일자리가 증가했기 때문임.

□ 다섯째, 지자체 비정규직 업무와 직무 성격이 일부 업무를 제외하고 거의 대부분 동일한 직무(5대 직군)임에도 불구하고, 고용형태별 지역별 임금 격차가 매우 큰 것으로 나타남. 예를 들면 자치단체 기간제(광역 79만 원, 기초 31만 원), 시간제(광역 114만 원, 기초 55만 원), 용역(광역 95만 원, 기초 27만 원) 비정규직의 임금 격차가 매우 큰 편임.

□ 따라서 공공부문 비정규직 해소 방안으로 무기계약 전환 예외 대상자 전면 재검토, 상시 지속 업무의 직접고용 전환과 기준 완화, 동일노동 동일임금 취지와 직무 성격에 부합하는 비정규직 직무분석과 임금 가이드라인 방침 등의 정책방안이 모색되어야 함. 특히 정부는 물론 노동계와 시민사회진영에서 광역 및 기초 지자체 비정규직 종합대책에 대한 모니

터링이 필요함."8)

  공공부문은 크게 중앙행정직, 자치단체, 교육기관, 공공기관 이렇게 네 가지로 분류할 수 있다. 김종진 연구위원은 공공부문 비정규직의 규모를 35만 명으로 추정하고 있다. 그러나, 교육기관 중에서 대학교를 제외한 초, 중, 고에서 일하는 학교비정규직 노동자수를 노동조합에서는 37만 명으로 추정하고 있는 것으로 보아, 이 자료 역시 현실보다는 축소된 자료라고 보인다. 이렇게 차이가 나는 것은 무기계약직을 김종진 연구위원은 정규직으로 분류하고 있고, 노동조합에서는 비정규직으로 보기 때문이다.
  무기계약직은 정규직인가? 아니면 비정규직인가?
  무기계약직은 정규직이 아니다. 고용문제를 조금 해소하고 있을 뿐, 처우에 있어서 정규직과 차별이 심한 준규직, 비정규직의 또 다른 이름에 불과하다. 그럼에도 기간제에 비해 더 나은 처우여서 무기계약직으로 전환되는 것이 기간제 노동자들의 소원이 되어 있는 현실이다. 무기계약 전환률이 낮은 이유 중의 하나는 기간제법 적용 제외대상이 너무 많은데, 특히 55세 이상 고령자가 많다는 것이다. 녹지관리, 청사청소 등의 업무에 대해, 무기계약직으로 전환하는 것을 피하기 위해 일부러 55세 이상만을 고용하기도 한다.
  2015년 3월에 발표한 '여성 비정규직 실태와 정책과제'는 이렇게 요약하고 있다.

> "이 글은 한국노총(3월 11일)이 주최한 여성정책토론회 "여성 노동의 비정규직화, 어떻게 대처해 나갈 것인가?"에서 발표한 글입니다. 주요 분석결과는 다음과 같습니다.
>   o 여성 비정규직 임금은 성차별과 비정규직 차별이 중첩되어 있음.
>   ― 남성 정규직 임금을 100이라 할 때 여성 비정규직의 월평균임금은

---

8) 김종진, 《이슈페이퍼》, 한국노동사회연구소, 2014-13.

35.9%, 시간당 임금은 41.8%임. 여성 비정규직 중 저임금 계층은 55.7%(시간당 임금 기준) 내지 61.0%(월평균임금 기준)고, 법정 최저임금 미달 자는 140만 명(30.6%)임.

― 남성 정규직 대비 여성 비정규직 임금격차는 지난 10년 사이 더 심화되었음. 남성 정규직 임금을 100이라 할 때 여성 비정규직의 월평균임금은 37.3%에서 35.9%, 시간당 임금은 42.9%에서 41.8%로 확대되었음. 월평균임금 기준으로 저임금 계층은 57.3%에서 61.0%, 시간당 임금 기준으로 53.3%에서 55.7%로 증가했음. 최저임금 미달 자는 54만 명(12.8%)에서 140만 명(30.6%)으로 86만 명(17.8%p) 증가했음.

ㅇ 사회보험 가입률과 노동조건 적용률은 남녀 차이가 발견되지 않고 고용형태에 따른 차이가 뚜렷함.

― 국민연금 가입률은 남성 정규직(96.6%)과 여성 정규직(97.9%)이 같고, 남성 비정규직(32.8%)과 여성 비정규직(33.0%)이 같음. 퇴직금 적용률도 남성 정규직(99.4%)과 여성 정규직(99.7%)이 같고, 남성 비정규직(31.6%)과 여성 비정규직(29.9%)이 같음.

― 비정규직의 사회보험 가입률과 노동조건 적용률은 30%대를 넘어서지 못 함. 2014년 8월 국민연금 가입률은 32.9%, 건강보험 가입률은 38.3%, 고용보험 가입률은 38.0%, 퇴직금 적용률은 30.7%, 상여금 적용률은 37.1%, 유급휴가 적용률은 24.4%임.

ㅇ 지난 10년 동안 시간제 근로는 107만 명(전체 노동자의 7.4%)에서 203만 명(10.8%)으로 96만 명(3.4%p) 증가했음. 그러나 고용의 질은 오히려 악화되고 있음.

― 정규직 임금을 100이라 할 때 시간제 근로의 월평균임금은 25.5%에서 22.9%, 시간당 임금은 65.8%에서 48.0%로 격차가 확대되었음. 시간당 임금 기준으로 저임금 계층은 44.3%에서 62.5%로 18.2%p 증가했고, 최저임금 미달 자는 17.2%에서 39.2%로 22.0%p 증가했음.

― 시간제 근로의 사회보험 가입률과 노동조건 적용률은 10%대를 넘어서지 못 함. 2014년 8월 국민연금 가입률은 14.6%, 건강보험 가입률은 17.8%, 고용보험 가입률은 19.5%, 퇴직금 적용률은 13.1%, 상여금 적용률은 16.5%, 유급휴가 적용률은 8.2%임"[9]

---

[9] 김유선, ≪이슈페이퍼≫, 한국노동사회연구소, 2015-3.

이 글은 비정규직 노동자 중에서도 근로기준법 적용제외대상인 초단시간 근로가 여성에게 집중되어 있으며 고용형태만이 아니라 성별로도 차별받고 있는 여성노동자들의 현실이 숫자로 잘 표현되어 있다.

아래 자료를 보면 여성단체에서 토론회를 통해 여성과 비정규직 문제가 중첩되어 있는 현실을 잘 지적하고 있다.

"비정규직 종합대책 일차적 희생자는 여성" (《매일노동뉴스》, 3월 31일)

여성단체들은 정부의 비정규직 종합대책이 여성에게 불리한 정책임에도 여성들을 사회적 대화에서 배제했다고 지적했다. 그만큼 사회적 합의로 인정받기 어려울 것이라는 주장이다. 전국여성노조·한국여성노동자회·한국여성단체연합·한국여성민우회는 30일 오전 서울 중구 국가인권위원회 배움터에서 '젠더 관점에서 본 비정규직 종합대책 실상과 대안' 토론회를 개최했다.

— "직무급제 여성차별 정당화시킬 것"

윤애림 방송통신대 강의교수(법학과)는 이날 주제발표에서 "비정규직 종합대책은 오히려 비정규직 고용불안을 증가시킬 대책"이라며 "직무급제가 차별을 정당화할 것"이라고 우려했다. 경제사회발전노사정위원회 노동시장구조개선특별위원회 전문가그룹은 "사무보조·도서관사서·비서 등의 경우 직무의 내용이 표준화돼 있어 숙련 또는 연공에 따른 업무차이를 가정하기 어려워 연공급을 적용하는 게 불합리하다"고 밝히고 있다. 여기서 지적된 사무보조·도서관사서·비서 등의 사례는 여성들이 주로 맡고 있는 일이다. 윤 교수는 "기본적으로 직무급은 직무에 대한 평가를 기초로 하는데 현실적으로 사용자의 자의적 평가 내지 차별적 시각에 좌우될 수밖에 없다"며 "일차적 희생자는 전통적으로 차별을 받아 온 여성이 주로 담당하는 업무가 될 것"이라고 내다봤다. 최근 신세계 이마트가 이달부터 시행한 신인사제도가 대표적인 사례다. 이마트는 직원들의 직급과 직군을 '밴드'로 통합한 뒤 밴드 단계에 따라 임금을 차등해 지급하는 직무·성과급제를 도입했다.

— "당사자 빠진 사회적 합의 인정 어려워"

주제발표에 나선 장지연 한국노동연구원 선임연구위원은 "정부가 비정규직 종합대책을 발표하고 공론화하는 방식에서 결정적인 결함이 있다"며 "사회적 합의에 기반해 비정규직 종합대책을 추진하고자 한다면 당사자, 즉 비정규 노동자의 이해를 대변하는 주체를 논의에 참여시켜야 한다"고 비판했다. 장 선임연구위원은 "여성노조뿐 아니라 최근에는 청년층을 비롯한 비정규직을 대표하는 노조가 다양한 활동을 펼치고 있다"며 "이들에게 노사정위에서 이뤄지는 사회적 대화에 참여해 줄 것을 요청했다는 소식을 들어 본 적이 없다"고 꼬집었다. 그는 "당사자가 빠진 비정규직 대책을 논의한 것을 가지고 사회적 합의라고 포장하는 것을 용인하기는 어렵다"고 강조했다.

비정규직 종합대책의 정책대상이 여성이어야 한다는 주장도 나왔다. 토론자로 나선 정형옥 경기도가족여성연구원 선임연구위원은 "최근 7년간 비정규직은 37만 4천 명 증가했는데, 남성은 8만 1천 명 줄어든 반면 여성은 45만 5천 명 늘었다"며 "비정규직 문제를 해결하고자 한다면 여성에 초점을 맞춰 대책을 세우는 것이 시급하다"고 말했다.

서울대 여성학 협동과정 박사과정에 있는 김원정씨는 토론을 통해 "그간의 비정규직 대책은 정규직-무기계약-기간제-간접고용-시간제로 위계를 세분화하고, 비정규직 내부에서 상위 일부의 처우를 개선하면서 하위직을 다시 여성으로 채우는 메커니즘을 작동시키고 있다"고 비판했다.[10]

3. 비정규 노동자들의 조직과 투쟁

1) 공공부문

① 학교비정규직 노동자

공공부문 비정규직 노동자들 중에서 가장 대규모로 조직되어 있는 사례는 역시 37만 명을 조직대상으로 하고 있고, 현재 7만 3천 명(전국학교비정규직노동조합 약 4만 명, 공공운수노조 교육공무직

---

10) ≪주간동향≫, 0406, 전국불안정노동철폐연대.

본부 약 3만 명, 서울일반노조 약 1500명, 전국여성노조 약 1500명) 정도 조직화되어 있는 학교비정규직 노동자들이다. 최초로 노동조합을 만든 것은 공공연맹 시절인 2004년 8월 21일 전국학교비정규직 노동조합의 창립이었다. 2007년 공공연맹이 산별노조로 전환하면서 보육노조와 함께 학교비정규직노조는 '업종을 중심으로 하는 산별노조' 흐름과 대비하여 '지역을 중심으로 하는 계급적 산별노조 노선'에 동의하면서 지부로 전환하지 않고 각 지역본부의 지역지부로 전환하였다. 즉 업종별 중앙조직이 없어진 것이었다. 이후 진보 교육감 바람을 타고 학교비정규직 노동자들이 대규모로 조직되기 시작하였는데, 한 흐름은 2011년 4월 2일 전국학교비정규직노동조합을 결성하고 민주노총에 직가입을 요청하고, 또 한 흐름은 전국회계직본부로 공공운수노조에 비슷한 시기에 가입하게 된다. 지역에 따라서 일반노조, 여성노조 등에서도 조직화를 진행해서 서울의 경우는 서울일반노조에 상당한 학교비정규직 조합원이 있다. 공공노조 지역지부에 가입되어 있던 조합원들은 학교회계직 본부와 통합하여 전국공공운수노조 교육공무직본부가 되었다. 2011년부터 여러 조직들이 학비노조 연대회의라는 틀에서 공동교섭과 공동투쟁을 해서 웬만한 직종은 다 무기계약직으로 전환되었고, 처우개선도 다른 공공부문에 비해 진전이 있었다. 그러나 올해 초 설연휴에 경북교육청에서 벌어진 돌봄노동자들의 투쟁은, 초단시간으로 근로계약을 체결하여 근로기준법 적용을 막고 무기계약직으로의 전환도 막으려는 시도를 깨기 위한 것이었다. 부산의 경우도 전문상담사 직종이 해고되어 단식농성을 포함한 노숙농성을 오래도록 진행했다.

경북지역 돌봄노동자들의 투쟁[11])
― 초등학교 돌봄교실의 운영을 책임지는 돌봄노동자들을 '돌봄

---

11) 공공운수노조 전국교육공무직본부 정책국장 배동산, ≪질라라비≫, 2015. 4. 에서 발췌.

전담사' 또는 '돌봄강사'라고 부르는데, 2014년 기준 전국 초등학교에 약 1만 명 가량 일하고 있다. 2015년 2월 11일부터 3월 3일까지 20일 동안 경북지역 초등돌봄교실 돌봄전담사들은 경북교육청사의 안과 밖에서 밤샘농성을 하면서 파업투쟁을 했다. 쇠사슬로 서로를 묶고 농성하던 중, 설연휴를 하루 앞두고 대규모 경찰력을 투입하여 폭력적으로 19명의 여성노동자들을 강제 연행했고, 경북지부장과 조직국장에 대해 구속영장을 청구했다. 석방을 촉구하는 탄원서가 하루 밤 사이에 1만 5천 장이 모였고, 법원은 검찰의 영장청구를 기각하였다. 그리고 3월 1일 초단시간 노동자들의 고용안정, 실근로시간을 기준으로 15시간 이상자에게 무기계약 전환을 경북교육청과 합의하고 농성과 파업투쟁을 일시중단 하였다.

돌봄전담사 업무는 상시지속적 업무임에도 경북지역 돌봄전담사 712명 중 무기계약자는 171명(24%)에 불과하다. 1주 15시간 미만의 초단시간 노동자들에게는 기간제법 적용 예외가 되는 점을 이용하여, 무기계약 전환을 방지하기 위해, 교육청은 2013년부터 초단시간 근로계약을 강요했다. 2014년에는 528(74%)명이 초단시간 근로계약을 체결하였다. 출퇴근 시간을 10분 단위로 조정한 1일 '2시간 50분 계약, 요일별로 출퇴근 시간을 변경하여 월, 수, 금 3시간, 화, 목은 2시간 30분 계약, 토요일 근무는 별도로 이중근로계약서를 작성하는 등 온갖 꼼수가 자행되었다. 돌봄교실의 정상적 운영을 위해 꼭 필요한 수업준비시간, 간식준비 및 장보기 등 업무준비시간, 아이들 하교 후 교실 정리 등 마무리 시간, 각종 행정업무 처리 시간 등을 모두 근로시간으로 인정받지 못한 채 무료노동을 강요당했다. 박근혜 정권의 준비 없는 초등돌봄교실 확대정책은 초단시간 계약을 전국적으로 확산시켰고, 교육현장에는 심각한 단시간 노동제가 판을 치게 되었다. 시간선택제 일자리 확대를 통한 일자리의 양적확대 정책 때문이다.

② 부산시 낙동강관리본부 노동자들의 투쟁
(부산지역일반노조가 전국지역업종일반노조협의회에 제출한 보고서)

<1> 조직현황

기간제 노동자 3명 : 여성, 삼락공원 근무

* 낙동강관리본부는 부산시 산하 사업소로서 부산시 낙동강변의 삼락공원, 대저공원, 맥도공원, 화명공원, 을숙도 공원이라는 5개 생태공원을 관리하는 곳이다. 기간제 노동자들이 비수기에 70여 명, 성수기에 300여 명이 일한다. 낙동강 관리본부의 기간제 노동자들은 그동안 2-3개월 단기계약을 반복 갱신하면서 1년에 10-11개월 동안 계약하다가, 1-2개월의 공백기간을 두다가, 다시 2-3개월 계약을 반복 갱신해왔다. 이러한 계약 방식은 퇴직금을 주지 않고 무기계약 전환을 막기 위해서였다. 또한 임금을 월급제가 아니라 일당제로 하여 비 오는 날이면 출근하지 않게 하고 일당을 지급하지 않아 월 급여도 불안정했다.

<2> 투쟁일지

○ 2013. 8/9(금) : 노동당을 통해 삼락공원에서 근무하는 기간제 노동자 1명 상담. 자전거대여소에서 근무하는 기간제 노동자에게 갑자기 화장실 청소업무를 지시하는 것에 대해, 노동조합 가입하여 대응하자고 설득함. 노조 가입하여 부당전보 막아냄.

○ 2013. 8/16(금) : 일반노조 지자체 조직화팀과 민주노총 부산본부 미비국장이 결합하여, 삼락공원 1차 선전전. 선전물, 물티슈, 칫솔치약세트 배포.

○ 2013. 8/23(금) : 일반노조 지자체 조직화팀과 민주노총 부산본부 미비국장이 결합하여 삼락공원 2차 선전전. 선전물, 물티슈, 칫솔치약세트 배포.

○ 2013. 8/29(목) : 일반노조 지자체조직화팀과 민주노총 부산본부 미비국장이 결합하여 화명, 대저공원 1차 선전전. 선전물, 물

티슈, 칫솔치약세트 배포.

○ 2013. 9/5(목) : 서부터미널 근처 식당에서 삼락공원 기간제 노동자 모임 진행, 조합원 1명이 2명과 함께 옴. 2명 노조 가입함.

○ 2013. 9/23(월)-9/26(목) : 낙동강 관리본부 집중선전전(삼락공원, 화명공원, 대저공원, 맥도공원 방문, 선전물 배포)

○ 2013. 9/26(목) : 서부터미널 근처 식당. 낙동강관리본부 조합원 모임. 선전전 과정에서 추가 가입한 2명 참석 안 함.

○ 2013. 10/4(금) : 낙동강 관리본부 선전전, 부산일반노조 지자체비정규직 조직화팀 12차 회의.

○ 2013. 10/10(목) : 낙동강 관리본부 선전전.

○ 2013. 10/18(금) : 낙동강관리본부 조합원 모임. 뒤에 가입한 2명 탈퇴, 3명에 대해 관리본부에서 10월 말로 계약해지 통보.

○ 2013. 10/22(화) : 부산지역 공공부문 비정규직 정책연대 주최로 낙동강관리본부앞 기자회견.

○ 2013. 10/30(수) : 낙동강 관리본부 앞 일반노조 집중집회.

○ 2013. 11/1(금) : 해고자들 낙동강관리본부 앞 농성시작.

○ 2013. 11/4(월) : 부산지역 공공부문 비정규직 정책연대에서 부산시의회 해양도시소방위원회 위원장 면담.

○ 2013. 11/11(월) : 부산시청 앞, 정책연대 기자회견. 2013 부산시 행정감사. 공공부문 비정규직 노동자들의 고용과 근로조건 개선에 관심을 촉구. 정책연대에서 시의회 행정감사 기간에 1인시위 진행함.(11/11-11/25)

○ 2013. 12/6(금) : 낙동강관리본부앞 농성장에서 일반노조 집중집회.

○ 2013. 12/20(금) : 부산시청 앞 낙동강관리본부 규탄 일반노조 집중집회.

○ 2013. 12/27(금) : 낙동강 관리본부 해고자 관련 부산시 총무과 면담.(민주노총부산본부 비정규 위원장, 정의당 부산시당 사무처

장)

　○ 2013. 12/30(월) : 낙동강 관리본부 면담.(농성 61일차)

　○ 2014. 1/3(금) : 낙동강 관리본부 농성 65일차 정의당 밥차 방문. 떡국 나눔.

　○ 2014. 1/28(화) : 낙동강 관리본부 농성 90일차. 부당해고 구제신청 접수.

　○ 2014. 2/14(금) : 낙동강 관리본부 앞 일반노조 집중집회.

　○ 2014. 2/25(화) : 부산시청 정책기획관실 면담.

　○ 2014. 2/27(목) : 부산지역 공공부문 비정규직 정책연대 토론회.

　○ 2014. 3/20(목) : 부산지방노동위 부당해고 구제신청 승소(판정서는 4/4 나옴), 부산시 중노위에 재심 신청함.

　○ 2014. 4월-6/5 복직 때까지 : 부산지역 사회연대기금 만원의 연대에서 낙동강 관리본부 해고자 2명에게 월 100만 원씩 생계비 지원. 해고자들은 신라대 투쟁과 녹산공단선전전에 결합함.

　○ 2014. 5/19(월) : 시청후문, 부산지역 공공부문 비정규직 증언대회.

　○ 2014. 5/21(수)-6/5(목) : 시청후문 출근선전전. <낙동강 관리본부 해고자들, 부산지방노동위원회 부당해고 판정. 부산시장은 해고자를 즉각 복직시켜라>라는 현수막을 들고 새누리당 시장후보에게 접근하기도 함.

　○ 2014. 6/6(목) : 6월 9일자로 출근하라는 통보 받음. 6/9일 이후 출근하여 일하고 있음.

　○ 2014. 7/16(수) : 중앙노동위 부당해고 재심 승소 판정 나옴. 부산시가 행정소송을 제기함.(지노위, 중노위, 행정소송에서 부산시 변호사회 노동위원회에서 무료변론 해주고 있음)

　○ 2015년 5월 : 행정소송 1심 재판

< 문제점 >
○ 지노위, 중노위 판정에서도 무기계약으로 전환되었으니 계약만료는 부당해고라고 함. 당연히 복직은 무기계약직으로 복직되어야 하나, 여전히 기간제노동자의 처우를 받고 있으니, 완전히 해결된 것은 아님. 부산시는 행정소송 결과를 보자는 입장. 법적인 결론만 기다릴 게 아니라 부산시를 압박하는 투쟁이 배치되어야 함.

③ 보건소 비정규직 노동자들의 투쟁
(민주연합노조 부산보건소지부 김재민 지부장 경과보고)

2007년부터 보건소 방문보건인력(간호사, 운동처방사, 물리치료사, 치위생사, 영양사 등등)들은 그동안 수급자, 차상위 계층, 독거노인, 건강 취약계층을 직접 방문하여 건강문제는 물론 정서적인 문제까지 어루만지는 포괄적인 건강관리를 해왔다. 무기계약 전환 제외대상이어서 계속해서 기간제로 일을 해 오다가, 2013년부터 무기계약 전환 직종으로 인정을 받았다. 2015년 1월부터 2년 이상 근무자들이 무기계약직으로 전환되어야 했다. 그러나 자치단체장의 성향에 따라 일부는 무기계약직으로 전환되고 일부는 해고되었다. 새정치민주연합 출신의 구청장들은 대부분 무기계약직으로 전환시켰고, 새누리당 구청장들은 대부분 2014년 12월에 해고를 시키고, 그 자리에 시간선택제 임기제 공무원을 신규채용했다. 2014년 말에 해고된 보건소 비정규직 노동자들은 부산 172명, 전국적으로 560명에 이른다. 2015년 1월부터 해고된 보건소 비정규직 노동자들은 시청, 구청, 청와대, 새누리당사, 김무성의원실 등을 돌면서 집회와 1인 시위 등을 진행하고 있다. 부산의 경우 16개 구와 군청 중에서 2014년 3월에 연제구청이 무기계약직으로 전환하였고, 9월에 기장군이 무기계약직으로 전환하였다. 2013년 5월경에 민주연합노조에 가입한 170여명(전체 방문보건 인력은 약 250명 정도)은 2013년 11월부터 2014년 11월까지 교섭을 했으나, 각 구청은 다 잘 될 거라고 기다리라고 했다. 2014년 10월경 구청장, 군수협의회에서 나머지 14개 구는 무기계약으로 가지 말고, 시간선택제 임기제 공무원이라는 또 다른 비정규직으로 채용하겠다는 방침을 정했다. 작년 여러 차례 교섭을 해왔지만 구청의 불성실한 태도와 입장으로 교섭이 최종적으로 결렬되었다. 그 후 부산지방노동위원회에 노동쟁의조정신청을 통해 무기계약직 전환은 국가시책에 따른 것이니 전환하는 것이 올바른 방향이라는 취지의 권고안도 받았다. 하지만 각 구청은 권고안은 강제성이 없다는 이유로 14개 구 170여 명의 보건소 비정규직 노동자들을 해고했다. 보건복지부, 고용노동부, 행정자치부, 지방노동위원회 등 여러 국가 기관이 보건소 방문인력들은 상시 지속적 업무이므로 고용안정 무기직 전환이 맞다고 여러 차례 공문과 지침이 내려왔지만 각 구청은 무시하고 있다. 새누리당 구청장들은 박근혜정권의 시간선택제 일자리를 만들어서 정치적으로 출세(다음 구청장, 국회의원 등)해야 하기 때문에 무리를 해서라도 시간선택제 일자리를 만들어야 했던 것이다. 상황이 이러하다 보니 2개 구에 무기계약직으로 전환된 노동자들은 기존의 호봉제를 포기하고 다시 1호봉부터 시작해서 기간제 7년차보다 더 임금이 줄어들었다고 한다.

①②③의 사례들은 모두 공공부문 직접고용 비정규직 노동자들의 투쟁이다. 여기에 자세히 사례보고하지 못한 한국보건복지정보개발원 비정규직 해고자 투쟁, 의료급여관리사, 통합사례관리사, 환경미화원, 도로보수원, 무기계약직으로 전환되었거나 무기계약직으로의 전환을 요구하는 기간제 노동자들의 무수한 투쟁이 전국 방방곡곡에서 진행되고 있다. 이들은, 전국지역업종일반노조협의회에 소속된 15개 지역일반노조들과 공공운수노조, 민주연합노조 등에 조직되어 있는데, 심지어는 하나의 사업장에 민주노총 복수노조가 존재하는 경우들까지 생겨나고 있다. 노동자계급의 분열이 한국노총과 민주노

총을 넘어 민주노총 복수노조로까지 확대되었다.

④ 서울시 다산콜센터 노동자들의 투쟁

(다음<daum>까페 '희망연대노조 다산콜센터지부' 글에서 정리)

2012년 9월 12일 민주노총 서울본부 희망연대노조 다산콜센터지부가 설립되었다. 서울시 관련 궁금증 상담, 민원서비스, 생활, 문화행사, 교통 불편, 주택 정보, 수도 사용 안내까지 하는 120 다산콜센터는 서울시가 3개의 용역업체와 계약을 한 간접고용 사업장이었다. 노조가 설립되자 사무금융연맹과 사무금융노조가 성명서를 통해 환영을 한 것은 그동안 콜센터노동자 조직화에 힘을 쏟았기 때문이고, 이후 콜센터 노동자 권리찾기 공동캠페인 활동을 하기로 했기 때문이다.

<성명서>
서울시 120 다산 콜센터 노동조합 설립을 진심으로 환영한다.
"서울시는 120 다산 콜센터 노동자들을 즉각 직접고용하고, 관리자들의 부당노동행위를 즉각 중단하라"

2012년 9월 12일 서울시 120 다산콜센터에서 일하는 콜센터 노동자들이 당당하게 민주노조의 깃발을 올렸다. 이에 우리 사무금융연맹과 사무금융노조는 환영한다. 사무금융연맹에서 콜센터 노동자를 실태 조사한 결과에 따르면 전국에 30만~40만에 이르는 콜센터 노동자들이 있고, 대부분이 여성이며 간접고용이고, 저임금과 열악한 노동조건에서 매우 시달리고 있는 것으로 나타났다. 과도한 콜 수로 인해서 엄청난 노동 강도에 시달리고 있다. 심지어 밥 먹을 시간, 물 마실 권리, 화장실 갈 권리, 휴가-휴식 권리조차 박탈당하고 있는 현실이다. 어디 이뿐인가! 상시적인 감시 통제와 고객들의 언어폭력으로 인해 매우 비좁은 공간에서 고도우울증, 성대결절, 요통,

턱관절 질환 등으로 심각하게 고통 받고 있다. 그리고 고용형태는 대부분이 외주 업체를 통한 간접고용이다. 채용한 곳과 일하는 곳이 다른 대표적인 중간착취 구조인 것이다. 다산콜센터 노동자들은 서울시에서 책정한 인건비 기준의 약 77%~87% 정도를 받고 있다. 이렇게 해서 받는 금액은 최저임금 수준의 95만 원 정도이다. 이러한 일방적인 임금책정 과정에서 중간착취가 발생하고 있는 것이다. 이러한 중간착취로 인해서 정원보다 적은 인력으로 일하다 보니 당연히 노동 강도가 강화되는 것이다. 서울시는 이번 콜센터 노동자들의 노조 결성을 계기로 간접고용을 직접고용으로 전환해야 한다. 120 다산콜센터에 외주업체로 계약되어 있는 ktcs, 효성ITX, MPC 등의 사업체는 대표적인 중간착취 회사들이다. 특히 ktcs의 경우는 악질기업인 kt 자회사 중의 하나이다. 다산콜센터의 업무는 분명하게 상시 지속업무이기 때문에 서울시와 박원순 시장은 즉각적으로 콜센터 노동자들을 직접 고용해야 한다. 또한 노조 결성 후 벌어지고 있는 관리자들의 부당노동행위를 즉각 중단해야 한다.

  이에 사무금융연맹과 사무금융노조는 9월 25일 콜센터 노동자 노동인권 권리찾기 공동캠페인단을 민주노총을 비롯한 19개 단체와 언론, 심상정 의원, 홍영표 의원, 은수미 의원, 장하나 의원 등과 함께 출범했다. 캠페인단을 중심으로 120 다산콜센터 노동자들의 정당하고 정의로운 투쟁에 적극적으로 함께 연대해서 승리할 수 있도록 최선을 다할 것이다.

  2012. 9. 20. 전국사무금융노동조합연맹/전국사무금융서비스노조

<2014년 파업투쟁>
  ○9/4(목) : 주간근무자 오후 4시 퇴근, 저녁 및 야간근무자 오후 8시 업무복귀.
  ○9/5(금) : 오후 3시부터 2시간씩 순환파업.
  ○9/12(금) : 오후 4시~5시 20분, 희망연대노동조합 다산콜센터

지부 2주년 창립기념식.

○9/16(화) : 집행부, 쟁대위, 각 소식톡방장, 열혈 조합원. 오후 2시부터 부분파업 돌입, 오후 3시~8시 , 1시간씩 조합원 순환파업.

○9/18(목) : 오후 3시 50분 부분 파업.(업무테스트)

○9/19(금) : 서울시청 신청사 박원순시장 면담투쟁.

○10/15(화) : 오후 3시, 다산콜센터 5층 교육장, (주)엠피씨, 효성ITX(주)와 2014년 임금 및 단체협약 체결.(ktcs 제외)

○12/23(수) : 위탁업체 3개에서 2개로 축소하는 것에 대한 성명서 발표.

<서울시 직접고용 정규직 전환을 전제로 한 "다산콜센터 위탁업체 상담사 배분 및 운영체계 개선"이 제대로 된 서울시 직접고용의 시발점이다.>

○2015. 3/18(수) : 오후 5시, 서울시와 노조, 직접고용과 관련한 면담.

"'서울시 120다산콜센터 운영 효율화 연구용역 보고서'에 따라 직접고용 및 기능재편을 할 예정이라면 연구용역을 담당했던 광주여대 산학협력단 연구팀과 한국노동사회연구소 연구팀 연구위원이 직접 다산콜센터 상담사들 대상으로 보고서 내용 설명을 위한 보고회를 3월 중으로 개최해 달라"고 요청.

○3/25(수) : 오후 6시, '서울시 120다산콜센터 운영 효율화 연구용역 보고서' 보고회, 강사-한국노동사회연구소 김종진 박사.

④의 사례 외에 청주시가 민간 위탁한 공공병원 청주시 노인전문병원 노동자들의 투쟁, 서울대병원 청소노동자들의 투쟁, 지자체에서 민간 위탁된 쓰레기 전문 수거업체, 정화조 청소업체 등 수많은 공공부문 간접고용 비정규직 노동자들의 투쟁이 있다.

2) 간접고용 비정규직 노동자들의 투쟁, 진짜 사장 나와라!

① 현대자동차 사내하청

(사내하청 투쟁 10년, 걸어온 길과 나아갈 길, 2013, 금속노조 현대자동차 사내하청지회 박현제 지회장 발언 정리)

○2003년 5월 2일, "비정규직도 인간이다. 비정규직 철폐와 정규직 전환"을 내걸고 비정규직 투쟁위원회를 결성. 명성기업, 대서공영, 현대세신 등에서 억눌렸던 사내하청노동자 투쟁 시작. 마침내 7월 8일 현대자동차 비정규직 노동조합 결성.

○2003~2004년 업체별 투쟁―"노동조합 사수, 노동조건 개선"

노조결성과 동시에 악랄한 노조탄압을 물리치고 노동조합을 사수. 2공장 성일기업, 3공장 경일기업 등 인간이하 대접을 받던 사내하청 노동자들이 업체별 투쟁. 이 기간 특히 주목할 만한 투쟁은 현대세신, 해성, 태형산업 등 2~3차 업체투쟁. 곳곳에서 투쟁이 벌어지자 정규직 임단투에서 "사내하청 관련 별도합의"가 이루어져 최초로 사내하청에게 성과금이 지급. 처우 개선.

○2004년, 노동부 불법파견 판정과 5공장 파업농성―"현대차 사내하청은 전부 불법파견"

○2004년 9월~12월 노동부는 127개 업체 9234개 공정을 불법파견으로 판정.

○2005년 1월 5공장 조합원 100여 명이 파업을 하고 탈의실 농성에 들어가는 것을 시작으로 불법파견철폐투쟁이 본격화.

○2005년 불법파견 철폐투쟁과 류기혁 열사 자결―"전공장 파업 돌입"

2005년 집단가입으로 조합원 수가 비약적으로 증가. 불법파견 철폐투쟁은 공장 전체로 확산되어, 처음으로 전 공장이 일시에 파업투쟁에 돌입. 하지만 격렬한 투쟁에도 별다른 성과가 없음. 좌절을 느낀 류기혁 열사가 2005년 9월 4일 노동조합 임시사무실 옥상에서 목을 매 자결. 이어 철탑고공농성 등을 벌였지만 단발에 그침.

○2006년 파업투쟁—"최초로 라인을 세우다"

3공장 정리해고 저지투쟁을 시작으로 6월~8월 각 공장 파업투쟁에 들어가 처음으로 공장을 멈춰 세움. 하지만 9월 임단투 직권합의로 투쟁이 사그라짐. 이어 2008년 경남산업, 2009년 부성기업, 2010년 JM단사투쟁 등 각개전투가 벌어짐.

○2010년 대법원 판결과 CTS점거파업—"비정규직도 공장의 주인이다"

2010년 7월 22일 최병승 동지가 대법원 판결에서 승소. 대법원은 '현대차 사내하청은 불법파견이므로 2년 이상 근무한 사람은 이미 정규직'이라고 판결. 조합원이 다시 모임. 2010년 11월 15일부터 25일간 CTS 점거파업을 벌여 '정규직 전환'을 향해 거침없이 전진. 11월 20일 정문 앞 결의대회 도중 황인화 동지가 분신항거.

○2012년 대법원 확정판결과 8월 파업투쟁—"이것이 파업투쟁이다"

2012년 2월 23일 대법원 최종판결로 현대차 불법파견을 둘러싼 논란의 여지가 사라짐. 조합원들은 강력한 8월 파업투쟁으로 정규직전환 투쟁의지를 유감없이 보여줌. 하지만 회사는 신규채용으로 입막음하려 함.

○2012년 10월 천의봉, 최병승 동지 철탑농성—"파업의 불씨가 되다"

특별교섭이 중단되고 회사가 신규채용을 강행하려던 때에 천의봉 사무장과 최병승 조합원이 명촌 주차장 15만 4천 볼트 송전탑에 올라감. 조합원들은 '철탑의 불씨를 현장 파업으로!'라는 기치를 걸고 파업투쟁으로 화답. 철탑농성은 2013년 8월 8일까지 296일간 진행.

○2012년 12월 파업과 불법파견 특별교섭 투쟁—"현장파업으로 물결치다"

2012년 11월 29일 2시간 경고파업을 시작으로 12월 한 달을 파업 물결로 채움. 특별교섭에서 회사는 3500명 신규채용을 골자로 한 기만적인 잠정합의를 시도했다. 12월 27일 잠정합의 반대투쟁 후 특별교섭은 또다시 중단.

○2014년 8월 18일, 현대차 집행부의 이상한 합의

현대자동차 노조 집행부와 사 측은 사내하청 노동자들의 정규직화가 아니라 단계적 신규채용을 합의.

○2014년 9월 18일, 19일 서울중앙지방법원, 1179명의 사내하청 노동자들에 대해 불법파견이라고 판정함. '불법파견 박살, 정규직 전환 쟁취, 현대·기아차 비정규직 전환촉구 1만인 선언운동'이 전국적으로 진행. 8.18합의 폐기, 신규채용 중단, 비정규직 지회 투쟁을 지지하는 정규직 활동가들의 운동도 현장에서 진행.

○2015년 1월-2월 : 사내하청 총파업 추진 전국모임, 비정규직 종합대책 폐기, 원청 사용자성 쟁취, 간접고용 철폐, 사내하청 총파업 성사를 위한 투쟁 선포식.

○2015년 2월 : 비정규직 종합대책 폐기를 위한 오체투지 행진.

○2015년 3월 17일-30일 : 불법파견 사용사업주 구속촉구 전국순회투쟁

●"공장 안 모든 노동자는 정규직" 판결 알리러 전국 순회
(≪미디어오늘≫, 3월 16일)

불법파견 판결 잇따라 … "합법도급은 없다" 원청에 직간접 지시 받으면 모두 '불법파견'

"이 시각 현대, 기아, 한국지엠, 쌍용차, 르노삼성, 완성차 5사에서 일하는 2만 명이 넘는 사내하청 노동자들은 모두 불법입니다." 몇 차례에 걸친 법정 다툼에서 정규직임을 인정받은 현대자동차 사내하청 노동자들이 이렇게 외쳤다. 이들은 16일 오전 서울 서초구 대검찰청 앞에서 기자회견을 열고 '불법사장 찾아 3만리' 전국순회 계획을 밝혔다.

'불법사장 찾아 3만리' 전국순회 참가자들은 이날부터 오는 27일

까지 11박 12일 동안 전국을 다니며 완성차 공장의 불법 파견, 나아가 제조업의 불법 파견에 대해 알릴 계획이다. 참가자들은 법원에서 현대차 정규직임을 인정받은 이들이다. 지금까지 법원은 총 6차례에 걸쳐 현대차 사내하청 노동자들이 현대차 정규직 노동자임을 인정하는 판결을 내렸다. 대법원 3번, 고등법원 2번, 지방법원 1번이다.

가장 최근 판결은 지난 달 26일 대법원 판결이다. 대법원 1부(주심 고영한 대법관)는 지난 달 26일 현대차 아산공장 사내하청 노동자 김아무개 씨 등 7명이 현대차를 상대로 낸 근로자지위확인청구 소송에서 현대차와 노동자들의 관계가 '불법파견'이라고 판결했다. 노동자들의 손을 들어준 것이다. 현대차는 사내하청 노동자들과 '도급'관계라 주장해왔지만 노동자들은 '파견'이라고 주장해왔다.

파견과 도급의 핵심적인 차이는 원청의 업무지시, 관리감독 등이다. 도급은 일을 완성할 것을 약속하고, 그 일의 결과에 대해 보수를 지급하는 방식인데, 이때 원청은 하청업체 노동자의 업무에 개입하면 안 된다. 개입할 경우 파견이 된다. 파견법은 현대차와 같은 제조업 직접생산공정에 대한 파견을 금지하고 있다. 불법파견일 경우, 하청노동자는 정규직 지위를 요구할 수 있다.

재판부의 이 같은 판단은 현대차에만 해당되지 않는다. 현대차, 기아차, 한국지엠, 쌍용차까지 완성차 4사 모두 불법파견 판단을 받은 바 있다. 자동차 공정의 첫 공정인 프레스부터 차를 검사하고 싣는 일까지 전체 공정이 연속적으로 진행되고 정규직 업무와 밀접하게 연동돼 이뤄지며 작업결과가 누구의 작업인지 구별이 곤란하기 때문에 '합법 도급'은 있을 수 없다는 것이다.

간접공정 업무도 마찬가지다. 재판부는 한국지엠 하청 노동자들에 대해 "간접생산 업무 또한 컨베이어벨트의 생산속도 및 일정에 연동돼 이루어지게 된다"며 "간접생산 업무의 시작 및 종료시간, 연장야간휴일근무 시간 등이 한국지엠이 정한 시간에 구속됐던 것은 물론, 해당 공정의 작업량이나 투입 인원 또한 컨베이어벨트의 작동 속도 내지 생산량을 감안해 책정됐다고 보인다"고 판단한 바 있다.

하청 노동자들만 모여 일한 경우 역시 불법파견을 인정받았다. 혼재 근무는 제조업에서 '불법파견'을 이해하는 데 손쉬운 방식이어서 언론에도 수차례 인용됐다. '오른쪽 바퀴는 정규직이, 왼쪽 바퀴는 비정규직', 이런 식이다. 재판부는 여기서 한 발 나아가 혼재 근무를 하지 않아도 원청의 지시·감독을 피할 수 없다고 판단했다. 이런 판단을 종합하면, 완성차 공장 내 모든 하청 노동자는 정규직 노동자라는 결론에 다다르게 된다.

이날 전국순회 참가자들은 이런 불법파견을 인정하는 판단이 완성차 공장뿐 아니라 제조업 전반에서 나오고 있다고 주장했다. 최근 대법원에서 불법파견 판결을 받은 남해화학과, 고용노동부에서 위장도급 판정을 받은 동양시멘트 등이다. 참가자들은 "이런 판결들에 의하면, 완성차 5사에서 일하는 2만 명이 넘는 사내하청, 나아가 150만 명이 넘는 제조업 하청노동자들이 모두 불법"이라고 주장했다.

따라서 이들은 11박 12일 동안 삼척(동양시멘트), 울산(현대중공업, 현대자동차), 창원(삼성전자서비스, 한국지엠), 광양(포스코), 순천(현대제철), 광주(금호타이어, 기아자동차), 평택(쌍용자동차) 등 전국을 다니며, 이 같은 사실을 알릴 계획이다. 이들은 "사내하청은 불법이기 때문에 사라져야 할 제도임을 알리고 불법파견 문제 해결을 위해서는 불법파견 노동자를 사용하는 원청 사용자가 구속되어야 한다는 여론을 확대시키겠다"고 말했다.

현대차 사내하청 노동자들이 처음 근로자 지위 문제를 제기한 건 지난 2002년 즈음이다. 그러나 현대차 사용자들에 대한 처벌은 요원하다. 이에 대해 전국순회 참가자들은 파견법 위반에 따른 형사처벌을 촉구했다. 정몽구 현대차 회장 등은 2010년과 2012년 등 3차례에 걸쳐 파견법 위반 혐의로 고소고발 당한 바 있다. 현행법은 파

견법 위반에 대해 3년 이하 징역, 3000만 원 이하의 벌금에 처하도록 하고 있다.12)

○4/11(토) : 서울모터쇼 기습시위
●서울모터쇼 기습 시위 … 절박한 사내하청 노동자들
(≪한겨레≫, 4월 12일)

지난 11일, 봄기운이 완연한 전국 곳곳엔 주말 나들이를 나선 시민들로 북적였다. '2015 서울모터쇼' 폐막을 하루 앞두고, 경기도 고양시 킨텍스에도 관람객 8만 6천여 명이 줄을 이었다. 이날 오후 현대자동차 전시관 앞 무대에서는 관람객들과 국내외 유명 자동차 디자이너들이 함께하는 '투싼 디자인 포럼'이 예정돼 있었다.

사회자가 행사 진행을 시작하려던 순간, 30대 남자 한 명이 무대 위로 뛰어올라 겉옷을 허겁지겁 벗었다. 남자가 입은 흰색 티셔츠엔 '15년 불법파견 정몽구 구속'이라는 문구가 붙어 있었다. 현대차 전시관 한편에선 동조 시위에 나서려 했으나 제지를 당한 남자들의 고함 소리가 울려 퍼졌다. 무대 위 남자는 곧 진행요원들에 의해 끌려 내려갔고, 소란도 잦아들었다. 이러한 기습 시위를 벌인 남자 세 명은 현대차 울산공장과 아산공장 사내하청 노동자 우상수(36), 김성봉(42), 김기식(41) 씨였다.

올해 2월 대법원은 2000년 8월부터 2003년 6월까지 현대차 아산공장에서 일하다 해고된 사내하청 노동자 김기식 씨 등에 대해 불법 파견이 맞다고 인정하고, "2002년 8월 1일부터 현대차 정규직"이라고 선고했다. 지난해 9월 서울중앙지법도 우상수, 김성봉 씨 등 현대차 사내하청 노동자 1179명에 대해 정규직임을 인정하는 판결을 내놓았다. 이러한 판결 내용을 살펴보면, 법원은 업무 내용이나 정규직·비정규직 혼재 여부 등과 관계없이 사실상 현대차의 모든 사내하청은 '불법 파견'이라고 판단하고 있다.

---

12) ≪주간동향≫, 0323, 전국불안정노동철폐연대.

현대차가 '파견근로자 보호 등에 관한 법률(파견법)'을 위반했음은 명확해졌지만, 사업주에 대한 형사 처벌은 단 한 차례도 없었다. 지난 2004년 부산지방노동청 울산지청은 현대차와 사내 협력업체 대표를 파견법 위반 혐의로 검찰에 고발했으나, 2007년 검찰은 '혐의 없음' 결정을 내린다. 2004년 이후 금속노조 현대차비정규직지회는 모두 다섯 차례나 사쪽의 형사 책임을 묻는 고발을 해왔다. 2012년에는 전국 18개 대학 법학과·법학대학원 교수 35명이 "현대차가 대법원 판결 이후에도 불법 파견을 지속하고 있다"며 정몽구 회장을 서울중앙지검에 고발했다. 하지만 현대차는 사내하청 노동자를 여전히 쓰면서 불법 파견 상황 전면 해소에 나서지 않고 있다.

현대차 사내하청 노동자들의 기습 시위는 불과 몇 분도 지속되지 못했다. 찰나의 어수선함은 북적이는 모터쇼장의 흥겨움에 묻혀 공기처럼 사라졌다. 대법원 판결문도 바로잡지 못한 '불법'적 현실에 파견 노동자들이 박람회 잔칫날 외마디 비명 같은 기습 시위에 나섰지만, 울림조차 제대로 남기지 못한 셈이다. 이들은 결국 경찰에 인계된 뒤 조사를 받고 풀려났다. "별다른 충돌 없이 여러 노동자가 함께 올라와 시민들에게 선전물을 나눠주는 게 더 효과적이라는 걸 안다. 그러나 지난 10여 년간 힘들게 싸우다 보니 몸과 마음이 많이 지쳐 그런 것을 할 여력조차 없는 것이 현실이다." 자동차를 만들었으면서도 난생처음 모터쇼에 와봤다는 김기식 씨가 털어놓은 말이다.[13]

사내하청 노동자들의 투쟁은 현대자동차만이 아니다. 대우조선 하청노동자 강병재는 4년 만에 다시 고공농성을 시작했고, 4월 13일 울산의 현대미포조선 하청노동자 80여명이 원청 사무실을 점거

---

[13] 《주간동향》, 0413, 전국불안정노동철폐연대.

했다. 박근혜 정권이 노사정위원회를 통해 사내하도급을 합법화하여 기존의 불법파견을 모두 합법화 하려고 하는 것에 맞서 사내하청 노동자들이 투쟁으로 다시 일어서고 있다.

② 통신사 비정규직 노동자들의 투쟁

(LGU+, SK브로드밴드를 중심으로, 2015.3.5. SK재벌, LG재벌 간접고용·비정규직 파업 및 고공농성 문제 해결 촉구 범 시민·종교·언론·통신 단체들 공동 기자회견 자료에서 발췌 정리)

LG유플러스와 SK브로드밴드는 전국에 각각 70개, 90개 가량의 고객서비스센터를 운영하고 있으며, 인터넷, 집전화, IPTV 상품에 대해 개통, AS, 해지업무를 담당하는 기사들은 모두 간접고용이다. 삼성전자서비스센터의 노동자들과 동일하다. 이들은 하청에 재하청으로 고용되어 있으며, 2014년 3월 노조가 결성되자 강제로 도급계약자(소사장, 개인사업자)로 전환되거나, 별다른 절차 없이도 노동자성을 부정당하고 있다. 양 통신사 사장들은 각각 '정도 경영', '윤리 경영' 등을 떠들어 대고 있지만, 실제로는 비정규직 노동자들을 착취하여 이윤을 늘이고 있다. LG유플러스의 경우 2013년 전체 매출액은 11조 4,503억 원이고 영업수익은 7조 8,347억 원을 기록하고 있고, SK브로드밴드의 경우 2013년 전체 매출액이 2조 5,394억 원이고 영업이익은 732억 원에 이른다고 한다. 통신산업의 민영화로 이 통신사들과 경쟁해야 하는 KT는 정규직을 정리해고하고 비정규직을 양산해야만 하는 사정에 처해 있다. 그리고 지난 10여 년간 KT는 그 과정을 밟아왔다. 통신사 비정규직 노동자들은 월평균 2.5일 쉬면서 주 70시간 이상을 일하고 있다. 200만 원도 안 되는 임금을 받으며 각종 차감을 당하고 있다. 이들은 저임금 장시간 노동자다. 고객의 욕설, 폭력, 과도한 요구도 감내해야 하는 감정노동자들이다. 또한 이들의 근로조건은 안전의 사각지대, 언제 죽을지도 모른다. 비오는 날 전봇대를 타다가 죽어나가기도 한다. 근로계약서도 없고 근로기준법도 지켜지지 않은 사업장에서 센터장들이 바뀌면 임금을 떼이는 일도 다반사다. 그러나 이미 전국적으로 2,500여 명이 노조에 가입하여 파업, 노숙농성, 집회를 이어나가고 있다.

현재 2월 6일부터 중앙우체국 광고탑에서 2명의 노동자가 고공농성을 진행하고 있다. 4월 7일 SK브로드밴드는 잠정합의를 하였으나, LGU+는 장기파업 후 현장 복귀한 노동자들을 하청업체가 업무복귀를 거부하여 센터별 투쟁이 이어지고 있다. LG그룹은 20여 명의 경영진이 12억 천만 원의 평균연봉을 받고, SK는 30여 명의 경영진이 10억 6천만 원의 평균연봉을 받는데, 노동조합 만들어 임·단협 체결하기 위해 발 딛고 서 있기도 힘든 20미터 광고탑에서 70일 넘게 고공농성을 벌이고 있는 LGU+ 비정규노동자, SK브로드밴드 비정규노동자들은 밤늦게 토요일까지 일하면서 겨우 한 달에 200만 원 정도를 벌 수 있다.

<투쟁경과>
[2014년]
○3월 30일, LG유플러스 비정규직지부(이하 LGB), SK브로드밴드 비정규직지부(이하 SKB) 결성.
○4월 14일, LGB 15개, SKB지부 20여개 센터 교섭 신청.
○4월 17일, 고용노동부에 특별근로감독신청.
○4~5월 사 측 협력사 협의회 구성. 경총 자문 및 교섭권 위임.
　　　　　교섭 지연 해태, 노조탄압, 부당노동행위 광범위하게 발생.
○5월 중하순부터 임단협 교섭 시작.
○5월 말부터 각 지회(센터)별로 교섭 진행.
○6월 고용노동부, 근로감독 결과 발표 지연.
○7월 외주업체 변경 과정에서 고용문제, 퇴직금, 체불임금 등 발생.
○8월 각 지회별 교섭 결렬 선언.

○9월 5일, SKB 중앙노동위원회에 쟁의조정 신청, 이어서 LGB도 쟁의조정 신청.

○9월 11일, 외주업체, 각 지방노동위원회에 필수유지업무 조정 신청

○9월 29일, 고용노동부, 근로감독결과 발표.

(대체로 노조 있는 사업장 노동자성 인정, 없는 사업장은 부정)

○9월 30일, SK텔레콤, SK브로드밴드 임원진과 새정치민주연합 을지로위원회와 간담회.

○9월 쟁의행위 앞두고 외주업체와 원청 대체인력 준비 내지 투입 시작.

○10월 1주 SKB, LGB지부 경고파업 돌입, 이후 현장복귀 및 집중교섭 진행.

○11월 17일, LGB지부, 11.20 SKB지부 전면파업 돌입, 이후 협의회(경총)과 집중교섭 진행.

○12월 9일, LGB지부, 11.20 SKB지부, 협의회(경총)과 교섭 결렬, 원청과 교섭 요구.

○12월 말 SK 최태원, LG 구본무 회장에 대한 규탄 등 투쟁 수위 높임.

[2015년]

○1월초 LG는 다시 집중교섭 진행, SK는 총공세투쟁 돌입.

1월 2일, SK브로드밴드 면담투쟁, 1.6 SK그룹 본사 면담 투쟁 (222명 연행, 3명 영장, 1명 구속)

○2월 6일, 강세웅/장연의, 중앙우체국 앞 고공농성투쟁 돌입.

○3월 양 지부 모두 현장복귀투쟁으로 장기전 태세 국면전환.

○4월 7일 : SK브로드밴드 잠정합의.

○4월 15일 : 시민단체, "구본무 회장, LG유플러스 파업 직접해결" 요구 면담투쟁, LG트윈타워 앞.

①②의 사례 외에도 파업 300일을 넘기고 있는 울산과학대 청소노동자들의 투쟁, 동양시멘트 노동자들의 투쟁, 대학청소, 경비노동자들의 투쟁 등 수많은 간접고용 노동자들의 투쟁이 진행 중이다. 이제 민주노총이 있는 사업장에 어용노조를 통한 복수노조가 만들어지는 것은 정규직만이 아니다. 서울대, 부산대를 비롯한 대부분의 대학에 어용노조들이 들어와 있고, 과반수를 획득하기도 한다.

이외에도 학습지 교사와 화물연대와 같은 특수고용 노동자들의 투쟁, 블랙기업 선정운동을 벌이는 청년유니온, 알바데이, 최저임금 1만 원, 맥도널드 점거시위 등으로 활동하고 있는 알바노조 등의 새로운 청년노동자들의 투쟁, '이주노조 10년, 이제는 합법화'를 전면적으로 내걸고 있고, 출국 후 퇴직금 지급 반대운동을 진행했던 이주노동자들의 투쟁 등 수많은 비정규직 노동자들의 조직과 투쟁의 역사는 오늘도 흐르고 있다.

4. 마치며

비정규직 규모와 실태를 통해서 확인한 것은 한국의 300인 이상 대기업과 공공부문이 비정규직 문제를 심각하게 하는 장본인이라는 것이다. '고용형태 공시제'를 통해 대기업일수록 간접고용의 비율이 높다는 것도 확인되었다. 조직과 투쟁사례를 통해 민간부문을 선도하는 모범사용자라는 공공부문이 초단시간 근로와 시간선택제 일자리를 양산하는 주범이라는 것도 밝혀졌다. 이것이, 한국이라는 국가독점자본주의사회에서, 자본주의를 극복하지 않고서는 비정규직 문제가 해결될 수 없음을 보여주는 증거이다.

2014년 12월 30일 박근혜 독점자본가정권의 노무관리팀 고용노동부는 '비정규직 종합대책'을 노사정위원회에서 논의해 달라고 했다. 이후 김대환 노사정위원장은 2015년 3월 말까지 합의하지 못하면 사퇴하겠다고 협박했으나, 결국 한국노총이 4월 8일 노사정위원회를 탈퇴하고 성명서를 발표하면서 노사정위원회를 통한 자본의 음모를 일단 막아내게 되었다. 민주노총이 4월 총파업을 걸고 다각적으로 한국노총을 견인한 결과라고 본다. 정부의 의도대로 사내하도급이 합법화되면 모든 불법파견이 합법화되고, 원청이 법적으로 사용자성을 인정받지 않으면서, 다른 말로 아무런 책임도 지지 않으면서 모든 인사, 노무관리, 작업지시, 임금 및 휴일, 휴가 관리까지 하는 게 가능해진다. 정말 무서운 일이다. 이런 것들을 관철시키려고 애쓰는 것이 국가이고, 더 쉬운 해고, 더 낮은 임금, 더 많은 비정규직을 노리는 자본의 탐욕의 앞잡이가 국가(이 국가는 자본의 지배기구, 부르주아 독재가 본질이다)이다. 그러한 국가가 역할을 해서 법, 제도를 개선해서 비정규직 문제를 해결한다는 것은, 비현실적인 망상이다.

앞에서 살펴보았지만 비정규직 노동자들은 자본주의 축적의 일반법칙, 자본주의 인구법칙에 따른 상대적 과잉인구의 한 범주인 정체적 과잉인구 즉 "그 취업이 매우 불규칙적인 현역 노동자집단의 일부를 이루고, 자본에게 마음대로 처분할 수 있는 노동력의 무진장한 저수지를 제공"하는 노동자들이다.

2007년부터 시작된 세계경제공황이 계속해서 자본 간 경쟁을 격화시키고, 노동자에 대한 착취를 더욱 강화해만 살아남을 수 있는 상황이다. 자본의 위기를 노동자, 민중에게 전가하고 이에 대한 노동자, 민중의 저항을 억압하기 위한 독재정치. 이것이 바로 박근혜 정권의 민주주의 후퇴의 본질이다.

그러나 1999년 한라중공업 사내하청 투쟁으로 시작된 십 수 년의 비정규직 투쟁의 한계도 분명하다. 비정규직 노동자들은 아직 대다수 조직되지 못했고, 조직된 노동자들도 경제주의와 조합주의의 수준에서 벗어나지 못하고 있다. 그것이 또한 한국노총이나 어용노조로 변질되는 이유이기도 하다. 한국노총과 어용노조들은 말한다. 조합비 많이 내고 늘 집회에 동원되는 민주노총 조합원들에게 "조합비 적게 내고 집회에 안 나가도 된다"고. 이런 유혹을 견딜 수 있는 계급의식이 아직 부족하다. 그러나 비정규직 종합대책 폐기를 위한 오체투지 행진, 사내하청 총파업 성사를 위한 전국모임, 불법파견 사용사업주 구속촉구 전국 순회투쟁단 등으로 비정규단위들이 결합하고 있는 것, 8.18 합의의 절망을 딛고 비상대책위를 중심으로 다시 시작하는 현대자동차 사내하청 아산지회 등에서 성장하는 계급의식을 본다. 모든 비정규노동자들의 투쟁이 결국 박근혜 정권 퇴진 투쟁으로 성장할 때, 노동자 계급의 권력을 쟁취하기 위한 투쟁으로 일어설 때, 그들의 의식은 노동자 계급의식으로 성장한 것이다. 그 날을 앞당기기 위해 끊임없이 선전하고 조직하자.

1950년대 인도공산당의 노선갈등에 대한 역사적 고찰
— 인민민주주의 대 평화적 이행 논쟁

이병진 | 노동사회과학연구소 회원

[편집자 주]

이 글은 이병진 동지께서 감옥에서 하나하나 수기로 작성한 원고를 교정한 것이다. 명백한 오류를 수정하고 글의 전체적인 맥락을 분명하게 전달할 수 있도록 편집자의 교정이 있었음을 밝힌다. Victor. M. Fic, *Peaceful Transition to Communism in India* 인용문 번역은 이병진 동지가 보내준 원문과 대조하여 교정하였다. 부분적으로 다소 불명확한 내용이 있지만, 이병진 동지가 출소한 이후의 과제로 남겨 둔다. 감옥에서 국가권력과의 힘겨운 투쟁 중에도 원고를 완성해주신 이병진 동지와 원고를 받자마자 한달음에 타이핑을 해준 배은주 동지의 노고에 감사드린다. (최상철 | 노동사회과학연구소 연구위원)

차례

1950년대 인도공산당의 노선갈등에 대한 역사적 고찰
― 쏘련공산당의 간섭과 인도공산당의 우경화 ―

1. 시작 글

2. 1951년 모스끄바 강령과 전술지침 ; 인민민주주의노선

 (1) 라나디베(Ranadive) 분파의 극좌모험주의
 (2) 라제시와르 라오(Rajeshwar Rao)의 농민게릴라
 (3) 인민민주주의노선 ; 모스끄바 강령과 전술지침
 (4) 1952년 총선거에서 인도공산당의 약진

3. 쏘련공산당의 수정주의와 인도공산당의 노선갈등

 (1) 1953년 제3차 전당대회 ; 민족민주연합전선
 (2) 쏘련공산당의 데땅뜨와 인도공산당의 혼란
 (3) 인도공산당의 우경화 ; 1955년 6월 당중앙집행위원회 회의
 (4) 1956년 제4차 전당대회 ; 평화적 이행으로

4. 나오는 글

1. 시작 글

제2차 세계대전이 끝나고, 영국제국주의자들과 민족부르주아 정당인 인도국민회의 간의 정권이양을 위한 정치협상이 진행되는 가운데 전 인도는 새 국가 건설에 대한 기대감으로 드높았다. 식민지배의 억압과 착취로 고통 받았던 노동자, 농민들은 해방의 기쁨을 누리는 한편 혁명운동을 고양시켰다. 노동자계급과 피억압계급의 이익을 대변하는 인도공산당은 정권이양을 독점하고 있는 인도국민회의에 맞서 혁명전략과 전술을 갖고 싸워야 하는 중요한 임무가 주어졌다.

인도의 인민 대중들은 스스로를 조직하여 혁명 대오를 만들었다. 1946년에 일어난 뗄랑가나(Telangana) 농민봉기는 당시 대중들의 그런 높은 혁명적 열기를 반영하는 것이다. 그렇지만 인도공산당은 그런 대중들의 혁명적 요구에 제대로 조응하지 못했다. 당시 인도공산당은 강령조차 갖고 있지 않았으며, 사회주의 혁명이행 전략을 제대로 수립하지 못하고 갈팡질팡하였다. 1950년대 초 인도공산당 내에는 혁명 주력군이 노동자계급인가, 농민계급인가를 두고 노선갈등이 있었다. 1950년대 중반에는 네루 정권을 지지할 것인가, 반대할 것인가를 두고 혼란이 있었다. 이 논란은 계속 이어져, 결국 1964년에 인도공산당이 분열되었다.

이 글에서는 1950년대에 있었던 인도공산당의 내부노선 갈등과 투쟁이 왜 일어났으며, 인도정치에 어떤 영향을 끼쳤는지 분석하려 한다. 그럼으로써 우리는 식민지 피지배 경험이 있는 국가들에서의 민족해방 운동과 사회주의 운동을 보다 풍부한 관점에서 재구성하여 이해하게 될 것이다.

1950년대는 인도의 독립으로 억압당하며 살던 피지배계급의 정치적 요구가 표출되면서 인도공산당에게 객관적으로 유리한 정세가 전개되었다. 그러나 인도공산당은 내부노선 갈등으로 그런 소중한 기회를 놓쳤다. 내부 노선투쟁은 수정주의의 승리로 귀결되었으며, 결국 인도공산당은 부르주아지에게 투항하였고, 피지배계급의 대의를 배신하였다. 수정주의자들은 인도공산당의 연합전술이 네루의 비동맹노선을 반제국주의전선으로 견인하고 사회주의식 계획경제 발전을 채택하도록 인도의 지배층을 압박하였다고 주장하였다. 하지만, 인도공산당은 '혁명노선'에서 '평화이행노선'으로 전환하면서 부르주아계급의 공격에 맞서 싸울 물리적 기반(혁명무력)을 포기하였다. 이것이 인도공산당의 실패의 연원이다.

인도공산당이 내부노선 갈등에 휩싸여 분열한 근본 원인은 사상적 사대주의(事大主義)였다. 인도공산당의 지도부는 인도 현실에 맞는 혁명노선을 추구하기보다는 쏘련공산당을 찾아다니며 승인이나 얻으려는 사대주의자들이었다. 인도 혁명의 전략과 노선을 쏘련공산당에게 물어보고 쏘련공산당의 후광을 얻으려 하며 권력 추구에 급급하였다.

1950년대 초 인도 공산주의자들은 여러 투쟁의 실패와 역사적 교훈을 통해 인도 혁명노선에 대한 수많은 고민을 제출하였다. 그러나 인도공산당은 지도부의 사상적 사대주의 때문에 끊임없이 동요하였다. 이 글은 이와 같은 인도공산당의 문제점을 1948년 제 2차 인도공산당대회부터 1956년 제4차 인도공산당대회 시기를 중심으로 살펴볼 것이다.

2. 1951년 모스끄바강령과 전술지침; 인민민주주의노선

1948년 제2차 인도공산당대회에서 즉각적인 혁명전쟁 노선을 채택하여 노동자들이 투쟁의 전면에 나서게 된다. 그러나 도시노동자를 중심으로 전위대오를 구축한 인도공산당의 투쟁은 네루정권의 집중적인 탄압을 받았고, 인도공산당의 활동은 위축되었다. 더군다나 노동자를 중심으로 하는 전위 전략은 농민들의 토지개혁 요구에 즉각적으로 호응하지 못함으로써, 당의 대중적 기반을 축소시켰다. 이로 인해 당이 대중으로부터 고립되자, 인도공산당 지도부는 1951년 모스끄바에 가서 스딸린과 함께 인도공산당의 노선에 대해서 진지한 토론을 하였다.

그 토론의 결과 인도공산당은 인민민주주의노선을 인도공산당의 총노선으로 정하고 전술지침을 내왔다. 이때 채택된 모스끄바 강령과 전술지침은 인도공산당의 극좌모험주의 경향을 바로잡고 인도공산당을 대중투쟁으로 발전시킨 중요한 방향전환이었다. 이 장에서는 모스끄바 강령과 전술지침이 나오게 되는 역사적 배경과 그 내용을 살펴본다.

(1) 라나디베(Ranadive) 분파의 극좌모험주의

1942년 인도철수운동(Quit India Movement) 과정에서 투쟁의 주도권을 민족부르주아계급에게 내준 인도공산당은 대중들의 지지를 회복하는 게 중요한 정치적 과제였다. 인도공산당 총비서 조쉬(P. C. Joshi)는 대중들이 인도공산당에 대해 갖고 있는 반민족적이라는 평판을 잠재우고, 인도공산당을 민족적이고 민주적인 대중정당으로 변화시키고자 하였다.

그러나 인도공산당의 라나디베 분파를 중심으로, 즉각적인 혁명전쟁을 일으켜서 사회주의국가를 건설해야 한다는 극좌모험주의가 급부상하였다. 이들은 조쉬의 대중노선을 우익수정주의노선이라고 비판하며, 즉시 국민회의 정부를 전복시키는 전면적인 혁명전쟁을 주장하였다. 이들의 주장은 1945년 인도독립 후 도시노동자들의 파업과 뗄랑가나 지역의 농민투쟁이 급진화되면서 점점 더 영향력이 커졌다.

라나디베의 혁명이론은 유고슬라비아의 티토(Tito)와 까르델

(Kardelj)의 '상호결합혁명(Intertwined Revolution)'이론에 기초한 것이다. 이 이론은 민족부르주아 혁명과 사회주의 혁명이 상호 결합하여 짧은 시간에 단 한 번의 혁명으로 인민민주주의 정권을 세울 수 있다는 것이다. 라나디베도 유고슬라비아처럼 인도에서 노동계급을 주력군으로 하고 농민군을 연합세력으로 끌어들여 민족부르주아 세력을 타도하고자 하였다. 그런데, 1947년 9월 폴란드에서 열린 꼬민포름1)에서 쏘련 측 대표 쥐다노프(A. A. Zhdanov)는 공산주의자들은 반제무장투쟁전선을 구축하기 위해 광범위한 '민족해방전선(The National Liberation Front)'을 만들어야 한다고 주장하였다.

그런 국제공산주의자들의 정세분석과 인식이 있었음에도 불구하고 라나디베와 급진좌파 세력들은 조쉬를 계급협조주의자로 공격하면서 당내 노선갈등을 촉발시켰다. 라나디베 분파는 1947년 12월 7일부터 16일까지 봄베이에서 열린 중앙집행위원회에서 주도권을 잡았으며, 이듬해인 1948년 2월에서 3월까지 캘커타에서 열린 제2차 인도공산당대회에서 조쉬를 총비서에서 몰아내고 당권을 장악하였다.

제2차 당대회에서는 유고슬라비아 고위 대표단인 블라지미르 데지예르(Vladimir Dedijer)와 라도반 조코비치(Radovan Zokovic)가 참석하여 상호결합혁명 전략을 설명하기도 하였다.2) 그리고 '인도공산당 정치테제(The Political Thesis of the Communist Party of India)'를 발표했는데, 그 핵심 내용은 네루정권 타도를 위한 혁명전쟁에 돌입한다는 것이다. 그러나 라나디베와 극좌모험주의 분파의 혁명전쟁은 당시 인도의 현실에서는 성공할 수 없는 공허하고 무모

---

1) 1947년 9월 폴란드에서 제9차 공산당 노동자당 회의(A Conference of the Nine Communist and Workers Party)가 열렸는데, 이 회의에서 공산주의자 정보위원회(the Communist Information Bureau, Cominform)를 만들기로 결정한다.
2) Victor. M. Fic, *Peaceful Transition to Communism in India*, Nachiketa Publications, Bombay, 1969, p. 19.

한 일이었다. 인도공산당은 반파시즘 전선에 동참한다는 명분 때문에 반영 투쟁에 적극적이지 않았고, 바로 그 때문에 인도 인민들은 인도공산당이 아니라 인도국민회의를 보다 지지하였다. 게다가 독립 직후 인도의 혁명적 열기는 도시노동자가 아니라 농민들 사이에서 더욱 고조되고 있었다. 그런 조건에서 도시의 노동자들을 중심으로 한 혁명전쟁으로 민족부르주아 정권을 타도하겠다는 것은 비현실적이었고 불가능하였다.

라나디베는 명목적으로는 '민족민주혁명(National Democratic Revolution)'을 내세웠으나 실제로는 노동자계급이 주도하는 민족부르주아 타도 혁명운동을 수행하려 하였다. 라나디베의 극좌모험주의 노선으로 인도공산당은 네루정권의 극심한 탄압을 받았다. 조직화된 농민군은 네루정부군의 희생양이 되어야 했으며, 이로 인해 내부 혁명역량이 소진되었다. 뿐만 아니라 인도 전체의 총파업을 유도하기 위해서 벌인, 1949년 3월 9일 철도 총파업은 성과를 얻지 못했고, 당시에 가장 선진적이었던 철도노조의 와해만 가져왔다. 네루정권은 즉시 인도공산당을 비합법시켰고 대대적인 탄압을 하였는데, 9만 명에 이르던 인도공산당원이 1951년에는 1만 8천 명으로 급격하게 줄었다.[3] 도시노동자들을 주력으로 하는 라나디베의 민족민주혁명은 그 협소한 계급주의 관점으로 인해 비참하게 실패하였다.

(2) 라제시와르 라오(Rajeshwar Rao)의 농민게릴라

인도의 독립 직후 여러 지역들에서 많은 농민봉기가 일어났지만, 가장 성공적인 농민봉기는 뗄랑가나 투쟁이었다. 뗄랑가나의 대부분은 봉건 왕 니잠(The Nizam of Hyderabad)의 영역이었다. 뗄랑가나 농민들은 봉건지배의 착취에서 벗어나고자 자발적으로 농민군을

---

3) Bipan Chandra, Aditya Mukherjee, Mridula Mukherjee, *India Since Ind-ependence*, Penguin Books, India, 2008, p. 259.

조직하여 니잠과 싸웠다. 이슬람교도인 니잠은 파키스탄을 지지하였다. 이런 이유로 그는 인도공화국에 들어가지 않고, 독립적인 봉건왕국을 만들겠다고 선포하였다. 뗄랑가나 농민들은 1946년부터 낡은 봉건지배체제 유지 시도에 대항하여, 농민군을 만들어 농민해방구를 건설하였다. 이 시기에 농민해방구는 3천 개 이상의 마을에 건설되었다[4].

당시 안드라 쁘라데쉬(Andhra Pradesh) 지역의 공산주의자들은 라나디베의 좌경노선을 비판하였다. 이들은 뗄랑가나 농민투쟁의 성과들을 근거로 인도 현실에 맞는 혁명은 농민군을 주력군으로 내세워 도시를 포위해 들어가는 중국의 마오주의 노선이라고 주장하였다. 마오주의 혁명노선을 지지하는 그룹을 이끈 핵심 지도자가 라제시와르 라오였다. 그를 중심으로 인도공산당 안드라 쁘라데쉬 지역위원회는 안드라 테제(The Andhra Thesis)를 1948년 6월 인도공산당 중앙집행위원회에 제출하였다. 안드라 테제는 인도공산당 중앙집행위원회에서 거부되었고, 제2차 인도공산당 대회에서는 라나디베 노선이 채택되었다. 그렇지만 1949년 중국공산당이 혁명에 성공함으로써 농민게릴라 전술을 결코 무시할 수 없게 되었다.

1949년 12월부터 1950년 1월까지 6주 동안 마오쩌둥이 모스끄바를 방문하였는데, 이후 코민테른도 인도의 좌경모험주의 노선을 비판하였다. 1950년 5월에 라제시와르 라오는 그런 국제공산주의 운동의 여론을 배경으로 라나디베를 탄핵하고 인도공산당 총비서가 되었다. 라제시와르 라오는 인도공산당의 기관지인 ≪공산주의자(Communist)≫ 1950년 7·8월 호에 "마오쩌둥 동지에 대한 반레닌주의적 비판에 부치는 ≪공산주의자≫ 편집위원회의 성명(Statement of the Editorial Board of *the Communist* on Anti-Leninist Criticism of Comrade Mad Tse-tung)"을 발표하였

---

[4] E.M.S. Namboodiripad, *The Communist Party in Kerala ; Six Decades of Struggle and Advance*, National Book Centre, New Delhi, 1994, p. 97.

다. 그는 이 글에서 그의 정치적 노선을 분명하게 밝히고 있다.

"우리의 혁명은 여러 측면에서 고전적인 러시아혁명과는 다르고, 엄청난 정도로 중국혁명과 비슷하다. 그 전망은 농촌지역의 해방을 이끌기 위해서 총파업이나 총궐기가 아니라, 민주전선 권력을 쟁취함으로써 끝이 나는 끈덕진 저항과 장기적인 농민혁명의 투쟁 형태이어야 할 것이다."5)

인도 혁명의 주력이 노동자계급이냐 농민이냐를 둘러싼 인도공산당 내부의 노선투쟁은 뗄랑가나 농민게릴라 투쟁에서도 나타났다. 인도군이 뗄랑가나 농민군에 대한 진압 작전에 본격적으로 나서자 농민게릴라 투쟁전술을 둘러싸고 내분에 빠졌다. 네루정권은 인도공화국과 합병을 거부하는 하이데라바드 왕국과 협상을 하느라 군대 파병을 보류했었다. 그러나 니잠 왕이 완강히 버티자 1948년에 인도군을 파병하여 무력으로 통합시켜버렸다. 뗄랑가나 공산주의자들은 농민게릴라 투쟁을 지속할지 또는 말지 고민하였다. 농민 무장투쟁에 대한 네루정권의 탄압은 혹독하였다. 공산당지도부가 검거, 투옥되었으며, 현대화된 인도군에게 보잘것없는 무기들을 갖고 싸우는 농촌게릴라는 상대가 되지 못하였다. 또한, 니잠 왕이 네루에게 항복하고 인도공화국에 편입하기로 하자, 한때 농민봉기를 지지했던 부농과 중농들을 중심으로 뗄랑가나 농민투쟁의 명분이 없어졌다며 투쟁을 그만두어야 한다는 여론이 일어났다. 그러면서 중국식 무장투쟁 전략이 인도에서는 비현실적이라는 여론이 인도공산당 내부에서 강하게 일어났다.

한편, 1950년 6월 한국전쟁이 일어나자 네루는 중국을 지지하고 미국을 침략자라고 맹비난하였다. 이런 네루의 외교정책은 중국과

---

5) The "Statement of the Editorial Board of *the Communist* on Anti-Leninist Criticism of Comrade Mao Tse-Tung", *Communist*, Vol Ⅲ No. 3(July-August 1950). p. 25. ; Victor. M. Fic, *Ibid*, p. 26.

쏘련의 주목을 받으며 인도공산당의 입지를 더욱 작게 만들었다.

사회주의진영에서는 한국전쟁을 계기로 핵무기로 무장한 미제국주의에 맞서는 평화운동이 대두되었다. 영국공산당 당원이며 꼬민포름의 명망가인 팜 두트(Palme Dutt)는 인도공산당 지도부에게 보낸 편지에서 네루의 비동맹노선을 지지하고 민족부르주아 세력까지 포함하는 광범위한 민족민주전선(National Democratic Front)을 제안하였다.6)

이 편지를 계기로 '민족민주전선'은 인도공산당의 화두가 되었으며, 인도공산당의 주요 지도자인, 단게(S. A. Dange)와 고쉬(A. K. Ghosh)가 라제시와르 라오의 농민게릴라 노선을 공개적으로 비판하였다. 특히 그는 그의 연합정부론을 라나디베와 라제시와르 라오가 모두 거부했다며 다음과 같이 비판하였다.

> "라제시와르 라오 동지는 개인적인 테러리즘을 당의 정규 활동으로 조직하고자 한다. 그리고 그는 그것을 체계적이고 계획에 기초하여 실행하고자 한다. 반면에 라나디베 동지는 아마추어적이며, 우연성에 의존하고, 무계획적이며, 비일관적이었다. 이것은 합법·비합법 조합주의도 아니고 노동계급에 끼어든 테러리즘이다. 라나디베는 우리들의 대중 노동조합의 기초를 해체하였고 라제시와르 라오는 개별 투사들을 테러분자로 만들려 하면서 청산주의자의 역할을 한다."7)

비록 농민게릴라 전술을 지지하는 라제시와르 라오가 당의 총비서였지만, 그의 노선에 대한 비판이 커지자 1950년 12월에 중앙집행위원회를 소집하여 당의 노선을 둘러싸고 격론이 벌어졌다. 그러나 당의 노선에 대한 합의에 실패하자 모스끄바로 당대표단을 보내

---

6) "Palme Dutt Answers Questions on India", *Crossroads*, January 19, 1951. ; Victor. M. Fic, *Ibid.* p. 36.
7) Joshi, P. C., "*Problems of the Mass Movement*", Vol. II, pp. 39-41. ; Victor. M. Fic, *Ibid.* p. 37.

기로 결정하였다. 러시아식 혁명론을 지지하는 단게와 고쉬 그리고 중국식 농민혁명론을 지지하는 라제시와르 라오와 바싸반뿌니아가 인도공산당의 대표로 모스끄바를 방문하였다. 스딸린과 인도공산당은 인도공산당의 노선갈등에 대해서 토론하였고 그 결과물로 새로운 당 강령초안(An Outline of a new Draft Programme of the Party)과 전술노선(the Tactical Line)을 도출해냈다.

(3) 인민민주주의노선; 모스끄바 강령과 전술지침

인도공산당은 내부의 노선갈등과 분열로 인해 스스로의 힘으로 당의 강령조차 정하지 못해 스딸린에게 도움을 요청하였다. 비록 인도공산당 스스로 사상노선을 정립한 것은 아니었지만, 모스끄바 강령은 당시 국제공산주의 투쟁의 역사적 교훈을 참고하여 인도 현실에 기초한 당의 강령과 전술적 지침이라는 데 의미가 있다. 쓰딸린의 지도하에 인도공산당 지도자들은 러시아식 혁명과 중국식 혁명 모두 인도의 현실에 부합하지 않음을 깨닫고, 인도식 '인민민주주의' 노선을 당의 새로운 강령으로 채택하였다. 그러면서 전술지침으로 노동계급과 농민계급이 동맹을 맺는 '연합전선'을 전술지침으로 채택하였다. 그런 단결에 기초하여 민족부르주아들과 싸워 인민민주정권을 건설해야 사회주의 사회로 이행할 수 있다고 결론지었다. 그와 동시에 선거에 참여하여 부르주아 계급의 반동성을 폭로하고 대중들이 갖고 있는 부르주아에 대한 환상을 깨는 일도 중요한 전술지침으로 평가하였다.

이런 전술지침은 그동안 인도공산당이 혁명전쟁 전술에 매몰되어, 선거 참여를 거부하여 대중들로부터 고립되는 오류를 바로잡고 대중정당으로 성장할 수 있는 의미 있는 결정이었다. 또한 노동자계급과 농민 그리고 모든 피억압 대중들을 위한 인민민주국가 건설이라는 당면 과제를 제시함으로써, 모든 진보적 세력이 인도공산당을 중심으로 단결할 수 있게 하였다. 모스끄바 전술지침의 주요내용은 다음과 같다.

1. 인도공산당의 강령 초안을 만드는 데 있어서 당면한 주요 목표들은 봉건주의 청산, 봉건 지주가 소유한 모든 토지들을 농민과 농업노동자들에게 분배, 그리고 민족의 완전한 독립과 자유이다. 이런 목표들은 평화적이고 의회주의적 방법으로는 현실화 될 수 없다. 이들 목표들은 오직 혁명을 통해서, 오직 지금의 인도 국가를 전복시킴으로써, 그리고 그것을 인민민주국가로 대체시킴으로써 현실화할 수 있다.

이것을 위해서 공산당은 전체 농민들과 노동계급을 봉건 착취자들과 투쟁하게끔 불러 일으켜야 하고 노동계급과 농민들 사이의 동맹을 강화시키며 모든 반제국주의 계급들(민족부르주아를 포함하여), 계층들, 그룹들, 정당들과 그리고 인도의 민주주의와 자유와 독립을 위해서 투쟁하는 구성원들을 포함하는 광범위한 민족적 범주세력들과 연합전선을 형성하게끔 분투해야 한다.

2. 가장 기초적인 유형을 포함하여 모든 유형의 투쟁에 의존해야 하며 대중 동원을 위해 모든 합법적인 가능성을 활용하여 자유와 민주주의를 위해 대중들을 투쟁으로 이끌도록 하면서, 공산당은 항상 현재의 인도의 식민지적 구성에 대한 관점을 견지해야 하고, 합법 영역과 의회의 가능성이 제한적이고 진정한 민주적 자유가 부재하므로 지금의 국가를 인민민주국가로 대체하는 일은 오직 인민들에 의한 무장혁명으로써 가능하다는 관점을 견지해야 한다.

3. 그럼에도 불구하고, 우리 당 안에서 이런 무장투쟁의 정확한 성격과 승리를 확정짓기 위해서 해야 할 정확한 형태에 관해서 잘못되고 왜곡된 사상이 퍼져 있다. 제2차 당대회 이후 당내 지도부의 지배적인 경향은 인도경제의 식민지적 성격을 망각하였고, 중국과 다른 식민지 국가들의 혁명운동들에서 교훈을 얻고자 하지 않았으며, 농민투쟁의 엄청난 중요성을 축소하였고 도시나 산업지역들에서 정치적 총파업이 그것 자체만으로 전국적 범위에서 내란을 촉발시킬 것이고 지금의 국가를 전복시킬 것이라는 이론에만 빠졌다.

그 뒤에, 중국혁명에 대한 잘못된 이해를 바탕으로, 인도혁명은 중국혁명처럼 똑같이 발전하며 게릴라 전쟁이 핵심이거나 또는 거의 유일하게, 혁명의 승리를 확정짓는 무기라는 이론에 빠졌다. 앞의 이론은 농민대중의 중요성을 축소한 반면에, 뒤의 이론은 노동계급의 중요성과 그것의 행동을 축소하였다. 둘 모두의 전술지침은 인도의 특수한 정세에 관한 무지와 다른 나라들의 사례를 그대로 기계적으로 따른 결과였다. 이론뿐만 아니라 실제에 있어서 주요한 전술 지침은 노동계급과 농민과의 동맹이라는 핵심 임무를 거부했던 것이며, 그러므로, 확고한 동맹에 기초한 민족전선연합 건설 임무를 거부하는 것이며, 반제반봉건 혁명에서 노동계급의 지도력을 거부하는 것이었다.8)

모스끄바 전술지침의 핵심은, 1950년대 인도의 정세에서 요구되는 전술은 노동계급이 주도하는 즉각적인 사회주의 혁명이 아니라 노동계급의 지도로 광범위한 피착취 대중들을 단결시켜 인민민주정권을 세우는 것이었다. 농민무장봉기도 인민민주정권 수립에 기여할 때 의미가 있는 전술이라고 한정하였다. 또한 대중들의 정치의식 수준이 민족부르주아들의 허구성과 계급적 본질을 이해할 만큼 높지 않기 때문에, 의회정치에 참여하여 인민민주정권 수립에 활용할 것을 촉구하였다. 이것은 인도공산당이 선거참여를 전면 거부하고 오직 노동자 총궐기 혹은 농민게릴라전쟁 노선이라는 극단적인 비합법투쟁 노선만을 고집하는 것에 대해, 그 오류를 적절하게 비판한 것으로 평가할 수 있다.

이와 같이 모스끄바 전술지침을 토대로 인도공산당 지도부는 모스끄바에서 돌아와 1951년 4월에 "인도공산당 강령 초안(Draft

---

8) "The Tactical Line", *India Communist Party Documents 1930-1956*, pp. 72-74. ; Victor. M. Fic, *Ibid.* pp. 40-41.

Programme of the Communist Party)"를 만들고 1951년 5월에는 "인도공산당 정책 성명서: 인도는 스스로 자유와 인민의 지배를 위한 길로 갈 수 있다(A Statement of Policy of the Communist Party of India : India will strike its own Path to Freedom and People's Rule)"를 발표하였다. 그리고 이 두 개의 문건을 1951년 10월에 인도공산당 특별전당대회에서 통과시켰다. 인도공산당은 특별당대회에서 당면 과제를 사회주의 혁명이 아닌 인민민주정부 수립으로 제시하고 반제반봉건 세력이 결집하는 민족민주전선을 구축하기로 결정하였다. 1951년 10월 특별당대회에서 채택된 강령은 인도공산당의 임무를 다음과 같이 밝히고 있다.

> "사회주의 사회 건설이라는 목표를 고수하여야 함에도, 우리나라에서 우리의 발전의 현 단계에서 공산당이 사회주의 건설을 요구할 수는 없다. 인도경제 발전의 후진성과 노동자, 농민, 지식인 대중조직의 취약성을 고려할 때, <u>우리 당은 현 시기에 우리나라를 사회주의 국가로 변모시키는 것이 불가능하다</u>. 그러나 우리 당이 우리나라에서 모든 민주세력과, 반봉건, 반제국주의 세력의 연합이라는 기초를 통해 반민주, 반인민 정부를 새로운 인민민주정부로 대체하는 과업의 기반은 상당히 성숙되어 있다."9)

이로써 인도공산당은 반제·반봉건 그리고 민주세력이 결집하는 대중정당노선을 당의 총노선으로 정하고 다가오는 1952년 총선거에도 참여하게 된다. 인도공산당의 인민민주주의 노선은 당시의 상황에서 혁명무력이 담보되지 못한 상황에서 혁명전쟁을 당의 노선으로 삼았던 인도공산당의 비현실적인 오류를 수정하여 노동자, 농민, 지식인 그리고 진보적인 민족부르주아와 연합하여 네루정권을 쓰러

---

9) The Communist Party of India, *The Programme of the Communist Party of the India*, Bombay, October 1951. pp. 12-13, 23-24. ; Victor. M. Fic, *Ibid.* pp.46-47. (편집자주: 강조는 Victor. M. Fic에 의한 것.)

뜨리고 진정한 인민민주주의 국가를 세우려 했다는 데 중요한 역사적 의미가 있다. 이것을 계기로 인도공산당은 대중정당으로 발전하는 힘찬 발걸음을 내딛었다.

그럼에도 불구하고, 인민민주주의 노선은 한계도 있었다. 무엇보다도 인도의 투쟁경험을 총화하여 전술지침이 만들어진 것이 아니었기 때문에, 인도의 현실에서 인민민주주의 노선을 구체적으로 실현하는 데 있어서 불명확했고 추상적이었다. 또한 모스끄바 전술을 현실 운동에 기계적으로 적용하는 데에도 심각한 오류가 드러났다. 1951년 5월에 당강령 초안을 발표하면서, 아무 대책도 없이 뗄랑가나 농민무장 투쟁을 포기한다고 선언하였다. 그런 갑작스런 결정은 기층 단위에서 반발을 일으켰다. 그동안 농민무장 투쟁으로 몰수한 토지를 도로 지배계급에게 돌려주는 인도공산당의 일방적인 혁명포기선언은 인도공산당의 새로운 분열의 씨앗이었다. 또한 1953년 스딸린의 사망은 모스끄바 강령과 전술의 입지점을 크게 뒤흔들었다.

(4) 1952년 총선거에서 인도공산당의 약진

인도임시정부가 영국제국주의에게 1947년에 정권을 이양 받고 헌법을 만들었는데 그 헌법에 의한 최초의 총선거가 1952년 1월에 실시되었다. 인도공산당은 1948년 제2차 당대회 때 선거거부를 당의 공식노선으로 정하였다. 그런데 1951년 10월 특별당대회를 열어 선거참여를 결정하였다. 이것은 총선거를 3개월 앞둔 전향적인 변화였다. 선거가 임박한 시점에서 선거에 참여하기로 결정한 인도공산당은 지배계급에게 별 관심도 끌지 못했다. 그 당시에는 간디의 암살로 국민회의 내부의 권력 싸움과 암투가 심했는데 점점 보수화되는 국민회의를 비판하며 국민회의 내부에서 뛰쳐나온 사회민주주의계열 세력의 영향력이 공산당보다 오히려 더 컸다.10)

그런데 놀랍게도 1952년 총선거 결과, 인도공산당이 제1야당으로 급부상하였다. 당시의 여론은 사회당과 간디의 노선을 따르는 끼싼 마스도르 쁘라자 당(The Kisan Masdoor Praja Party, KMPP)이 많은 의석수를 차지할 것으로 예상했는데, 선거 결과는 공산당보다 미미한 성과를 거두었다.11)

<표1>은 1952년 총선거 결과와 지지율을 보여준다.

[표1] 1952년 하원(Lok Sabha)과 지방의원(State Assemblies) 선거결과

정당	하원의석수(석)	지지율(%)	지방의원의석수(석)
국민회의	364	45.0	2,248
공산당과 연합12)	23	4.6	147
사회당	12	10.6	125
KMPP	9	5.8	77
잔 상(Jan Sangh)	3	3.1	
힌두(Hinda Mahasabha)	4	0.9	85
람(Ram Rajya Parishad)	3	2.03	
기타	30	12.0	273
무소속	41	15.8	325
합계	489		3,279

출처 : Bipan Chandra, Aditya Mukherjee, Mridula Mukherjee, *Ibid.* p. 171.

---

10) 인도국민회의에 속해 있던 사회민주주의 세력은 1948년 인도국민회의를 탈퇴하고 사회당(the Socialist Party)을 만들었다. 사회당의 지도자였던 자야뿌라까쉬 나라얀(Jayaprakash Narayan)은 네루 수상 다음으로 대중적인 인기가 높았다. 사회당에는 대중들에게 잘 알려진 명망가가 많았으므로 사회당에 대한 여론의 관심과 영향력이 컸었다.
11) 1952년 총선 이후, 사회당과 KMPP는 낮은 지지율 때문에 존재감이 사라지자 1952년 9월에 두 당을 통합하여 쁘라자 사회당(the Praja Socialist Party)을 만들었다.
12) 인도공산당 단독으로는 16석의 하원의원에 당선되었다. 연합전선 선거구에서는 하이데라바드의 인민민주전선에서 공산당 소속의원이 7명, 뜨라반꼬레-꼬친의 좌파연합전선에서 공산당 소속의원이 3명 당선되었다. 따라서 공산당과 연합전선으로 당선된 총의석수는 26석이었다. 또한 Victor. M. Fic

1952년 첫 총선 결과 인도국민회의가 중앙정부와 지방정부를 차지하였지만 그 지지율은 과반수도 안 되는 45퍼센트에 불과하였다. 더군다나, 지방정부 선거에서 국민회의는 마드라스((Madras), 뜨라반꼬레-꼬친((Travancore-Cochin), 오리싸(Orissa), PEPSU의 4개 주에서13) 다수당이 아닌 소수당으로 몰락하였다. 그래서 네루는 무소속과 지방 토호세력들을 끌어들여 겨우 지방정부를 세워야 할 만큼 인도국민회의에 대한 인기는 시들해졌다. 반면에 인도공산당은 총선 3개월 전에 선거참여를 결정하고 선거를 치렀는데도 하원에서 제1야당의 지위로 급부상하였으며, 마드라스, 뜨라반꼬레-꼬친, 하이데라바드 주에서는 다수의 지방의원들이 당선되었다.
  이런 선거결과는 인도공산당의 인민민주주의와 대중정당건설이 대중들로부터 지지와 호응을 받고 있음을 보여주는 것이다. 이것은 인도공산당의 인민민주주의 노선이 당시 인도 현실에서 성공 가능한 현실적인 전술이었음을 증명해 주었다. 이와 같은 선거 참여 전술의 성공을 바탕으로, 인도공산당은 혁명전략을 실현하기 위해서, 새로운 현실에 맞게 어떻게 전술을 짜고 실천해야 할지 새로운 과제를 안게 되었다.

의 연구에 의하면 지방의원의석수는 194명이었다. Victor. M. Fic, *Ibid.* pp. 57-58.
13) 마드라스는 오늘날 타밀나드 주, 뜨라반꼬레-꼬친은 오늘날 께랄라 주, PEPSU(Patiala and East Punjab States Union)은 오늘날 뻔자브 주로 바뀌었다.

3. 쏘련공산당의 수정주의와 인도공산당의 노선 갈등

1953년 스딸린이 죽자, 쏘련공산당은 "평화적으로 사회주의로의 이행"이라는 수정주의로 노선을 바꾼다. 이런 쏘련공산당의 노선 변화로 인도공산당은 인민민주주의 노선을 지지하는 쪽과 수정주의 노선을 따르려는 쪽으로 양분되어, 새로운 당내 노선 갈등이 전개되었다. 그런 상황에서 1953년 제3차 당대회는 공산당이 민족부르주아지에 대한 주도성을 전제로 하여 민족부르주아 세력과의 연합을 당의 당면과제로 제시하였다. 그러나 1954년 네루가 비동맹중립 외교정책을 추진하자, 쏘련공산당은 인도공산당에게 네루정권을 지지하도록 강요하였고, 그런 쏘련의 간섭으로 인도공산당 노선은 네루정권과의 '연합정부론'까지 크게 후퇴한다.

(1) 1953년 제3차 당대회: 민족민주연합전선

1952년 치러진 주 선거에서 국민회의는 마드라스 주에서 전체 375석 가운데 152석, 뜨라반꼬레-꼬친 주에서는 108석 가운데 44석밖에 당선시키지 못했다. 이런 결과는 반국민회의 세력이 단결하면 야당이 주정부를 구성할 수도 있음을 보여주었다. 인도공산당은 선거에 의한 정권교체 가능성을 보고 연합전선의 필요성을 인식하였다. 그러면서 연합전선의 범주에 민족부르주아 계급까지 포함시켜서 당면과제를 인민정부 수립에서 인민민주연합정부 수립으로 변경한다. 인도공산당은 이런 변화된 노선을 1953년에 열린 제3차 인도공산당 대회에서 공식화하였다. 제3차 인도공산당 대회에서 결정된 핵심 내용은 민족부르주아 세력까지 포함하는 민주세력의 연합을 만드는 것이었다.

"오늘날 우리가 목격하는 것은 단지 원숙한 경제 위기가 아니라 정치

적 위기 발전의 초기 단계이다. ㅎ250

　이런 조건들에서 매일매일 요구되는 투쟁들, 세금과 가격 인상, 실업에 반대하는 투쟁들, 시민의 자유와 민주적 권리를 지키고 확대하는 투쟁들은― 모든 것들이 점점 더 연계되면서 ―현 정부를 민주연합 정부로 대체하기 위한 공동투쟁을 고양시키는 것이다."14)

　인도공산당은 1951년에 만든 인민민주정부 건설이라는 목표는 그대로 유지하였지만, 당시 인도의 상황에서는 급격한 사회주의화 노선을 실행하기 어렵다고 보고, 1953년 제3차 당대회에서 연합전선 전략에 의한 민족민주 혁명역량 강화로 당의 혁명 목표를 바꾸었다. 이런 전략수정으로 인도공산당은 중간계급과 민족부르주아들까지 포함하는, 사회주의 세력과 좌파진영과의 연합전선 구축에 나섰다. 비록 인도공산당이 인민정부 건설에서 민주연합정부로 투쟁의 수위는 낮추었으나 당시에 혁명무력을 담보하지 못했던 인도공산당으로서는 현실적인 결정이었다.

　그렇지만 인도공산당의 연합전선은 성공하지 못하는데, 사회당과 우파 민족주의 정당인 KMPP는 인도공산당과의 연합을 거부하고 국민회의로 넘어갔다. 그런 가운데, 네루정권의 외교정책에서 중요한 변화가 일어났다. 당시 네루는 한국전쟁에 참전한 중화인민공화국의 정당성을 두고 미국과 대립하고 있었는데 그런 인도를 견제하고자 미국은 동남아시아조약기구(the South-East Asai Treaty Organization) 설립을 추진하고 파키스탄과 군사협정을 맺으며 아시아-태평양 지역에서 군사적 지배를 강화시켜 나갔다. 이에 대응해서, 네루는 비동맹 노선을 추진하였고 쏘련과 중국과의 협력관계를 만들어 나갔다.15)

---

14) *The Third Congress Indian Communist Party Documents 1930-1956*, pp. 108-111. ; Victor. M. Fic, *Ibid*. pp. 70-71.
15) 인도와 중국은 1954년 4월에 불가침, 불간섭, 평화공존, 상호주권과 영

한편, 네루는 1954년 12월에 헌법전문 일부와 '정부정책 명령원칙들(the Directive Principles of State Policy)'을 개정하여 사회주의 개혁정책에 관심을 보였다.16) 이와 같은 상황 변화에 따라 인도공산당의 일부 분파에서는 제3차 인도공산당의 노선이 인도의 현 정세와 맞지 않다며 공개적인 비판을 제기하였다.17) 이런 문제제기에 인도공산당 우따르 쁘라데쉬 주 위원회가 동의하고 당중앙위원회에 민족플랫폼의 필요성을 공식 제기하면서 노선갈등에 불을 당겼다.

인도공산당 중앙집행위원회는 네루의 전향적인 비동맹 노선으로 촉발된 네루정권의 성격을 둘러싼 당내 갈등을 논의하려고 1954년 9월에 회의를 열었다. 이 회의에서 당중앙집행위원회는 네루의 외교정책이 진보적이라 하여도 네루정권을 지지하는 것은 국민회의 정권교체 투쟁을 포기하는 것이라 보고 연립정부전술을 기각하였다. 그 당시 당의 지배적인 시각은 비록 네루정권이 진보적 외교노선을 걷는다 해도 네루정권의 기본적인 성격은 대지주, 독점자본가 정권

토존중이라는 5개 원칙(Panchsheel로 널리 알려짐)에 합의하였다. 이를 계기로 1954년 6월 저우언라이가 인도를 방문하였고 네루는 같은 해 10월에 중국을 방문하여 공식적으로 외교관계를 맺었다. 이때 인도와 중국은 미국의 아시아 지배를 반대하며 '아시아 평화지대'를 제안함으로써 중립적인 비동맹운동에 활력을 주었다.
16) 인도헌법 제4장 정부정책 명령원칙들(the Directive Principles of State Policy)에는 정부법을 만들 때의 원칙들을 기술하고 있다. 여기에는 사회주의 국가의 공동소유, 공동생산, 공동통제 개념이 반영되어 있지만, 사법적 구속력이 없어서 현실에서는 공허하게 존재한다. 국가권력의 이상적인 목표를 제시한 것에 불과하다.
17) 인도공산당 주간지 ≪새시대(*The New Age*)≫의 편집장인 라마무르띠(P. Ramamurthy)가 대표적이다. 그는 인도공산당 내 수정주의 여론을 주도적으로 이끌었다. 국민회의와 함께 민족플랫폼(National Platform)을 만들자고 주장하였으며, 미제국주의로부터 인도를 지키기 위해서는 중국과 수교하고 '사회주의 방향으로 정책 선회를 하고 있는' 네루를 지지하고 공동정권을 세워야 한다고 주장하였다.

이었다. 그런 인도 내부의 계급모순을 해결하기 위해서는 정권교체가 필요하다고 인식하였다.

그렇게 당중앙집행위원회에서 결론을 짓고 당내 갈등을 수습하려고 하였으나, 당의 수정주의 세력은 인도공산당 중앙집행위원회의 결정을 편협한 보수주의자들이 내린 결정이라며 계속해서 공격하였다. 이렇게 당내 노선갈등이 심화되는 가운데, 인도공산당은 1955년 2월에 치러진 안드라 쁘라데쉬 주 선거에서 참패하였다. 안드라 쁘라데쉬 주는 뗄랑가나 농민운동으로 인도공산당의 영향력이 강한 지역인데도, 주의회 의석수를 1952년 선거보다 무려 75%나 잃었다. 이를 계기로 수정주의 세력은 당중앙집행위원회에서 선거 패배에 대한 책임을 지라며 공격하여 극심한 노선갈등이 이어졌다.

3천 개 마을 이상의 농촌해방구가 건설되었을 만큼 공산주의 운동이 활발하였던 안드라 쁘라데쉬 지역의 선거 패배는 아무런 대책과 대안 없이 농민투쟁을 접은 인도공산당이 인민들을 배신한 결과라고 할 수 있다. 그러나 당내 수정주의자들은 인도공산당 내 보수주의자들이 진보적인 네루정권과의 연합을 거부한 데 따른 민심이반의 결과라며 당중앙집행위원회를 비판하고 정치적 책임까지 요구하였다. 이런 당내 수정주의 세력의 압박과 국제사회주의 진영의 정세변화로 1955년 6월에 열린 당중앙집행위원회 회의는 수정주의 입장을 대폭 수용하였다.

(2) 쏘련공산당의 '데땅뜨'와 인도공산당의 혼란

1953년 3월에 스딸린이 사망하자, 쏘련공산당은 대외정책에 있어서도 수정주의적으로 노선을 전환하였다. 쏘련의 새 지도부는 네루의 비동맹, 중립외교정책이 미국을 반대하고 쏘련에 우호적이라고 보고 네루정권과 협력적 관계를 모색하였다. 쏘련 지도부는 1954년 여름에 제네바에서 열린 인도-차이나 전쟁 종결을 위한 협상을 계기로 외교정책 기조를 '데땅뜨(긴장완화, détente)'로 바꾸었다. 쏘련 수정주의 지도부는 아시아 지역의 민족해방을 위한 혁명노선을 접고 평화공존으로 후퇴하였다. 그러면서 네루의 비동맹·중립노선을 적극 지지하였다.

인도공산당 총서기인 고쉬는 1954년 7월부터 모스끄바에 머물면서 인도공산당의 노선을 재검토하고 있었다. 그러는 가운데 인도공산당의 멘토인 팜 두트는 1954년 9월 인도공산당 중앙위원회에 편지를 보내 반네루 노선을 바꾸라고 간섭하였다.18) 두트는 제2차 세계대전 이후 미제국주의 등장으로 평화가 위협받고 있으며, 식민지 민족해방투쟁과 쏘비에트의 평화정책은 서로 분리될 수 없는 정책이라고 강조하면서, 국제공산주의 운동도 쏘련의 평화노선을 지지하고 동참할 것을 요구하였다.19)

모스끄바는 미제국주의와의 투쟁전선을 구축하기 위해 인도공산당에게 네루정권에 대한 지지를 강요하였다. 그러나 1954년 9월 인도공산당 중앙집행위원회의는 쏘련의 요구를 거부하였다. 왜냐하면, 그동안 인도공산당은 인민정권 수립을 위해서 네루정권 타도를 목표로 투쟁해 왔는데, 스딸린이 죽은 지 1년 만에 쏘련공산당이 갑자기 방침을 바꿔 네루정권을 지지하라는 것은 납득하기 어려운 일이었기 때문이다. 인도공산당은 쏘련공산당의 지침에 따라야 한다는 세력과 신중히 판단해야 한다는 의견이 충돌하면서 혼란으로 빠져들었다.

이처럼 당내 노선갈등이 심각한데도 인도공산당 총비서였던 고쉬는 신병 치료를 이유로 계속 모스끄바에 머물고 있었다. 모스끄바에서 5개월 동안 머물렀던 고쉬는 1954년 12월 초에 인도로 돌아왔

---

18) 두트의 주장은 꼬민포름의 저널 *For A Lasting Peace, For A People's Democracy* 1954년 10월 8일 호에 "New Feature in the National Liberatio-n Struggle of Colonial and Dependent People"라는 제목으로 실렸다.
19) Victor. M. Fic. *Ibid.* p. 117.

다. 그는 돌아오자마자 네루의 외교정책을 지지해야 한다고 주장하였다.

"네루 선생(Pandit)은, 과거 자신의 외교정책을 비난하던 인도공산주의자들이, 쏘련과 중국과 같은 나라들이 네루의 외교정책에 호응하자, '어리둥절'하게 된 것에 대해 언급했습니다.
 지금 네루 선생의 외교정책의 변화로 공산주의자들이 '어리둥절'하고 있다는 것에는 이론의 여지가 없습니다. 공산주의자들은 그런 변화를 환영합니다. 최근 두려움 없이 그리고 한결 같이 진보적 방향의 인도외교정책을 요구하고, 쏘비에트 연방과 중국 같은 나라들이 인도와 가까운 유대관계를 맺게끔, 캠페인을 벌였던 거의 유일한 세력은 공산당이라는 것을 기억해야 합니다.
 당은 거의 단독적으로, 우리 인민들에게, 아시아 나라들을 뒤덮는 미제국주의의 위협의 그림자를 경고하기 위해서, 현재 아시아에서 미제국주의가 계획하는 전쟁에 반대하는 네루 선생의 정부를 전폭적으로 지지할 수밖에 없습니다."[20]

이처럼 네루정권과 관계발전을 원하는 쏘련과, 그런 수정주의 노선을 따르려는 인도공산당의 총비서 고쉬의 영향으로, 1954년 12월에 열린 인도공산당 중앙위원회 특별회의에서— 같은 해 9월 결정한 당의 방침을 철회하고 —네루정권의 비동맹노선을 지지하고 '네루정권 타도'에서 '비판적 지지'로 당의 노선을 바꾸었다.

한편 네루정권은 1956년 4월부터 시작되는 제2차 5개년 계획안을 1955년 4월에 발표하였는데, 제1차 5개년 계획과는 달리 쏘련식 국가계획 발전모델을 제안하였다. 국가소유와 국가주도로 중화학공업을 육성하여 빠른 산업화를 이루는 게 계획경제발전의 핵심 내용이었다. 네루정권이 친쏘 외교정책뿐만 아니라 경제발전 전략도

---

20) A. K. Ghosh, "*Communists Answer to Pandit nehru*", *New Age* Vol. Ⅱ, No. 10 December 5, 1954. pp. Victor. M. Fic, *Ibid*. p. 120.

자본주의식 발전모델에서 사회주의식 계획경제 모델로 바꾸려하자, 네루정권에 대한 인식이 변화되어 노선변화에 영향을 끼쳤다.21) 당내 수정주의 세력은 네루정권을 사회주의로 견인하기 위해서라도 인도공산당이 비판적 지지에 머물지 말고 함께 연합정부를 만들자는 의견까지 제출하였다.

당시 인도의 사회계급적 모순을 고려했을 때, 네루정권과의 연합정부 구성은 공산당 스스로 부르주아 계급의 들러리가 되겠다는 것과 마찬가지인데, 그런 인도공산당의 우유부단함은 인도공산당의 사상적 사대주의와 깊은 관련이 있다.

인도공산당은 당시 인도의 사회·경제적 현실과 모순을 과학적으로 분석하여 당의 노선을 결정하기보다는 쏘련공산당의 지시와 단편적인 국제정세를 고려하여 당의 노선을 수시로 바꾸었기 때문에, 정책의 신뢰성과 일관성을 갖지 못하였다. 그러다 보니 파벌과 분파가 생기면서 쉽게 노선갈등에 빠져 들었다.

(3) 인도공산당의 우경화: 1955년 6월 당중앙집행위원회 회의

1955년 2월에 실시된 안드라 쁘라데쉬 주의 중간선거에서 패배하고 1955년 4월 네루의 제2차 5개년 계획이 발표되자, 1955년 6월 인도공산당 중앙집행위원회는 인도공산당을 우경화로 이끄는 중대한 결정서를 발표하였다. 중앙집행위원회는 "평화, 민주주의, 민족적 전진을 위한 인도공산당의 투쟁(The Communist Party of India in the Struggle for Peace, Democracy and National Advance)"이라는 제목의 결정서를 발표하였고, 이어서 이 결정서의 내용과 의미를 설명하는 3개의 글을 발표하였다.22)

---

21) 편집자 주: 다만 여기서는 국가독점자본주의하에서의 정부 계획과 사회주의 계획경제 간에는 근본적인 차이가 있음을 유념하기 바란다.
22) 이때 발표된 3개의 글은 첫째, "The Communique of the Meeting of

중앙집행위원회 결정서는 인도공산당의 우경화를 공개적으로 밝히고 있다. 인도공산당 지도부는 현시기 인도를 "민족 민주 혁명" 단계라고 보고 국민회의가 주도하는 부르주아 혁명에 인도공산당이 개입하여 부르주아 혁명을 성공시키는 게 당면과제라고 하였다.

> "인도의 정치적 자유의 성취와 인도에서 대(大) 부르주아지의 지도적 위치가 인도 혁명의 기본 목표와 기본 전략을 바꾸지 못한다. 지주와 제국주의 타협세력과 동맹하고 있는 인도 부르주아지는 현 상태 우리나라에서 완성해야 할 부르주아 민주주의 임무를 완성할 수 없다.
> 모든 민주적 계급을 포함한, 모든 **민족부르주아를 포함한**, 그러나 노동계급이 지도하는 인민민주정부를 수립하는 것만이 유일하게 그런 임무들을 신속하고 효과적으로 완성할 수 있다. 인민민주 혁명은 그런 임무들을 실행할 뿐 아니라 조국을 사회주의의 길로 이끌 것이다."23)

이 6월 결정서는 인도공산당 내부의 여러 분파 사이의 타협과 흥정의 산물이었기 때문에 정치적 말잔치에 불과하였지만, 네루가 주도하는 민족부르주아 정권을 인정하고 지지하기로 결정하였다는 데 의미가 있다. 이것은 인도공산당이 노동자계급과 농민 그리고 핍박받는 인민계급을 위해서 투쟁하는 당이 아니라 (민족)부르주아계급의 이해를 대변하고 부르주아 정당과 경쟁하는 당임을 공개적으로 밝힌 결정이었다. 이런 수정주의 결정에 대해서, 당시 인도공산당의

---

the Central Committee of the Communist Party of India" (*New Age*, Vol. Ⅱ, No. 40, July 3, 1955), 둘째, "Communist Proposals for National Reconstruction" (*New Age*, Vol. Ⅱ, No. 41, July 10, 1955), 셋째는 고쉬가 쓴 "On the Resolution of the Central Committee" (*New Age*, Vol. Ⅱ, No. 41, July 10, 1955)이다.
23) A. K. Ghosh, "On the Resolution of the Central Committee", *New Age*, Vol. Ⅱ, No. 41, July 10, 1955. p. 9, ; Victor. M. Fic, *Ibid.* p.137. 강조는 글쓴이가. (편집자주: Victor. M. Fic는 아래의 구절을 강조하고 있다. "지주와 제국주의 타협세력과 동맹하고 있는 인도 부르주아지는 현 상태 우리나라에서 완성해야 할 부르주아 민주주의 임무를 완성할 수 없다.")

총비서이며, 수정주의로 전향한 쏘련공산당의 핵심지도부와 깊이 교감하고 있던, 고쉬는 보다 분명하게 당의 수정주의 전향을 밝혔다.

"몇몇 동지들은 진보적 정책을 위해서 투쟁하는 것은 혁명노선에 있어 불충분하다고 생각한다. 우리가 단지 진보적 정책을 위해서 싸울 것이 아니라 지금 당장 정권 교체 슬로건을 내걸고 싸워야 한다고 한다(전 인도적 차원의 인민민주주의 정권의 수립이라는 식으로). 이 구상은 잘못되었다. 정권 교체는 특별한 정세에서나 만들어질 수 있는 행동 슬로건이며 오늘날의 정세와 부합하지 않는다."[24]

또한 인도공산당 지도부는 결정서에서 네루정권의 제2차 5개년 경제개발계획을 긍정적으로 평가하고 지지를 보낸다.

"최근에 발표된 계획의 틀은 주로 공공영역이 될 '기초산업의 발전'을 강조하는 급속한 공업화를 제안한다....
기초산업 건설을 위한 제안은, 실행되기만 한다면, 대(對)외국 자본재 종속을 줄이며, 국내 산업의 입지를 상대적으로 강화시키고, 우리 경제의 입지와 민족 독립을 강화시킨다. 그러므로 당은 그런 제안을 지지하고, 또한, 그런 산업 제안은 공공영역에서 중요하게 발전되어야 한다. ...
우리는 그런 모든 발전들에 관심이 있을 **뿐만 아니라 대중 동원에 의해 그것들이 진전되게끔 분투해야 한다.** 외국자본의 이익을 반대하는, 봉건·반(半)봉건 농업관계에 반대하는, 독점자본을 억제하기 위한 투쟁은 모든 단계에서 우리의 거대한 정력적이며 아낌없는 지지를 받을 것이다."[25]

이처럼 1955년 6월에 열린 당중앙집행위원회는 네루의 비동맹 외교노선뿐만 아니라 경제발전 계획까지 지지하기로 결정하였는데,

---

24) A. K. Ghosh, *Ibid*, p. 4. ; Victor. M. Fic, *Ibid*. p. 138.
25) "The Communist Party of India in the Struggle for Peace, Democracy and National Advance", *New Age*, Vol. Ⅱ, No. 41, July 10, 1955, p. 8.; Victor. M. Fic, *Ibid*. p. 145. (편집자 주: 강조는 Victor. M. Fic의 것.)

이것은 인도공산당이 민족부르주아 세력에 투항하는 길을 열어놓는 것이었다.

6월 결정 이후, 인도공산당 내부에서는 네루정권과의 협력 범위를 놓고 또다시 내분에 휩싸였다. 크게 3개의 분파로 갈려 싸웠는데, 첫째는, 반제·반봉건 투쟁을 위해 네루정권에 대한 투쟁을 완화하자는 비판적 지지파이다. 두 번째 분파는 국민회의 내 진보세력과만 연합하자는 제한적 지지파가 있었다. 세 번째 분파는 미제국주의 아시아 침략으로 인도의 상황을 '민족적 위기(National Emergency)'라고 주장하며 국민회의와 함께 즉시 '민족민주연립정부(National Democratic Coalition Government)'를 구성하자고 주장하였다. 이제 인도공산당은 네루정권을 대체하는 세력이 아니라, 그들과 연합하려는 수준을 놓고 내부 노선갈등을 벌일 만큼 우경화되었다.

이와 같은 당내 우경화를 처음으로 비판한 사람은 남부디리빠드(E. M. S. Namboodripad)이다. 그는 네루의 진보적인 비동맹노선과 반동적인 국내정책 사이에 모순이 존재한다는 것과, 그런 네루정권의 '양면성'을 지적하였다. 그는 1955년 8월에 국가자본주의가 주도하는 계획경제가 과연 진보적인지 문제제기를 하였다. 그는 네루가 추진하려는 계획경제는 궁극적으로 자본주의의 길로 가는 것이라면서 인도공산당의 수정주의 노선을 비판하였다.26)

그런 남부디리빠드의 비판에 대해서 고쉬는 다시 한 번 네루의 친쏘련 정책을 지지하면서, 인도공산당이 네루의 모든 정책을 확고하게 반대해서는 안 된다고 남부디리빠드의 주장을 반박하였다.27)

---

26) E. M. S. Namboodripad, "*The Character and Polices of Nehru Government*", *New Age*, Vol. IV, No. 8, August, 1955. pp.25-31. Victor. M. Fi-c, *Ibid.* p. 154.
27) Ghosh, A. K., "The Internal Policies of the Government", *New Age*, Monthly, Vol. IV, No. 11, November 1955, pp. 5-24. ; Victor. M. Fic, *Ibid.* p. 155.

그럼에도 불구하고 고쉬의 우경화에 대한 당내 비판이 거세지자 그는 민족부르주아 세력과의 연합에 대해서 한 발 물러섰다. 그러면서, 그는 인도국민회의가 이미 진보파와 수구반동파로 분열되었으므로 인도공산당이 인도국민회의 진보파를 지지하고 연합정부를 구성할 수 있다고 조금 완화된 주장을 하였다.[28] 1955년 6월 인도공산당 중앙집행위원회 결정은 인도공산당의 우경화 경향을 반영한 것이었다.

(4) 1956년 제4차 전당대회: 평화적 이행으로

1956년 4월에 열린 제4차 인도공산당 대회는 1947년부터 이어져 온 혁명노선을 공식폐기하고 '평화적 이행'을 당의 공식노선으로 결정한 중요한 사건이다. 이미 1953년 스딸린 사후부터 인도공산당은 수정주의 경향으로 흘렀지만 제4차 당대회는 이것을 공식화하였다.
이로써 인도공산당은 혁명노선을 포기하고 선거에 대중을 동원하는 선거운동 정당이 되었다. 1957년 총선거에 인도공산당은 적극 참여하여 께랄라 주에서 공산당 정부를 세우는 성과도 있었다. 그러나 2년 후인 1959년에 네루정권은 무력으로 께랄라의 공산당 정권을 강제 해산시켜 버린다. 부르주아 정권의 공격을 분쇄할 수 있는 혁명무력 없이는 민주연합정권이 얼마나 공허한 것인지를 께랄라 주의 사례가 잘 보여준다. 인도공산당의 수정주의로의 후퇴로 인도공산당은 부르주아 계급의 무자비한 공격에 대해 스스로를 지키고 보호할 힘이 없었고 변변한 저항조차 못하였다.
1956년 2월에 쏘련공산당 제20차 당대회에 인도 대표로 참석했던 고쉬는 3월에 인도로 돌아왔는데, 그는 도착하자마자 '평화적 이

---

[28] Ghosh, A. K., "The Indian Bourgeoisie", *New Age*, Monthly, Vol. IV, No. 12, December 1955. pp. 17-18. ; Victor. M. Fic, *Ibid.* p. 155.

행'으로 당의 총노선을 변경할 것임을 암시하였다.29) 고쉬는 1956년 3월 26일-31일에 중앙집행위원회를 열어 쏘련의 수정주의 노선을 지지할 것을 주장하였다. 그러나 중앙집행위원회에서는 모스끄바의 새 노선을 당의 공식노선으로 채택하지는 않았다. 고쉬는 1956년 4월 19-29일에 열린 제4차 인도공산당 대회에서도 인도공산당이 쏘련의 새로운 노선을 지지할 것을 호소하였다.30) 그는 동유럽의 인민민주주의 국가들을 사례로 들면서, 민족부르주아들과 공산당이 협력하여 평화적으로 민족민주혁명을 실행할 수 있고, 머지않아 평화적인 방법으로 부르주아들을 패배시켜 프롤레타리아독재 국가를 건설하여 사회주의로 이행할 수 있었다고 설명하면서, 인도에서도 평화적인 사회주의로의 이행이 가능하다고 주장하였다. 제4차 당대회에서는 평화적 이행 전략에 대한 인도공산당의 명확한 결론을 내리지는 못하였다.31) 그렇지만 제4차 당대회는 제3차 당대회와는 확연히 다르게 수정주의 영향력이 크게 반영되었다. 제4차 당대회는 네루정권과 협력적 관계를 확대해 가려는 당의 변화가 확실히 나타나 있다. 제4차 당대회 정책결의안에서는 다음과 같이 밝히고 있다.

"조국과 인민의 이익의 길잡이인 공산당은, 평화를 지키려는 정부의 정책과 제국주의로부터 인도 경제의 종속을 줄이려는 정부의 모든 조치들

---

29) A. K. Ghosh, "Soviet Communist Party Congress", *New Age*, Vol. Ⅲ, No. 26. March 25, 1956. ; Victor. M. Fic, *Ibid.* p. 234.
30) "The Report of Comrade Ajoy Ghosh to the Fourth Congress of the CPI on the XX Congress of the USSR" in *Communist Double Talk at Palghat, The Democratic Research Service* : Bombay, December 1956. Document No. 3, pp. 106-107. ; Victor. M. Fic, *Ibid.* pp. 234-235.
31) 제4차 당대회에서는 중앙집행위원회 보고서(the Report of the Central Executive Committee)가 제출되었고 정책결의안(the Political Resolution)이 통과되었다. 이 두 개의 문건에는 평화적 이행 전략에 대해서는 명시하지 않았다.

에 대해서 전폭적으로 지지를 확대해갈 것이다."32)

　이처럼 제4차 당대회는 쏘련 수정주의의 영향을 받아 네루정권과의 협력 가능성을 크게 열어놓았다. 물론 네루정권과의 연합정부 구성을 두고는 확고한 결론을 짓지 못하고 애매모호하게 당대회를 끝냈지만, 수정주의는 당의 지배적인 흐름으로 자리매김하였다. 1950년대 인도공산주의자들에게 나타나는 반복적인 문제점은 당이 공식적으로 정치적 입장과 노선을 정했음에도 끊임없이 문제를 제기하고 분파를 만드는 것이었다.33) 제4차 당대회에서 당이 부르주아 지배계급과의 연합정부 구성을 기각시켰는데도 당내 수정주의 세력은 쏘련의 지지를 배경으로 계속해서 노선 갈등을 일으켰다.
　이것은 인도공산당이 인도 현실에 맞는 과학적인 혁명 이론으로 사상투쟁을 하기보다는 쏘련공산당의 수정주의 노선을 맹목적으로 추종하려는 사상적 사대주의의 전형적인 본보기라고 할 수 있다. 당시 인도의 사회·경제적 현실을 고려한다면, 인도공산당이 네루정권과 협력을 논의할 상황이 아니었다. 그러함에도 불구하고 쏘련공산당의 수정주의 노선을 맹목적으로 추종하는 세력 때문에 인도공산

---

32) The Political Resolution, Adopted at the Fourth Congress of the Communist Party of India, Palghat, April 19-29, 1956. *The Communist Party of India* : New Delhi, May 1956. pp. 23-24. ; Victor. M. Fic, *Ibid.* p. 244.
33) 네루정권과의 즉각적인 연합정부를 구성하자는 수정주의 분파는 쏘련공산당의 지지를 등에 업고 제 4차 당대회 결정을 노골적으로 거부하고 비판하였다. Rubinstein은 당시 주목받는 수정주의자였다. 그의 "A Non-Capitalist Path for Underdeveloped Countries"(*The New Time*, Moscow, No. 28, July 5, 1956)가 모스끄바에서 발표되었고, 이 글이 다시 인도에서 (*New Age*, Monthly, Vol. V, No. 10, October 1956)에 소개되면서 노선갈등에 불을 당겼다. 그 핵심 주장은 자본주의 단계를 거치지 않고 네루정권과 즉각 연정을 구성함으로써 사회주의 발전 경로에 진입할 수 있다는 것이다. 쏘련공산당의 지지를 받는 그의 이론이 인도공산당에 알려지자 인도공산당의 수정주의 분파는 더욱 거친 목소리로 제4차 당대회 결정을 비판하였다.

당은 제4차 당대회 이후 수정주의로 퇴행하였다. 이런 당내 혼란과 갈등은 1957년 총선거를 앞두고 더욱 치열해졌으며, 결국에 인도공산당은 1964년 분열하였다.

4. 나오는 글

중국공산당의 인민혁명정권 수립 성공은 영국제국주의 지배로부터 독립한 인도공산당에게 혁명운동을 고무시키는 유리한 정세였다. 인도 내부에서도 영국제국주의 지배로 인한 인도 내부의 사회경제적 모순이 심화되었고 노동자, 농민, 인민들이 겪는 고통이 심각하여 혁명에 대한 열기로 가득하였다.

인도의 독립을 전후하여, 인도 인민들은 자발적으로 총파업 궐기에 나섰으며, 농민들은 해방군을 조직하여 인도공산당을 전폭적으로 지지하였다. 인도의 공산주의자들은 인도의 노동계급과 농민계급 그리고 인민들을 굳건하게 믿고 그들의 이해관계에 충직하게 혁명정부 건설을 위해 싸우지 않았다.

인도공산당의 간부들은 무슨 문제만 생기면 모스끄바에 달려가 쏘련공산당에 자문하고 그들의 권위를 빌려 인도에서 편안하게 사회주의 건설을 하려는 기회주의자들이었다. 반면에, 인민민주정권을 절박하게 염원하고 그를 위해 싸우는 인도 인민들의 분투와, 그런 인민들의 요구에 따라 진정성을 갖고 투쟁하는 공산주의자들의 투쟁 덕분에, 1957년 선거 결과 께랄라 주에서 처음으로 공산당이 주정부 정권을 잡는 성과도 있었다. 이러한 사실들을 볼 때, 인도공산당이 인도의 인민들을 믿고 불굴의 의지로 혁명 투쟁을 하였다면 인도공산당에 대한 인민들의 신뢰와 지지는 더 강해졌을 것이다.

그럼에도 불구하고, 인도공산당은 러시아식 혁명이냐 중국식 혁명이냐를 놓고 우왕좌왕하며 분열하였다. 1951년에 스딸린의 중재와 권고로 겨우 당의 분열이 진정되는 듯 보였다. 그러나 1953년 스딸린이 사망하고 쏘련공산당이 수정주의 경향으로 흐르자, 인도공산당은 또다시 중심을 잡지 못하고 내부 노선갈등에 빠졌다. 이 글에서는 1950년대 인도공산당의 노선갈등과 내용을 파악하고 이해하면서 인도공산당의 우경화 흐름을 발견할 수 있었다. 물론 인도공산당 내부에서는 민족부르주아 정권의 모순을 인식하고 쏘련의 수정주의 노선 즉, 평화이행 전략을 비판적으로 보고 인도공산당의 공식 노선으로까지 채택하지는 않았다. 그렇지만 인도공산당이 쏘련의 영향력을 벗어나 독자적인 노선을 걸어갈 만큼 사상과 이론이 견고하지는 못하였다. 사상적으로 사대주의에 빠져 노선갈등과 당내 혼란으로 그 한계를 극복해 내지 못한 인도공산당은 스스로 수정주의 덫에 빠졌고 결국에는 부르주아 계급의 배신과 공격에 속수무책 당하고 주저앉아야 했다. 수정주의의 대가는 비참하고 참혹하였다.

중국의 사회주의 시장경제의 전환점
— 중국공산당 18기 3중전회의 총노선

야마시타 이사오(山下勇男) | 사회주의 이론연구
번역 : 임덕영(편집위원)

[역자 주]
이 글은 야마시타 이사오의 "中国 '社会主義市場経済'の転換点—中国共産党十八期三中全会の総路線"(≪社會評論≫ 제178호, スペース伽耶)을 번역한 것이다.

현대 중국에 대한 접근방식은 두 가지가 있다. 첫째, 일중(日中)간, 혹은 그보다 폭넓은 아시아 제 국민 간 관계에 가로놓인 역사인식의 문제이며, 또 다른 하나는 중국의 '사회주의 시장경제' 노선을 노동자계급의 해방사업의 관점에서 분석, 검토하고, 그 교훈을 비판적으로 섭취하기 위한 이론적 탐구이다. 21세기를 살아가는 우리들은, 전자의 해결뿐 아니라 후자의 과제에 전력을 기울이면서 마주해가야 하는, 이중의 책임을 지고 있다.

필자는 본지(≪社會評論≫: 역자) 제167호(2011년 가을)에 "중국 '사회주의 시장경제'를 파악하는 관점: '개혁・개방' 30여년을 거친 중국 '사회주의'의 변모"[1])를 투고한 바 있다. 이번 글은 말하자면 그 후속편에 해당한다. 사회주의를 지향하는 사람들의 중국에 대한 관심은, 중국은 사회주의인가, 자본주의인가 하는 이원론에 어찌 되었던 경사되기 마련이다. 필자는 중국 '사회주의'에 대해 점점 더 회의적·비판적이 되어가고 있지만, 중국은 이미 반혁명이 승리하였다고 단정하고 만족하는 입장에는 비판적인 관점을 견지해 왔다. 성에 차지 않다고 느껴지는 면도 있을 것이다. 하지만 성급하게 답을 구하기보다는, 일단은 사태의 추이를 신중하게 충분히 살펴보아야 하지 않을까.

고도성장의 종언과 구조문제의 부상

먼저 중국의 정치·경제·사회가 '개혁·개방' 정책 30여 년의 실천을 거친 지금, 어떠한 문제를 안고 있으며, 어떠한 국면에 위치해 있는가를 개관해두자.

중국은 '개혁·개방' 정책을 시작한 이래, 무엇보다 1992년 '사회주의 시장경제' 노선을 채용한 이래, 경제건설에 모든 노력을 쏟아 부어왔다. 2008년 리먼쇼크 이전은 두 자리 수의 경이적인 고도성장을 달성하였으며, 2010년에는 일본을 추월하여 미국에 이은 세계 2위 경제대국의 지위를 일궈냈다. 2030년에는 중국의 국내총생산(GDP)이 미국을 넘어설 것이라 예측되기도 하였다.

서기 2000년까지 '소강사회(小康社会)'(조금은 여유가 있는 사회, 일단은 생활형편이 중요하다는 뜻)을 실현할 목표를 세웠을 때, 중국의 당과 정부가 근거한 것은 중국의 경제발전을 위한 '기회'가 객관적으로 주어졌다는 세계정세 인식이었다. 이 인식이 갖는 위험성은 2008년 리먼쇼크 이후 현실적 문제로 중국의 앞길을 가로막아

---

1) 역자 주: 이 글은, ≪노동사회과학 제5호: 좌·우익 기회주의의 현재≫ 노사과연, 2012, pp. 138-169에 번역되어 수록되었다.

섰다. '기회'와 함께 '위험성'의 존재 또한 인식하지 않을 수 없게 되었다.

[그림1] 중국 국내총생산(GDP) 성장률의 추이

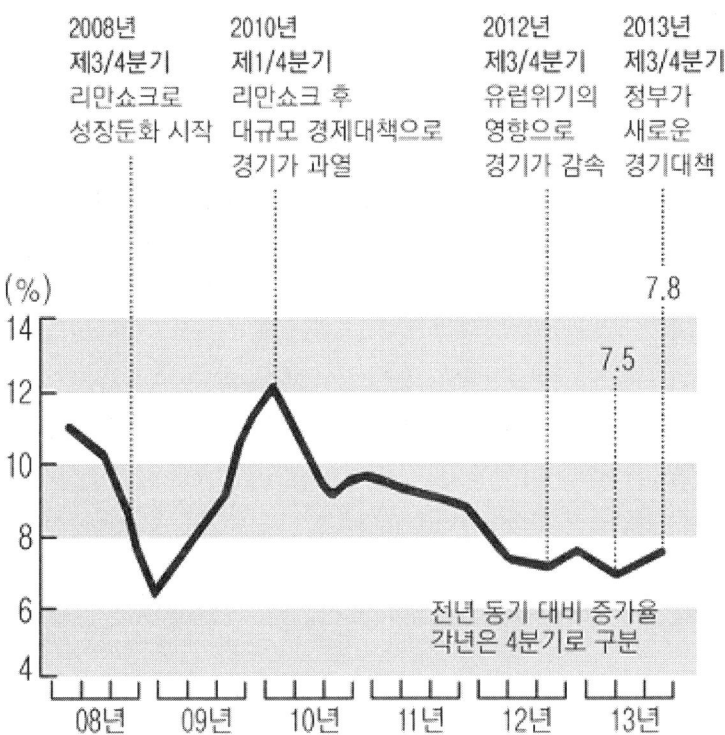

[그림1]은 중국의 국내총생산(GDP) 성장률의 추이이다[≪아사히(朝日)≫ 2013. 10. 19.]. 두 자리 수의 안정적인 초고도 성장은 2007년으로 끝나고, 이와 더불어 중국의 경제·사회가 안고 있는 구조상의 문제들이 일거에 분출했다. 중국경제는 2009년에 V자형의 급속한 회복을 보여준다. 금융파탄이 실질경제에 영향을 주고, 중국의 경제성장을 지탱해온 수출의 대폭 감소를 커버하기 위해 자극제로서 투여된 4조 위안(약50조 엔) 규모의 정부지출(공공사업)이 효

과를 발휘하였기 때문이었다. 그 결과는 중국경제의 왜곡을 한층 더 심화시키는 것이었다.

[그림2]는 명목 GDP에 대한 총고정자본 형성(건설자본투자와 민간설비투자, 주택투자의 합계)과 수출 기여도를 나타낸 것이다. 총고정자본형성 비율은 45%를 넘어섰다. 수출은 2006년을 정점으로 하강곡선을 그리며 30%대를 밑돈다. 두 비율은 GDP의 75%를 점한다. 그만큼 가계지출의 비율이 상대적으로 낮아진 것이다. 총고정자본 형성에 과도하게 의존한 뒤틀린 경제구조가 형성되었다. 중복투자·중복건설의 폐해가 예전부터 지적되고는 있으나, 중국경제는 이로 인해 만성적인 과잉생산·과잉재고를 동반한 악순환에 빠져버린 것이다.

[그림2] 축적되는 과잉 재고
(중국 명목GDP에서 차지하는 총고정자본형성과 수출 비율)

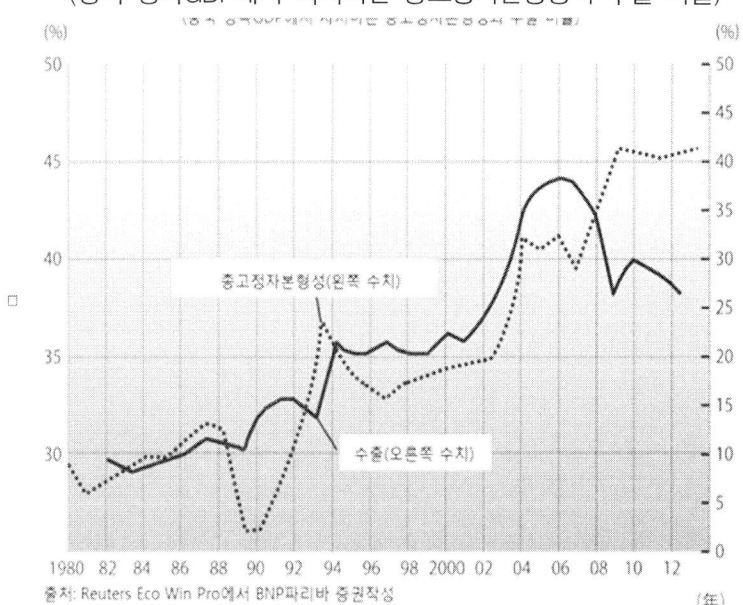

4조 위안(元)이나 되는 경기자극책이 오래 지속될 리 없다. 이후 제성장률은 하강곡선을 그리고 7% 중반대의 추이를 보이게 되었다. 이 숫자 자체는 2011년 4월부터 시작된 제12기 5개년 계획이 내건 조심스런 목표치, 7.5%와 일치한다. 자본주의 세계경제의 회복 기미가 보이지 않으며 '선진국'이 모두 0-2%의 성장률에 머물러 있는 현재, 그러한 성장세는 여전히 경이적인 고도성장임에 틀림없다. 하지만 자세히 들여다보면, 최근 2014년 1-3월기 7.4%, 4-6월기 7.5%는 7%대의 성장을 사수[리커창(李克强) 총리]하기 위하여, 2009-10년과 같은 대규모 경제대책을 계속하는 것은 불가능하다는 전제하에, 철도망의 정비라는 한정적인 재정적 부양책으로 달성된, 상당히 무리수를 동반한 수치인 것 또한 사실이다.

   과도한 수출 의존, 투자 편중의 경제구조가 한계에 다다르고 있다는 인식, 그리고 그러한 경제구조를 변혁할 필요성은, 거슬러 올라가면, 2010년 10월에 개최된 중국공산당 제17기 제5차 중앙위원회 전체회의(이하: 17기 5중전회)에서 처음으로 체계적으로 제기되었다(본지 제167호 졸고[2])). 여기에서는 발전전략(경제성장 패턴)의 전환, 내·외수 전략 조정(내수의 진흥), (자원·환경문제의 첨예화에 대응하는) 에너지 효율의 향상으로 정식화되었다. 저임금을 무기로 한 노동집약적 가공무역형 경제구조로부터의 탈각, 산업구조의 전환 및 고도화는 중국의 경제발전에 있어서 피할 수 없는 과제로 인식되었다. 그 전환이 하루아침에 이루어질 수 없다는 것은 두말할 필요도 없다.

---

2) 역자 주: 같은 글.

다가오는 '중소득국(中所得国)의 함정'

한 가지 예를 들어보자. 중국에서 최종 조립되어 미국으로 수출되는 아이폰 3G의 총비용 중, 중국의 몫은 고작 3.6%에 지나지 않는다(≪エコノミスト≫ 2011. 12. 6.). 일본 33.9%, 독일 16.8%, 한국 12.8%를 비롯하여 세계 각지에서 분산 생산된 부품이 중국에 집약되어 최종적으로 조립되어 미국으로 수출된다. 중국에서 임금이 상승하면, 다국적 기업은 구태여 중국에서 조립할 필요가 없게 되며, 다른 저임금 국가로 이전하면 된다. 중국은 '선진국'과의 경쟁에 노출되어 있을 뿐 아니라, 후발도상국과의 경쟁에도 노출되어 있는 것이다.

경제성장=자본축적을 위해서는 노동력의 확보가 필수불가결하다. 중국의 경우 자본축적의 대전제인 노동력, 맑스가 말하는 "인간착취재료" 즉 "상대적 과잉인구"는 돈벌이를 위해 일시적으로 농촌을 떠나온 사람들(농민공)과, 마찬가지로 농촌을 떠나와 장래에는 도시에 정주(定住)할 "더 이상 돌아가야 할 고향이 없는" 청년들의 공급에 의존했다. 이러한 노동력 공급원에 변화가 발생할 것이라는 것은 이미 예전부터 다양하게 예측되어 왔다. 중국에서는 한 자녀 정책의 영향도 있어서 인구의 고령화가 급속하게 진행되고 있다. 16세부터 64세까지의 이른바 생산연령 인구는 2015년에 정점에 달한다. 후술할 당 17기 3중전회에서 한 자녀 정책의 부분적 완화(부부 각각이 한 자녀로 태어난 경우, 낳을 수 있는 아동 수를 2명까지 인정한다)가 제출된 것은 이러한 사태에 대처하기 위해서였다.

최근 수년 동안 부르주아 경제학자들은 중국이 "중소득국(중진국)의 함정"에 빠질 가능성이 있다고 지적해왔다. 교도통신사 ≪세계연감 2014≫에 따르면, 2012년 중국의 1인당 GDP는 5,680달러(이 수치는 출전에 따라 상당한 차이가 있다)이다. "중진국의 함정"이란 "발전도상국이 빈곤상태에서 벗어나 중진소득 수준까지 달한 상태에서 경제가 정체되어 그 후에 선진국 수준까지 도달하지 못하게 된 상태를 지칭한다"(아시아개발은행의 정의). 일종의 경험칙(經驗則)이 아닐까? 최근에는 중국의 문헌에도 등장하는 것으로 보아, 당과 정부도 이를 의식하기 시작하였다는 것을 알 수 있다. 아무리 GDP 규모에서 일본을 앞지르고, 이윽고 미국도 추월할 것으로 예측된다 하더라도 1인당 GDP에서 '선진국'과 어깨를 나란히 할 만한 수준에 도달할 수 있을지 여부는 당 17기 5중전회가 내건 경제구조 전환의 성패에 걸려 있다고 할 수 있을 것이다.

미츠비시 UFJ 모건 스탠리 증권 수석 경제학자로 일하다, 일본대학 교수로 전직한 미즈노 카즈오(水野和夫)의 책 ≪자본주의의 종언과 역사의 위기≫(集英社新書, 2014. 3.)가 엄청나게 팔리고 있다고 한다. 자본주의가 역사적 한계에 도달했다는 미즈노의 인식은 그 방법론과 상관없이 흥미롭지만, 결론의 바보스러움은 제목만 보더라도 금방 알 수 있다. 자본주의는 혁명주체의 형성과 그 투쟁이 없는 한 절대 "종언"되지 않는다. 미즈노가 몽상하고 있는 자본주의 "종언" 후의 "새로운 경제사회"는, 그의 주관과는 관계없이, 적나라한 착취와 수탈이 위세를 떨치는 한층 더 야만적인 자본주의이다. 그러나, 그건 그렇다 치고, 이 책 속에서 미즈노가, 중국의 1인당 GDP가 일본과 비슷한 현재의 4배에 도달하는 경우에 발생할 자원 공급 면에서의 애로를 지적한 점, 그리고 제국주의가 신흥국 경제를 세계시장에 편입시킨 결과 '선진국'이 일찍이 향유할 수 있었던 저렴한 1차산품의, 1990년대 말 이후의 가격 폭등을 실마리로 한 시산(試算)은 충분히 설득력이 있다. 시장과 자원의 분할을 둘러싼 자본들 간의 격렬한 투쟁이 확산되고 있는 현재, 중국의, 그리고 신흥국의, 일본 수준의 1인당 GDP 달성은 불가능할 뿐만 아니라 인류의 존속 자체를 뒤흔들지도 모르는 위험성을 안고 있다.

난맥상을 초래한 자유방임 시장경제화

덩샤오핑(鄧小平)의 "남순강화(南巡講話)"(중국공산당 중앙 문건 1992년 제2호)의 발표(1992년 2월), 그것을 이어받아 같은 해 10월에 개최된 중국공산당 제14회 전국대표대회(이하 14전대회)가 "사회주의시장경제"를 채택한 출발점에서 중국공산당은 "시장경제"를 수미일관 제어할 수 있다고 생각하고 있었던 때가 있다[국무원 발전연구센터・사회과학원 공동편집, ≪중국경제≫ (원제(原題)≪사회주의 시장경제란 무엇인가≫) 종합법령, 1994. 6.]. "매크로 컨트롤(거시적 통제: 편집자)"과 같은 근대경제학(부르주아 경제학) 용어가 당과 정부의 문헌에 자주 등장하게 된 것도 그 즈음부터다. 우리가 확인할 수 있는 중국경제의 현실은, 시장경제(자본주의경제)를 수미일관 순육(馴育)하고 있다고는 도저히 말할 수 없으며, 도대체 자본주의를 순육할 수 있다는 인식을 근본부터 반문해야 할 것이다.

2014년은 덩샤오핑 탄생 110주년에 해당한다. 중국공산당은 이를 기념하여 덩샤오핑의 공적을 찬양하는 캠페인을 개시했다.

8월 20일에 베이징의 인민대회당에서 최고간부 전원이 참석한 좌담회가 열려, 시진핑(習近平) 총서기가 연설을 통하여 "덩샤오핑 동지가 그린 사회주의 현대화의 청사진을 현실화하자"고 호소하였다. 당 중앙문헌연구실이 편집한 ≪덩샤오핑 문집≫(1947-74년)과 전기(傳記)(1904-74년)가 발간되었다. 중앙텔레비전은 연속드라마 "역사의 전환점 속의 덩샤오핑"(전체 48회)을 방영하기 시작했다(≪신문적기(新聞赤旗)≫ 2015. 8. 24.).

덩샤오핑의 평가는 나중에 다루겠지만, 일찍이 덩샤오핑에게 부여된 "개혁・개방과 현대화 건설의 총설계사(總設計師)"(논설위원 논문 "민족진흥의 정신적 지주", ≪인민일보≫, 1994. 8. 22.)라는 존칭은 "거의 농담"[다바타 미즈나가(田畑光永) ≪덩샤오핑의 유산―이심(離心)・유동(流動)의 중국―≫, 岩波新書, 1995년]에 지나지 않아서, 자유방임(làissez-fáire)를 조장하고 모든 경제행위를 "사회주의"라는 이름으로 정당화하였을 뿐이었다. 공인된 이기적 이익 추구가 초래한 중국의 정치·경제·사회의 위기적 상황이 이를 무엇보다도 웅변하고 있다.

농민으로부터 토지— 국유와 집단소유에 의한 토지사용권 —를 몰수하여 부동산업자에게 매각하여 조달한 지방정부의 자금이 2014년 1-6월에만도 2조 1060억 위안(약 35조 엔)에 달한다. "2013년도 지방재정 프라이머리 밸런스(기초적 재정수지=행정서비스에 사용하는 정책경비를 그해 그해의 세수(税収)로 조달하고 있는가 어떤가를 보여주는 지표)"[제12기 전국인민대표대회(전인대(全人代)) 제2차 회의, 2014. 3.]에 따르면, 지방정부의 세입총액은 11조 7157억 위안, 그 가운데 지방 차원의 수입이 6조 8970억 위안(57%)이기 때문에, 뇌물과 부정축재의 온상으로까지 되어 있는, 부동산업자에의 토지(사용권) 매각수입에 의존하는 비율이 얼마나 높은지를 알 수 있다.

지방정부의 세입총액에서 점하는 중앙정부로부터의 이전지출(移轉支出; 일본의 지방교부세 교부금에 해당)은 4조8037억 위안, 결국, 지방정부에 재정자주권이 주어져 있지 않은 것이 여기에 여실히 드러나 있다.

중앙정부는 최근 들어 겨우 기채권한(起債權限)의 일부를 지방정부에 양도하는 실험을 시작하였는데, 지방정부의 간부는 토지매각 이익을 자신의 업적을 중앙에 내보이기 위해 사용해왔다. 토지수용(土地收用)에 대한 농민의 반항은 해를 거듭할수록 격렬해지고, 간부를 규탄하여 쫓아내는 등, 2012년에는 그러한 "집단적 사건"이 20만 건(중국정부는 2006년 이후 발표를 중지. 그 이후는 중국인 연구자들의 추계)에나 달했다.

권력을 믿고 변변한 보상도 하지 않고 농민을 토지에서 폭력적으로 추방하는 소행은 자본주의 발생기(發生期)의 "본원적 축적"(맑스

≪자본론≫ 제1권 제7편 "자본의 축적과정" 제24장 "이른바 본원적 축적")을 방불케 한다. 제1차 국공합작(장개석이 이끄는 국민당과 중국공산당의 항일민족통일전선, 1924년-27년)이 장개석의 배신으로 무너진 후, 농촌에 근거지를 구축하고 농민 주체의 토지투쟁으로서 전개된 중국혁명은 도대체 무엇이었단 말인가?

분출하는 모순들, 격동의 전조

중국정부의 융자규제가 걸려 있는 은행을 우회하는 금융거래, 이른바 "쉐도우뱅킹(shadow-banking; 그림자 금융)"의 출현과, 그 규모의 단기간 내의 급성장은 금융행정의 결함을 드러내었다. 대출채권을 소액화한, 만기가 2주에서 반년 정도이며 운용이율이 예금이자를 웃도는 5% 전후인 "이재상품(理財商品, 금융상품)"이 팔리기 시작하였으며, 여러 가지 시산(試算)이 있지만, 신탁회사가 조성한 것을 포함하면 2012년까지 29조 위안(약 470조 엔)이라고도 하고 36조 위안이라고도 하는 규모까지 팽창했다. 이렇게 하여 모인 자금은 "지방융자평대(地方融資平台)"라고 불리는, 지방정부가 출자한 투자회사를 경유하여 지방정부의 차입금으로 모습을 바꿔 은행융자를 받기 힘든 중소기업이나 개인에 대부되었고 부동산시장으로도 흘러들어갔다. 특히 신탁회사가 조성한 "신탁"의 일부는 다단계 판매 형태로 변화하고 있다는 견해도 있다[왕지(王吉) "중국의 금융의 현황 ㅡ'그림자 은행' '이재상품'을 중심으로ㅡ", ≪사회주의≫ 2013. 10.). 일반적으로 타산성이 의문시되는 융자처에서의 불량채권화가 신용수축의 방아쇠를 당기는 것은 아닌가 하고 걱정하고 두려워할 정도의 규모로까지 (이재상품이: 편집자) 팽창해버렸다. 2014년 1월부터 2월에 걸쳐 일부 지방에서 이재상품의 이자지불 정지가 발생하고, 3월에는 장쑤성(江蘇省) 옌청시(塩城市)의 사양

농상은행(射陽農商銀行)에서 예금인출 소동이 벌어졌다.

인터넷 상에서 대출자와 차용자를 중개하는 "인터넷 금융"도 급속도로 확대되고 있다. 인터넷 통신판매 대기업 '알리바바'를 운영하는 '워어바오(余額宝)'는 2013년 6월부터 2014년 1월까지 단 7개월 만에 총액 2500억 위안, 고객 5000만 명을 모았다. 전체적으로 은행업감독관리위원회(은감회)의 감독은 면밀하지 못하고 현실 변화를 따라가지 못하여, 금융행정이 뒤를 쫓고 있는 형국이다. 이러한 현실 앞에서 중앙정부는 중장기적으로 은행의 설립과 예금·대출 금리의 자유화를 통해 도태(淘汰)를 촉진하는 정책으로 대처하려 하고 있다(3중전회 결정, 후술).

일본의 경제 저널리즘은 "그림자 금융"의 급속한 확대를 들어 "중국판 서브프라임 위기"(《エコノミスト》 2013. 7. 16.)라고 보도했지만, 이는 사실이 아니다.

왜냐하면, 이재상품은 서브프라임론(sub-prime loan)의 증권화 상품과 달리 국내에서만 유통되고 있기 때문이고, 또 심계서(審計署, 일본의 회계검사원에 해당)의 조사에 따르면, 2013년 6월 현재 정부 채무는 중앙정부 12.5조 위안, 지방정부 17.9조 위안으로 합계 30.7조 위안(약 350조엔, GDP대비 40%)이며, "선진국"의 재정 적자에 비해 훨씬 낮은 수준에 머물고 있기 때문이다.

보다 심각한 것은, 빈부 격차가 시정되지 않고 있다는 것, 간부의 부패가 바닥없는 늪과 같이 퍼지고 있다는 것이다. 덩샤오핑은, 우선 부자가 되는 사람이 나오는 것은 옳다는, 이른바 "선부론(先富論)"을 제창한 것으로 알려져 있다. 하지만, 자유방임의 시장주의를 실천하면, 빈부 격차는 저절로 확대된다. 그것은 1992년에 "개혁·개방" 정책을 가속화한 이후 22년이 지나면서 실천적으로 증명되고 있다.

국가통계국이 1월 20일에 발표한 2013년 지니 계수(0-1사이에서 변동하며, 1에 가까울수록 격차가 크다는 것을 의미한다)는

0.473으로, 사회의 불안정화를 나타내는 경계치 0.4를 10년 연속 넘어섰다. 게다가 이 수치 자체를 의문시하는 다른 연구가 있다. 예를 들어, 베이징대학 중국사회과학조사센터는 7월에 독자적인 조사 및 분석에 기초한 "중국민생발전보고 2014"를 발표했고, 이 발표를 중국 정부의 뉴스사이트인 "중국망(中国網)"이 전했다. 보고는, 2013년의 지니 계수가 0.73에 달했다는 것, "최상위 1%의 부유한 가정이 전국의 1/3 이상의 재산을 보유"하고, "최하층 25%의 가정이 보유하는 재산은 전체의 1%에 불과하다"라고 전하면서 사회적 부의 극단적인 편재(偏在)에 경종을 울렸다.

국민건강보험제도의 실시, 농민의 사회제도적 불이익의 해소를 위한 도시와 농촌의 2중호적의 단계적 축소, 3농(농민·농촌·농업)문제의 중시에서 볼 수 있는 농민의 소득향상을 위한 정책적 노력 등, 개량주의적 소득재분배가 이루어지고는 있다. 노동력 부족을 배경으로 노임도 상승하고 있다. 그러나 세수(税收)에서 점하는 소득세의 비율이 낮고, 누진과세에 의한 소득재분배 기능은 제한되어 있다. 당내외에서 저항에 부딪히고 있기 때문인지, 상속세조차도 아직까지 실시되고 있지 못하다는 것에서 볼 수 있듯이, 세법상 결함은 치명적이기까지 하다.

부패의 박멸과 정당(整党)운동의 전개

당을 좀먹는 부정·부패 문제는 이미 한시의 유예도 허용될 수 없을 정도이며, 정권기반 그 자체를 흔들 정도로 심각해져 버렸다. 시진핑 지도부가 위기감을 더하면서 불퇴전의 결의로 문제에 대처하고 있음은, 현직 정치국원으로 충칭시(重慶市) 당서기이자 18전대회(2012년 11월)에서 정치국 상무회의 입성이 확실시되고 있던 보시라이(薄熙来)를 당적 박탈하고 형사고발한 데에 이어, 적발(摘

發)이 전(前) 정치국 상무위원이며 국유기업에 강한 영향력을 지닌 저우융캉(周永康)과 그 주변인들에 미치고 있다는 것에서도 충분히 엿보아 알 수 있다.

2013년에는 차관・성장(省長)급 간부 31명이 적발되었다. 그것은 예년의 5배나 되었다. 18전대회 이후 2014년 7월까지 34명의 중앙 및 지방 간부가 조사를 받았으며, 40명의 국유기업 간부가 적발되었다. ≪검찰일보≫가 보도한 과거 적발 건수가 2002년 202건, 2007년 360건이었으므로, 이 문제가 얼마나 뿌리 깊은 것인지 알 수 있다. 일본에 보도되고 있는 것은 빙산의 일각에 불과하다.

2014년 3월, 제12기 전인대회 제2차 회의와 전국정치협상회의(공산당과 민주당파들로 구성된 통일전선조직. 기능은 정책제안에 한정되어 있다) 폐막행사인 확대공작회의에서 류윈산(劉雲山) 정치국 상무위원이 말했다는 당의 현황인식은 사람들을 놀라게 하기에 충분했다. "(중국공산) 당원은 8,340만 명이지만, 불합격당원이 전체의 7할, 5,815만 명이다. 특히 악질적인 415만 명은 당원자격을 박탈한다"고, 숫자를 들며 "정당(整党)"(당의 대열의 정리・정돈)의 철저화를 호소하였다. 필자는 이를 월간지 ≪선택(選擇)≫을 통해 알았다. 이 보도만이라면 보도의 신빙성을 의심했을 것이다. 그런데 그 뒤 아이치(愛知)대학 국제중국학연구센터의 카가미 미츠유키(加々美光行)가 "시진핑 체제의 행방"이라는 이름의 강연을 한 기록(≪정황(情況)≫ 제4기, 2013년 7・8월호)를 접하여 중국공산당에 정보 루트를 가진 카가미가 완전히 동일한 발언을 인용하고 있는 것을 읽고, 보도의 신빙성을 확신했다. 문제는, 특히 악질적인 부적격당원 415만 명의 제거를, 당 내의 저항을 극복하며, 어디까지 철저하게 할 수 있는가에 있다. 만약 이에 실패한다면, 공산당의 통치의 정당성(정통성)을 추궁당할 수도 있는 양날의 칼이기도 하기 때문이다.

카가미는 강연 속에서 이렇게 말하고 있다. 중국공산당의 당원수는 기업경영자(자본가)의 입당에 길을 열어준 "세 개의 대표"(중국 공산당은 중국의 선진적 생산력의 발전이라는 요청을 대표하고, 선진적 문화의 전진방향을 대표하며, 인민의 근본적 이익을 대표하지 않으면 안 된다)를 제창한 장쩌민(江沢民)이 1992년 총서기에 취임한 이후 현저하게 증가하여, 절정(絶頂)인 1997년도에는 연간 1000만 명이나 증가하였다. 당원의 질은 어쩔 수 없이 저하되었을 것이다. 청년 입당자의 비율이 높다는 것에 나타나 있듯이, 그들 대부분은 취직에 유리하기 때문 등, 실리적인 타산으로 입당했다. 카가미는 자신의 강의를 듣는 중국인 유학생들에게 당원인지 여부를 물어본 바, 5명 중 2명이 당원이었다. 그들은, "맑스의 맑 자도 모르고, '공산당 선언'과 같은 짧은 글도 읽은 적이 없다"고 카가미는 말하고 있다. 당원수의 도를 넘은 팽창은 당을 입신출세의 도구로 바꾸고, 당내에 부패를 만연시키는 온상이 되었다. 자유방임의 시장경제화하에서 부패는, 일어날 것이 일어난, 의문의 여지없이 구조적인 것이었다.

"개혁의 전면적 심화"라는 총노선

2013년 11월 개최된 당 18기 3중전회는 22년간에 걸친 "사회주의 시장경제"의 실천을 통해서 표면화된, 이후의 전진을 가로막는 요인들, 그 타개를 위한 기본방침을 심의·결정하였다. 3중전회의 결정을 관통하는 기본노선은 시장화와 국제화, 즉 신자유주의의 철저화였다.

2012년 2월에 세계은행과 국무원 발전연구센터의 공동 보고서 "2030년의 중국"이 공표되었다. 그것은 수많은 처방전을 제시한 가운데, 중국의 금후의 경제발전에 가로놓인 애로서 국가독점(국유기업)의 폐해를 들며, "개혁"을 촉구했다. 3중전회에서 "공유제"는 어떻게 다루어졌는가? 결과는, 공유제의 견지, 그 주도적 역할을 강화하는 한편, 국가독점 분야에 대한 비국가자본의 주식 보유와 같은 형태의 참여가 제창되고, "혼합소유경제"라는 방향성이 제기되었다.

중국공산당의 공식 문서는 3중전회만이 아니라 원래 추상적이며, 의미하는 바가 무엇인지 이해하기가 매우 어렵다. 예를 들어, "국유자본운영회사"의 설립이나 (정부가 주식의 과반을 지배하는) 국유기업의 "국유자본투자회사"로의 개조란 도대체 무엇을 의미할까? 필자는 이것을 국유기업의 지주회사(持株會社)로의 이행이라고 이해했다. 이것이 올바른 이해인지 아닌지, 그리고 그 목적은 무엇인지, 솔직히 말해 모르겠다. 하지만, 이와 유사한 형태로서 우끄라이나 상공에서 자사의 비행기가 격추된 말레이시아항공의 경우가 있다. 이 회사는 주식의 69%를 국영 투자회사가 보유하고 있다. 사건 뒤 이 회사는 명실상부한 국유하에서 경영의 개선을 꾀할 방침이라고 보도되었다.

국유기업이 이권의 소굴로 변해버렸으며, 게다가 민간기업을 압박하고 있다는 비판[국진민퇴(国進民退)]이 있으며, 필시 이를 강하게 인식했기 때문일 터인, 국유자본에 의한 사회보장기금의 충실화나, 공공재정에 대한 국유기업의 상납비율을 2020년까지 30% 증강하는 방침이 제시되었다.

3중전회의 결정에서 여기가 사북이라고 생각되는 것은, "정부기능의 전환"이다. 2013년 3월 제12기 전인대 제1차 회의에서 수상으로 취임한 리커창(李克强)은, 회의종료 후 정례 기자회견에서 이 "정부기능의 전환"을 다음과 같이 예고했다. "우리는 장사(壯士)가 살기 위하여 상한 팔을 잘라버리는, <부분을 희생시켜 대국(大局)을 지킨다>고 하는 각오가 있으며, 말한 것은 반드시 실행에 옮기며. ... 오늘의 개혁 계획의 핵심은 정부기능의 전환으로, 물론 행정 간소화·권한위임이다. ... 기능전환은 정부와 시장, 사회의 관계를 정리하고 정비하는 것이다. 시장이 할 수 있는 것은 시장에 한층 더

맡기고, 사회가 할 수 있는 것은 사회에 맡기며, 정부가 관리해야 할 것은 관리하지 않으면 안 된다. …"(《신화사》=《중국통신》, 2013. 3. 17.). 리커창의 예고는 3중전회의 결정에 완전히 계승되었다. 정부기능의 전환, 철저한 시장화의 일환으로서, 가격결정에서의 정부의 역할을 공공사업·공익서비스 등 "자연독점" 분야에 한정하는 방침이 새롭게 내세워졌다.

또 하나의 축은 "대내·대외 개방의 상호촉진"이다. "네거티프 리스트(negative list) 방식3)에 의한, 다양한 시장주체의 진입규제 완화"가 여기에 추가된다. "금융업의 대내·대외 개방의 확대", "민간자본에 의한 금융기관의 설립", 기업이 필요로 하는 자금의 조달방법을 은행융자(간접금융)에서 주식이나 사채 등의 발행으로 바꾸는 "직접금융의 비율 제고", "금융 이노베이션의 장려", 세계적 결제통화 랭킹 7위인 "인민위안(人民元)의 국제화" 등이 열거되어 있다. 주식이나 채권 등의 투기적 거래에 의한 이득 획득이 주류가 된, 썩을 대로 썩어빠진 자본주의의 세계표준에 중국경제를 적응시키려는 방침을 볼 수 있다. "금융 이노베이션의 장려"가 금융공학이라는 사기적(詐欺的) 수법을 구사한 채권의 증권화, 금융상품의 조성·판매를 가리키고 있다는 것은 바야흐로 상식에 속한다. 왜 이러한 모방을 굳이 하는 것인가?

---

3) 역자 주: 명단에 열거된 것 외에는 모두 포괄적으로 허용하는 방식.

[그림3·표1] 상하이자유무역시험구 개요
상하이 자유무역구의 주요 개방책

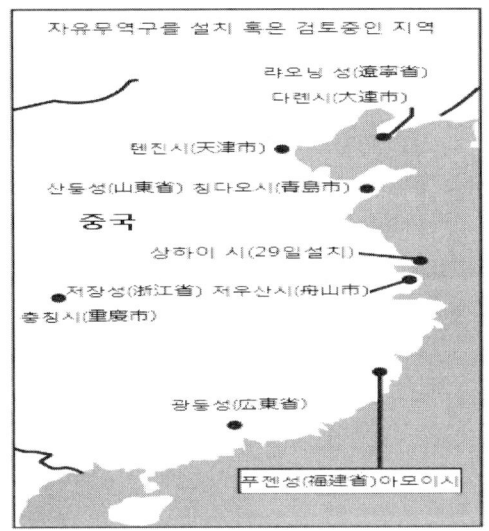

업계명	주요 개방책
은행	민영자본과 외자금융기관의 합자은행 설립 중국 은행에 의한 오프쇼어 업무
해운	합작회사의 외자출자비율 규제완화
인터넷	외자계 기업의 인터넷 서비스 부분 개방
게임	외자기업의 국내에서의 게임기 판매
신용조사	외자계 기업의 신용조사회사 설립
여행	합작회사의 설립과 대만 이외의 해외여행 업무
인재소개	합작회사의 외자출자 비율의 규제완화
오락	외자 단독출자의 오락시설 개설
교육	합작경영에 의한 교육, 기술교육기관
의료	외자 단독출자의 의료기관 설립

중국정부는 3중전회의 노선을 선취하는 형태로 2013년 10월 29일, "개혁의 전면적 심화"를 상징하는 "상하이자유무역시험구(區)"를 개설했다(그림3, 표1). (또한: 역자) 2013년 10월 현재 상하이 이외에 6개 시(市), 1개 성(省)의 이름이 거론되고 있다. 상하이의 경우, 업종은 금융·운수를 제외하면, 광의의 서비스업이 그 대상으로 되어 있음을 알 수 있다. 일찍이 연해부(沿海部)에 경제특구를 설치하고 그 효과를 확인한 뒤 주변으로, 더 나아가 내륙부로 확대해 간 동일한 수법이 상정(想定)되어 있음을 본다. 중국의 "사회주의 시장경제" 노선은 자본주의 세계경제와 일체화됨으로써 이미 되돌릴 수 없는 지점에 도달하고 말았다.

자본주의 비판의 치명적 결여

필자는 이번 글의 자료를 수집하는 과정에서, 2006년 세계무역기구(WTO) 가맹으로 중국경제가 세계경제에 편입되었다기보다는, 보다 적극적으로 편입되는 길을 선택하게 된 필연적이라고도 할 만한 사항들을 목격하였다. 거기에서는 자본주의의 부패한 현 국면의 또 하나의 특질을 중국의 자본수출(走出去) 동향에서 여실히 볼 수 있었다.

[표2]는 중국의 대외직접투자 잔고(2005-2011년)의 국가·지역별 톱10이다. 1국 2제도(一國二制度)를 시행하는, 1위 홍콩은 중국의 일부이기 때문에 대내직접투자라고 바꾸어 말할 수도 있을 것이다. 따라서 홍콩을 제외하면 1위는 버진제도(Virgin Islands),[4] 2위는 케이맨제도(Cayman Islands)[5]가 된다. 말하지 않아도 뻔히 알

---

4) 역자 주: 카리브해 푸에리토리코 동쪽의 섬들. 서쪽의 미국령(領)과 동쪽의 영국령으로 나뉘어 있다.
5) 역자 주: 카리브해 쿠바 남쪽, 자메이카 북서쪽에 있는 섬들. 영국의 식민

수 있는 택스헤이븐(tax haven; 조세 회피처)들이다. 문제는, 일단 조세 회피처에 투자된 자본의, 진짜 행선지이다.

[표2] 중국의 대외직접투자누계잔고 톱10 (2005-2011년 스톡)

(단위: 백만 달러, %)

2011년 순위	국가, 지역	2005	2007	2008	2009	2010	2011	구성비
1	홍콩	36,507	68,781	115,845	164,499	299,056	261,519	61.8
2	버진제도	1,984	6,627	10,477	15,061	23,243	29,261	6.9
3	케이맨제도	8,936	16,811	20,327	13,577	17,256	21,692	5.1
4	호주	587	1,444	3,355	5,863	7,868	11,041	2.6
5	싱가폴	325	1,444	3,355	4,857	6,069	10,603	2.5
6	미국	823	1,881	2,390	3,338	4,874	8,993	2.1
7	룩셈부르크				2,484	5,787	7,082	1.7
8	남아프리카	112	702	3,049	2,307	4,153	4,059	1.0
9	러시아	466	1,422	1,836	2,220	2,788	3,764	0.9
10	캐나다	103	1,254	1,268	1,670	2,603	3,728	0.9
	세계 합계	57,206	117,911	183,971	245,755	288,828	385,609	100.0

자료: ≪2011년도 중국대외직접투자통계공보≫

[표3]은 미국에 진출한 (설립 준비 중도 포함) 중국계 IT기업 12개 회사의 상장처와 등기처를 보여주고 있다(≪エコノミスト≫ 2014. 4. 29.). 상장을 한 9개 회사 모두가 케이맨제도에 등기되어 있다. 세금 회피처에 등기하여 과세를 면제받으며 뉴욕 증권거래소에 상장한다. 개별자본은 자본의 논리에 따라서 가장 합리적인 선택을 하고 있을 뿐이다. 글로벌 시장에서 활동하는 자본가적 기업이 다소간의 차이가 있을지언정 그렇게 하고 있는 것이어서, 예컨대 애플, 구글, 마이크로소프트 등, 미국을, 아니 세계를 대표하는 IT기업이 이러한 구조를 교묘하게 이용하고 있다. 중국 기업만이 비난받을 일은 아니라고라도 해야 할 것인가?

지이다.

[표3] 미국에 상장된 중국 IT 주요기업 (시가총액순)

순위	거래처(티커)	기업명(본사/등기국)	업종	시가총액
1	※미국에서 상장준비중	알리바바 그룹 홀딩 (저장성(浙江省) 항저우시(杭州市)/미정)	인터넷통신판매 최대기업	1410억달러(예측) ※로이터 조사
2	홍콩증권거래소(700)	텐센트 홀딩 (광둥성 선전시(深圳市)/케이만제도)	IT서비스 최대기업	9789억 홍콩달러 (약1252억달러)
3	미국 나스닥(BIDU)	바이두 (베이징시/케이만제도)	인터넷 검색 최대기업	528억 달러
4	뉴욕 증권거래소(QIHU)	키후360 테크널러지 (베이징시/케이만제도)	세큐리티 포털사이트 대기업	106억 달러
5	미국 나스닥(NTES)	넷이즈 (베이징시/케이만제도)	인터넷 통신판매 대기업	89억 달러
6	뉴욕 증권거래소(VIPS)	빕숍 홀딩 (광둥성 광저우/케이만제도)	온라인 여행대리점 최대기업	77억 달러
7	미국 나스닥(CTRP)	C 트립 닷컴 (상하이시/케이만제도)	동영상 공유사이트 최대기업	69억 달러
8	뉴욕 증권거래소(YOKU)	요쿠 토도 (베이징시/케이만제도)	포털 사이트 대기업	42억 달러
9	미국 나스닥(SINA)	시나 코포레이션 (상하이시/케이만제도)	포털 사이트 대기업	35억 달러
10	미국 나스닥(SOHU)	소포 닷컴 (베이징시/미국)	포털 사이트 대기업	23억 달러
11	※미국에서 상장준비중	JD닷컴(베이징시/미정)	인터넷 통신판매 2위	-
12	※미국에서 상장준비중	워보 ※운영기업은 시나코포레이션	단문투고 사이트 (중국판 트위터)	-

(주) 4월10일 시점, 푸킨 (상하이) 업무자문유한공사 및 어세스프라이트 감수처)
(출처) 블룸버그, 각회사 발표 자료로부터 편집부 작성

    이런 사항을 규명해가다 보면, 중국공산당이 현대자본주의의 본질과 그 역사적 지위를 이론적으로 어떻게 이해·파악하고 있는 것인지, 근본적인 의심에 부딪히게 된다. "사회주의 초급단계" 규정(1987년, 13전대회, 자오쯔양(趙紫陽) 보고)은 결과적으로 "대부분의 경제행위를 정당화할 수 있는 우산과 같은 단계"(윌리엄 힌튼 ≪대역전: 덩샤오핑 농업정책의 실패≫, 亜紀書房, 1991)로 타락해 버렸다. 이는, 잘못된 자본주의관(觀)과 자본주의 비판의 결여가 건설되어야 할 사회주의의 상(像)도 왜곡하고 잃어버리는 구체적인 현상이 아닌가?

    혹시 있을지 모를 오해를 피하기 위해 미리 언급해두어야 할 것

이 있다. 필자는, 자본주의 세계와의 사이에 용이하게 넘을 수 없는 벽을 구축하는 것이 사회주의 건설의 전제라는 식으로, 값싸게 주장하고 있는 것이 아니다. 제국주의의 포위・봉쇄를 견디며, 어쩔 수 없이 양보・우회 정책을 채용하고 있는 사회주의 조선・쿠바의 고투(苦鬪)를 필자는 연대와 공감으로써 지켜보고 있다. 1980년대 말부터 1990년대 초두에 걸쳐 사회주의 세계체제가 해체・소멸되고, 제국주의 세계지배가 한층 더 강화된 결과, 자본주의에서 사회주의로의 이행은 전진과 후퇴를 포함한 복잡한 과정이 되지 않을 수 없다.

자본주의를 받아들이는 이상, 그 부정적 영향, 폐해를 완전히 제거할 수는 없다. 그러나 그 영향과 폐해를 최소한에 머물게 하며 노동자 인민의 생명의 보전에 세심한 주의를 기울이는 것은 공산주의자라면 최저한의 의무이지 않으면 안 된다. "개혁・개방" 정책 30여년의 실천은 최전성기에 탄광사고로 인한 사망자가 연간 6천 명에 달한 노동재해나, 화학공장이 흘려보내는 폐수로 인한 건강피해의 다발이나 공기오염 등, 자본주의가 필연적으로 초래하는 해악을 제거할 수 없었다. 그것은, 우리가 경험한, 미 점령하의 독점자본 부활 이후 오늘날까지 이어지는 일본 자본주의의 추이와 겹친다. 거기에서 필자는, 자본주의의 "문명화 작용"이라는 세례를 통과하지 않으면 사회주의를 건설할 수 없다는 속류 유물사관의 나쁜 적용을 본다.

맑스주의의 원리적 재고를

필자는 아래에 덩샤오핑 "남순강화(南巡講話)"(≪エコノミスト≫ 1992. 4. 21.)의 일절을 인용한다. 이를 읽으면 덩샤오핑이 얼마나 엉터리 사상의 소유자인지를 알 수 있을 것이다.

"계획이 많은가 시장이 많은가는 사회주의와 자본주의의 본질적인 차이가 아니다. 계획경제는 사회주의와 이콜(equal)이 아니다. 자본주의에도 계획은 있다. 시장경제는 자본주의와 이콜(equal)이 아니다. 사회주의에도 시장이 있다. 계획과 시장은 어느 것이나 경제수단이다. 사회주의의 본질은 생산력을 개방하여 생산력을 발전시키고, 착취를 소멸시켜 빈부의 차를 없애며, 마지막으로는 공동의 풍요로움에 도달하는 것이다. 모두에게 이러한 이치를 이야기할 필요가 있다. 증권이나 주식시장이란 것은 결국 좋은 것인가, 위험한 것인가, 자본주의에 고유한 것인가, 사회주의가 이용할 수 있는 것인가? 관찰하는 것은 좋으나, 결연히 시도해보지 않으면 안 된다. 관찰하여 올바르고, 1, 2년 해보고 옳다면 문을 크게 열면 된다. …무엇을 두려워한단 말인가? …"

필자는 또한 2009년 11월에 뉴델리에서 개최된 공산당·노동자당 국제회의에서의 아이핑(艾平)의 "우리들은 사회주의를 전진·강화·발전시키려 한다―제11회 공산당·노동자당 국제회의의 중국공산당의 보고"(≪社會評論≫ 제167호, 2011년 가을)의 한 절을 아래에 인용한다. 이를 읽으면, 그들이 얼마나 경박한 자본주의관의 소유자이며, 유물사관의 공식을 얼마나 기계적으로 반복할 뿐인지를 알 수 있다. 아이핑에게 묻고 싶다, 다시 한번 중국 혁명이란 도대체 무엇이었던가라고.

"현재, 자본주의적 생산이 성장할 여지는 아직 있으며, 자본주의적인 생산양식의 자기조절 능력은 아직 고갈되어 있지 않다. 자본주의의 고유의 모순은 복잡한 운동 속에서 볼 수 있으며, 그것은 어떤 때에는 격렬하고, 또 어떤 때에는 온화하게도 된다. 그 결과, 사회주의가 자본주의를 대체하기 위해서는 아직 오랜 시간이 걸린다. 이것은 맑스주의 사상의 일부였다. '발전의 여지가 있는 생산력이 모두 발전해 버리기 전에 소멸된 사회질서는 지금까지 없다. 그리고 새로운 고도의 생산관계는, 그것이 존재하기 위한 물질적 조건이 낡은 사회 태내에서 성숙하기까지는 결코 등장하지 않는다.'(칼 맑스 ≪경제학 비판≫ '서문')"

맑스도, 엥엘스도, 자본주의가 최고도로 발달한 국가로부터 순차적으로 사회주의 혁명이 일어난다거나, 혹은, 그러한 조건하에서만 사회주의 혁명의 객관적 그리고 주체적 조건이 성숙한다는 등으로 말한, 바보 같은 사상의 소유자는 절대 아니었다. 그들은 이론가임과 동시에, 혁명의 가능성을 현실의 제 모순과 계급투쟁의 진전 속에서 발견하려고 했던 뛰어난 혁명가였다. 그러한 예증은, 예컨대 ≪공산당 선언≫ 1882년 러시아어판 "서문"에서 볼 수 있다.

유물사관은 생산력과 생산관계의 모순으로부터, 인류가 경과해온 경제적 사회구성체의 역사를 설명한다. 여기서 말하는 "생산력"이란 본질적으로 "노동의 생산력"이어서, 어떠한 사회라 할지라도 노동·생산과정의 주체는 직접생산자(노동자와 농민)이다. 그러나 이 "노동의 생산력"은, 자본주의적 생산양식하에서는 본래의 노동·생산과정에 대하여 외적인 존재일 뿐인 자본이 이 과정을 포섭·지배함으로써 "자본의 생산력"으로서 나타난다(≪자본론≫제1권 제4편 "상대적 잉여가치의 생산" 제11장 "협업" 외).

자본 운동의 규정적 동기는 가치증식에 있다. 어떤 상품을 생산하는가는 이윤율의 높이가 결정한다. 자본주의적 생산양식하에서 발전하는 "생산력"은 필연적으로 뒤틀리지 않을 수 없다. 이 인식이 결정적으로 중요하다. 맑스는, 속류 유물론자처럼, 자본주의가 발전시키는 생산력을 무조건적으로 긍정하거나 찬미하거나 하지 않았다. 오히려 그 반대였다. 자본주의가 발전시키는 생산력을 기초로, 거기에서 발생한 왜곡을 시정하지 않고, 사회주의를 건설할 수는 없다.

맑스·엥엘스 ≪공산당 선언≫의 "전문"에 이은 "1. 부르주아와 프롤레타리아"는 "지금까지의 모든 역사는 계급투쟁의 역사이다"라는 유명한 문장으로 시작된다. "계급 공멸(共滅)"의 가능성을 언급한 다음의 단락, 즉 "자유민과 노예, 귀족과 평민, 영주와 농노, 길드의 장주(匠主)와 직인, 결국 억압하는 자와 억압당하는 자는 항상 대립하며, 때로는 은밀히, 때로는 공공연하게 끊임없는 투쟁을 해왔다. 그리고 이 투쟁은 언제나 사회 전체의 혁명적 개조로 끝나든가, 그렇지 않으면, 서로 투쟁하고 있는 계급의 공동의 몰락으로 끝났다"는 문장이 그에 이어진다.

하지만, 우리가 지금 조우하고 있는 것은 계급 공멸의 위기 따위가 아니다. 이미 수명을 다한 자본주의가, 글로벌 시장에서 암약하는 한 줌의 금융독점자본의 이익 획득을 위해 노동자 인민을 잘라내고, 생존의 기반을 파괴하며, 인류의 존속 그 자체를 위협하는, 그러한 위기인 것이다.

기회주의에 대한 그리스 공산당의 투쟁 *
― 1949년-1968년으로부터의 경험

마키스 마일리스(Makis Mailis)[1]
번역: ≪노동사회과학≫ 편집부

≪그리스 공산당의 역사에 대한 에세이≫ 제2권이, 당 전체와 그리스 공산주의 청년(Communist Youth of Grece)에서의 수개월에 걸친 토론 후 2011년 11월에 발간되었다. (발간을 위한: 역자) 모든 과정은, ≪에세이≫의 최종 원고(原稿)를 승인한 2011년 7월 16일의 전국협의회에서 마무리되었다.

제2권은 1949-1968년의 기간을 다루고 있다. 그것은 그리스 민주군(Democratic Army of Greece)에 의해 수행된 3년 반 동안(1946년 2월 12일-1949년 8월 29일까지)의 무장투쟁이 끝난 후부터 그리스 공산당 중앙위원회 12차 전체회의(1968년 2월 5일-15일)까지의 시기로서, 이 중앙위 12차 전체회의에서 그리스 공산당은 분열되어, 우익 수정주의(유로 공산주의) 그룹을 형성했던 사람들은 당을 떠나 "그리스 공산당 내부(KKE Interior)"라는 새로

---

* 출전: 국제공산주의 평론 (International Communist Review) 4호(2014년 7월).
http://www.iccr.gr/en/news/The-struggle-of-the-KKE-against-Opportunism.-The-experience-from-1949-1968-00001/
1) 마키스 마일리스는 그리스 공산당 중앙위원회 성원이고 중앙위원회 역사부문 책임자이다.

운 당을 창당했다.

≪에세이≫는 1949-1968년까지의 시기를 다루지만, 그것은 또한 1940년대에도 언급하고 있다. 왜냐하면, (1949년 당시에 형성된: 역자) 새로운 조건하에서 당의 정책을 정밀하게 수립하기 위해서는 그 시기(1940년대: 역자)의 당 활동에 관한 결론들을 끌어낼 필요가 있어, 검토되고 있는 시기(1949-1968년: 역자)의 당 문건들이 1940년대와 광범하게 관련되어 있기 때문이다.

1989-1991년에 절정에 달했던 반혁명은, 우리 당으로 하여금 당의 활동, 당의 역사를 더욱 깊게 검토할 것을 강제했다. 현실이, 우리로 하여금, 앞서 언급한 부정적 사태의 전개로부터 도출되고, 지난 20년간의 당대회, 특히 18차 당대회(2009)의 결의들 속에 구체화된 근본적인 결론들에 따라서, 그리스 공산당의 선택들과 활동들에 대한 보다 깊은 역사적 평가를 하도록 강제했던 것이다.

그리스 공산당은 자신의 역사에 대한 연구는 자신의 발전을 위한 필수적인 요소라고 본다. 왜냐하면, 인간에 의한 인간의 착취의 폐지를 위한 계급투쟁을 조직하는 데에서 역사적 경험은 당의 활동을 더욱 예리하고 효과적으로 만들기 때문이다. 그런 의미에서 당의 역사에 대한 연구는 의식적 활동을 자극하는 과정이 된다.

≪에세이≫에 의해 평가된 가장 중요한 쟁점은, 그리스 공산당의 전략이다. 다음의 원칙이 이러한 평가를 위한 기준이다.

1. 우리 시대는 자본주의로부터 사회주의로의 이행의 시대인 바, 왜냐하면 자본주의는 한 세기 이상이나 반동적인 단계에 들어서 있기 때문이다. 봉건지주의 권력을 타도하고 봉건적 생산관계의 잔재를 폐지하면서 사회적 진보를 자극했던 부르주아 민주주의 혁명의 시대는 영원히 끝났다. 1989-1991년의 반혁명의 승리로 인한, 사회주의 건설의 전복이 이 혁명적인 사회주의 정치 활동의 필연성과 그 적시성, 전망을 부정하지는 못한다.

2. 혁명의 성격은, 사회 세력들의 현재의 상호관계에 따라 규정되는 것이 아니라, 사회주의를 위한 물질적 조건의 성숙에 의해 규정된다. 필요한 물질적 조건의 최소한의 성숙도는, 노동계급이 자신의 당을 건설하여 자신의 역사적 사명을 의식하기만 하면, 노동계급이 경제활동 인구 중 비율상 소수를 점할 때에조차 존재한다.

3. 자본주의와 사회주의 사이에는 어떠한 중간적 사회경제적 체제도 존재하지 않는다. 따라서 어떠한 중간적 권력 유형도 존재할 수 없다. 권력의 성격은 부르주아적이거나 노동계급적(프롤레타리아적)일 것이다. 중간적인 권력 수립의 가능성과 필연성에 관한 관점은 어떤 나라에서도 확증된 적이 없다.

이 문제는 그리스 공산당 18차 대회에서 논의되었는데, 그 당대회에서는 권력의 성격을 역사적 시대의 이행의 "계기(契機)들"과 혼동해서는 안 된다는 것을 강조했고, 이행의 "계기들"에 대한 15차 대회의 강령적 입장을 재확인했다.

> "계급투쟁과 대중운동이 고조되고 혁명적 과정이 시작된 조건들하에서는, 인민의 권력 기관으로서, 보통선거나 의회적 절차 없이도 투쟁하는 사람들의 승인과 동의를 얻는 정부가 있을 수 있다. 이 정부는 노동계급 및 그 동맹자들의 권력과 일치할 것이며, 아니면 단지 형식적으로만 구별될 것이다."(…)

권력의 성격이, 중간적 권력 형태와 혼동됨이 없이, 프롤레타리아트 독재라는 것은 우리 당에게 있어 명백하다. 부르주아 권력이 아직 타도되지는 않았지만 그것이 약화되고 동요가 시작된 과정에서 출현할 수 있는 다양한 권력 형태들을 역사적 연구를 통해서 발견하는 것은 다른 종류의 문제이다. 부르주아 권력의 동요 수준들에 따라 각각의 역사적 시기에 취할 수 있는 형태들은 역사 연구에 있어서의 쟁점이다. 예를 들면 붉은 군대에 의해 해방된 나라들에서 반파쇼 전선에 의해 형성된 최초의 정부들은 혁명적인 노동자 권력(프롤레타리아트 독재)이 아니었고, 부르주아 세력들 또한 참여했다. 그 때문에 "누가 누구를 지배하는가"라는 문제를 두고 투쟁이 곧 전개되었다. 대부분의 경우 그 문제는 혁명적 노동자 권력(프롤레타리아트 독재)의 장악을 통해 해결되었다. 이 과정은 붉은 군대라는 세력의 존재와 분리되어서는 안 된다. (…)

쿠바 혁명의 경우에는, 중간적 권력 혹은 중간적인 사회경제 형태가 전혀 없다. 혁명적 과정의 시작을 위한 연결 고리는 민족 독립을 위한 무장투쟁이었고, 그 무장투쟁이 사회주의를 위한 투쟁으로 전화함으로써 그 문제들을 객관적으로 해결했다.[1]

    4. 공산당들의 동맹 정책은 자본주의 사회의 여러 사회 세력들의 이해와 입장에 대한 정확한 평가에 기초해야만 한다. 그래야만, 부르주아 계급의 영향력으로부터 인민층을 획득하고, 부르주아 통치하에서 (부르주아: 역자) 정당들의 교체가 아니라, 권력의 성격을 변경시킨다는 목표를 가지고, 그들과 노동계급을 결집시키는 노선에 공헌할 수 있다. 그것은 독점자본들의 경제적 지배, 그들의 정치권력, 그리고 그들의 제국주의 연합세력들과 투쟁하는 사회-정치적 동맹을 형성할 필요를 말하는 것이다. 이러한 기초가 있어야만, 체제를 "정화"하기 위한 기만적 강령을 가진 부르주아적·기회주의적 세력들과 정치적으로 협력하라는 압력들을 거부할 수 있다.

    5. 기회주의는 객관적인 기초를 갖고 있다. 기회주의의 중요한

---

[1] *ESSAY ON THE HISTORY OF THE KKE, 1949-1968*(그리스 공산당의 역사에 관한 에세이, 1949-1968) 제2권, 제2판, Athens: Sychroni Epohi, 2011, pp. 21-22.

원천의 하나는, 자본의 집적과 집중의 과정에 의해서, 독점자본들의 팽창에 의해서 압박받고 파괴되고 있는 소부르주아 계층들이다.

그러나 노동계급은 균일하지 않다. 노동계급은 새로운 그리고 오래된 산업부문들 모두에서 임금노동의 끊임없는 팽창을 통해 증가하기 때문에, 그들은 다양한 수입과 상이한 정치적·계급적 경험들을 가진 부문들로 구성되어 있다.

특히 우리는 노동귀족층을, 즉 자본주의 체제에 의해 매수되어 있는 노동계급의 한 부문을 강조해야 하는데, 이들은, 노동운동에서 계급협조를 매개하는 역할을 하기 때문에, 기회주의 현상의 또 다른 주요 원천이다.

기회주의 세력은 종종, 계급투쟁의 첨예한 전환기 동안에, 그 상승 혹은 퇴조의 시기에 강화된다. 지난 20여 년간의 거대한 반혁명의 물결로 인해 부르주아 이데올로기의 압력은, 공산주의 이데올로기의 원칙적 입장들에 대한 전반적인 수정과 (자본주의: 역자) 체제에의 기회주의적 적응을 통하여 표현되었다.

6. 계급투쟁의 다양한 국면들에서의 기회주의의 위장(僞裝)·변이(變異)·적응들에도 불구하고, 그리고 세력관계의 변화에도 불구하고, 기회주의에 대한 가차 없는 사상적·정치적 투쟁. 기회주의의 표현들에 대한 입장이 어떻게 발전했는가— 어떤 때는 그것들에 대한 첨예한 사상적 정치적 투쟁을 통해, 다른 때는 선거에서의 선택 혹은 그것들과 보다 장기간의 협력을 통해 —에 대한 긍정적·부정적 경험은 다음의 결론들을 확증한다. 혁명적 투쟁의 근본적이고 기본적인 원칙들을 포기하고 수정한, 그리고 부르주아 정치에 스스로를 순응시킨, 공산주의운동 내의 기회주의 세력과의 협력은, 실천적으로 노동운동에서의 부르주아 정치와의

협력을 의미하는 바, 그것은 공산당을 좀먹고 변질시키는 것을 목표로 수행된다. 이 때문에 어떤 경우에나 그것은 부르주아지와 그들의 참모들에 의해 적극적으로 지지된다. 동맹의 내용과 관련하여 볼 때, 기회주의에 대한 반대는 대중들을 조직하는 방향과 인민의 투쟁 방향에서의 기회주의와의 대결과 결부되어 있다. 이는, "좌파 통일(left unity)"·"그 문제에 관한 통일(unity on the problem)"을 위한, "반신자유주의 투쟁을 위한(for an anti-neo-liberal struggle)", 오늘날에는 "반(反)메모랜덤 단결을 위한(for an anti-memorandum unity)"[2] 등등의 기회주의적 호소들을 다뤘을 때의 그리스 공산당의 경험으로부터 볼 때 과거 모든 시기에 걸쳐서 명백했다.

그리스 민주군(Democratic Army of Greece)의 투쟁 종료 후 그리스 공산당의 전략 형성

1946-1949년의 무장투쟁이 끝난 후에, 이미 불법화된 그리스 공산당의 지도부는, 그리스 내에 그리고 국제적으로 형성된 새로운 정세를 평가하면서, 당의 정책과 전략을 다듬었고, 사회주의 혁명을 위한 투쟁이 당의 전략적 목표임을 명확히 했다. 사실상 무장투쟁 종료 7개월 전에 시작되었던 이러한 정교화는, 코민테른의 분석을 따라 제2차 세계대전 수년 전에 채택했던 부르주아 민주주의 혁명 전략을 그리스 공산당이 포기하는 것을 의미했다.

여기에서 말해두지 않으면 안 되는 것은, 부르주아 민주주의 (혁명: 역자) 단계를 채택한 것은, 무엇보다도, 그리스 부르주아 계급

---

[2] 역자 주: "메모랜덤(memorandum)"이란, 2010년 그리스 재정위기가 발발하자 유럽연합(EU)·유럽중앙은행(ECB)·국제통화기금(IMF) 등, 이른바 트로이카가 그리스에 강요한 가혹한 긴축정책이다.

에 관한 그리스 공산당의 분석을 통해서였으며, 그리스 공산당은 그리스 부르주아 계급을 대(大) 제국주의 열강, 주요하게는 대영제국 그리고 전쟁 후에는 미국에 굴종하는 계급으로 여겼다는 점이다. 그리스 공산당은, 그 종속적 성격으로 인해 그리스 부르주아 계급은 그리스에서 중공업 발전을 방해했고, 노동계급과 빈농들의 비참한 생활조건에 대해 책임이 있으며, 부르주아 민주주의적 과제라 불렀던 일련의 문제들(군주제의 존속 등)을 해결하지 못한 것에 대한 책임이 있다고 생각했다. 이러한 것들이, 서유럽의 발전된 자본주의 나라들의 수준에 비해 그리스의 심각한 후진성을 초래했다고, 그리스 공산당은 판단했다. 다른 말로 하자면, 그리스 공산당은, 그리스 부르주아 계급은 자신의 역사적 사명을 배신했으며, 따라서 상승하는 계급, 즉 노동계급이 농민들과 동맹하여 그리스 사회의 부르주아 민주주의적 변화를 완성해야 할 역사적 책임을 떠맡는다고 생각했던 것이다. 그런 식으로 공산당은, 부르주아 민주주의 혁명을 사회주의 혁명으로 전화시키기 위해 필요한 세력들과의 관계를 형성하려고 했다.

위에서 말한 전략은, 그 타당성이 확증되지 않았을 뿐만 아니라, 민족적 저항(National Resistance)의 시기(1941-1944)의 심각한 오류들의 주요한 원인이 되었다. 이 전략은 제2차 세계대전 시기의 "민족적 단결(national unity)" 정책의 전개 근거였다. 부르주아 세력과의 연합은, 독일-이탈리아 점령기에 인민의 투쟁을 약화시켰고, 후에는 영국 제국주의와 협력하여, 민족해방전선(EAM)이 그리스에서 지배적이었던 시기에 흔들렸던 부르주아 국가권력을 보호하려고 했다.

1944년에 그리스 공산당과 그 동맹체 EAM은, 부르주아 정당들의 지도부들의 일부가 살고 있는 중동에 조직된 소위 "민족 통일(National Unity)" 정부에 참여했다. 독일로부터 해방되자마자 그리스에 혁명적 상황이 형성되었음을 보면, 그러한 정부에의 참여는 인민운동의 (발전: 역자) 과정에 재앙이었음이 판명되었다. 우리 당은, 민족해방 투쟁을 노동자 권력의 장악을 위한 투쟁과 결합하는 강령을 마련할 준비가 되어 있지 않았던 것이다. 이 때문에 투쟁 결과에 극히 중대한 오류들을 범했다. 이들 오류 가운데에는 인민군대의 지휘를 영국 장군 스코비(Scobie)에게 맡기는 협정도 포함되어 있다.

그 직후(1944년 12월 초) 그리스 공산당과 EAM은 그 정부를 탈퇴했는데, 왜냐하면 그 정부와 영국이, 부르주아 무장력은 유지하는 반면에, 인민군의 해산을 요구했기 때문이다.

이 정부는, 처음에는 영국의 군사적 원조를 받아, 아테네와 피레에프스(Piraeus)에서 33일 동안 영웅적으로 투쟁했던 인민들을 학살했다. "보안대들(Security Battalions)"을 포함한 부르주아 통일전선이 결성되었는데, 그 "보안대들"은 독일 점령기에 만들어져 인민을 살해하는 독일과 매국노 정부의 기관으로서 작동한 무장 군단(軍團)이었다. "보안대들"의 결성에는, 독일과 이탈리아에 반대하여 영국 편을 들었던 국내 부르주아 정치・경제 세력들과 영국의 비밀 지원이 있었다.

(부르주아 민주주의 혁명: 역자) 단계의 전략은 전후(戰後)에도 계속되었다. 그리스 민주군의 영웅적인 무장투쟁은 이 전략에 근거하여 수행되었다.

내전 후 그리스 공산당의 전략 변경은 올바른 선택이었다. 그것은, 그리스 공산당 강령 초안을 작성하여 공개토론에 붙였던, 1953년의 그리스 공산당 중앙위원회 제4차 확대전체회의에서 더욱 포괄적으로 다듬어졌다.

혁명의 성격이 사회주의적임을 명확히 한 강령초안은, 당의 집단적 사고에 있어서 중요한 전진을 의미했다. 그럼에도 불구하고 이러한 전략의 변화는 세력관계의 변화에 입각한 것이었다. 다음의 발췌는 무엇보다도 이렇게 말하고 있다.

"8. (…) 제2차 대전에서 히틀러의 파시즘과 일본의 군국주의가 패배한 후, 국내와 발칸반도·유럽 그리고 세계적 규모에서의, 민주주의와 사회주의에 유리한 세력관계 변화라는 동등하게 결정적인 요소와 더불어 (…) 그리스에서 부르주아 민주주의적 혁명 단계는 기본적으로 극복되었다는 사실로 귀착되었다. (…)

국가 구조는 퇴보했지만 (…) 혁명의 성격에서 우리는 부르주아 민주주의 단계를 우회하여, 우리나라에서 임박한 사회·혁명적 변화를 인민의 민주적—사회주의적인 것임을 명확히 하는 명백한 모순에 대한 올바른 설명은, 국내와 발칸반도·유럽 그리고 지구적 수준에서의 세력관계의 바로 이러한 변화에서 찾아야 한다."

"9. (…) 수립될 권력은 프롤레타리아트 독재의 기능을 수행할 인민 민주주의(People's Democracy)일 것이며, 그것은 인민의 민주주의적, 노동자·농민의 권력, 즉 프롤레타리아 독재의 한 형태일 것이다."[3]

위의 분석은 몇몇 나라의 입장과 경험을 그리스의 상황에 기계적으로 적용했다는 사실에 기초했다. 짜르 러시아의 이전의 식민지들과 같은 몇몇 나라들은, 전(前)자본주의적 생산관계가 팽배해 있었음에도 불구하고, 러시아에서의 사회주의 혁명의 승리에 기초하여, 쏘련에 통합될 수 있었거나 부르주아 권력과 자본주의 발전을 우회할 수 있었다. 예컨대, 몽골의 경우가 그렇다. 그러나 그리스는 20세기 초 이래 자본주의적인 경제적 토대와 상부구조를 가진 완전한 형태의 자본주의 사회였다.

그리스를 식민지화된 국가라고 평가한 강령 초안은, 그리스의 자본주의적 재건의 과정을, 그리고 물론 부르주아 권력의 공고화를 객

---

3) *Ibid*, pp. 316-317.

관적으로 분석하지 못했다. 그것은, 그리스의 심대한 경제적·정치적 위기의 모든 결과들을 미국에의 종속, 민족적 독립의 폐지와 민족에 대한 배신 때문이라고 해석했다. 그것은 해외 동맹자들의 억압적 지배력에 기초하여 국내의 세력관계를 자신에게 유리하게 강화하려고 하는 그리스 부르주아 계급의 의식적인 선택을 인지하지 못했다. 이 분석은 상이한 나라들 간의 자본주의의 불균등 발전의 역사적 요인들을 무시했다. 그것은 거꾸로 상대적 후진성의 작용을, 주도적인 제국주의 열강들에 대한 경제적, 정치적 그리고 군사적 의존의 정도와 깊이 탓으로 돌렸다. 강령 초안은, 자본주의의 불균등 발전의 법칙이 자본주의 나라들 간의 상호 세력관계에, 그들 간의 외교정책과 관련된 쟁점들의 정치적 해결에 영향을 준다는 것을 무시했다. 자본주의의 불균등성을 부르주아계급의 이른바 "민족에 대한 배신"과 해외 열강들의 억제적 역할 탓으로 돌렸다.

강령 초안이 부르주아 민주주의적 단계를 우회했음에도 불구하고, 그것은 "애국적 연합정부를 창출하기 위하여 (…) 국가의 애국적 세력들"을 단결시킬 "전국적 애국전선"[4])을 창출한다는 목표를 그리스 공산당의 전술로서 명시하고 있었기 때문에, 그것은 여전히 단계들을 정당화하는 근거를 포함하고 있었다.

마지막으로, 비록 불충분하고 모순적이긴 한 시도였지만 1940년대의 투쟁들로부터 추론하려는 그리스 공산당 지도부의 시도는 쏘련공산당 20차 대회 직후 멈추어버렸고, 우리 당은 우익 기회주의적으로 전환했는데, 그 우익 기회주의의 주요 특징은 1946-1949년의 무장 투쟁을 부정하고 "사회주의로의 의회주의적 길"을 채택한 데에 있었다. 6개국의 공산당들(쏘련, 헝가리, 폴란드, 체코슬로바키아, 루마니아, 불가리아)에 의해 소집된 중앙위원회 제6차 전체회의(1956년)는, 중앙위원회 총서기 니코스 자차리아데스(Nikos

---

4) *Ibid*, p. 318.

Zachariades)를 위시한 그리스 공산당 지도부를 숙청했다.

그 이후 그리스 공산당의 주도 세력은 계속해서 그리스 내의 비합법 당조직들을 해산하여, 모든 공산주의자들을, 부르주아적 자유당에 합류하지 않은 사회민주주의 세력들을 포함한 연합체인, 통일민주주의좌익(EDA)에 통합시켰다. 당조직들이 해산된 상태에서, 인민의 민주주의(People's Democracies)에 머물던 그리스 공산당 지도부는 제8차 당대회(1961년)를 조직했다.

제8차 당대회는 1956년 이후의 그리스 공산당의 정치노선을 승인했고, 더 나아가 다시금 단계적 전략을 편성했는데, 그것은 소위 "민족 부르주아지"를 자신의 동력 가운데 하나로 포함시켰다. 실로 그것은, "민족・민주적 변화(National Democratic Change) 정권"[5]에서는 생산관계의 성격이 변하지 않을 것이라는 사실에도 불구하고, 혁명적 변화가 발생할 것이라고 강조했다.

본질적으로 제8차 당대회는, 다른 분파는 외국 자본에 종속적이라고 묘사하면서도, 애국적 성격을 지닌 부르주아지 분파의 존재에 관한 당의 낡은 분석들을 반복했다. 이렇게 부르주아 계급을 "애국적" 분파와 "외국자본에 종속된" 분파로 나누는 뿌리가 제2차 세계대전의 시기부터의 국제공산주의 운동의 정치적 분석들에서 발견된다는 사례를 들 수 있다.

이러한 동맹은 부르주아 정치체제의 두 지주 중 하나와의, 소위 우익에 대항하는 협력과 관련되어 있었다. 현실적으로는 그것은 통일민주주의좌익(EDA)과 그리스 공산당을 부르주아 자유주의 정당의 꼬리로 전화(轉化)시켰는데, 그 자유주의 정당에 EDA는 "민주정부"를 구성할 것을 끊임없이 제안했다. 당연히 이들 제안은 거부되었다. 이 문제의 당(중앙연합, Centre Union)은 단지, "우익인가 민주세력인가?"라는 딜레마를 활용하여, EDA를 지지하는 유권자 분파

---

5) 역자 주: 당시 공산당이 상정하고 있던 중간적・이행적 정부를 지칭하는 것으로 생각된다.

들을 분리해내는 데에만 관심이 있었다.

EDA의 정치노선은 이러한 딜레마의 먹이가 되었다. 특징적인 사례는 1964년 의회선거에서 중앙연합 후보자들의 당선을 위해 24개 선거구에 후보자를 내세우지 않는다는 EDA의 결정이었다. 중앙연합이 정부를 구성했을 때, 그들은 그리스 공산당의 비합법 상태를 계속 유지했고, EAM(민족해방전선)을 인정하지 않았으며, 정치적 난민들의 본국송환도 허용하지 않았고, 수년 전에 간첩으로 선고된 공산주의자 정치범들을 석방하지도 않았다!

불과 수개월 전에 선거가 있었고, 자유주의 정당은 정부를 구성할 만큼의 다수를 점하지 못했으며, 바로 그 때문에 그 당이 새로운 선거를 모색했다는 것을 얘기해야만 한다. 그때 EDA는 임시 정부의 강령적 성명들(programmatic statements)에 찬성 투표한 후 의회에서 다음과 같이 진술했다.

"EDA는, 정부 사업의 수행을 위한 충분한 다수가 현재의 의회에 존재한다는 것을 사실상 분명히 해왔다."[6]

물론 EDA의 의회적 지지는, 그 자유주의 정당 지도부의 선언에 따라서, 받아들여지지 않았다.

다른 한편에서, 소위 반우익 딜레마는, 농민운동이나 도시 중간층의 운동에서뿐 아니라 노동운동과 노동조합운동에서의 유사한 동맹정책에 의해서 강화되었다. 실천적으로 그것은 노동조합 관료들의 고전적인 흉악한 전술보다는 유연한 방식으로 노동조합운동 내에서 부르주아의 이익을 대표하는 노동조합 단체들을 강화시키는 결과를 낳았다. 공산주의자들과 기타 동맹자들의 강인하고 종종 영웅적인 투쟁에도 불구하고, 전체적으로 보면, 노동계급의 보다 높은 수준의 정치의식의 형성에 공헌하지 못하는 노동운동이 형성되었다.

---

[6] *Ibid*, p. 470.

노동운동과 조합운동의 방향성은, 사상적, 정치적 및 경제적 투쟁은 통합되어야 하며, 경제적 및 다른 요구들을 포함해야 한다는 것, 그러나 자본주의적 착취 일체를 반대하는 활동과 그 정치적 대표들 및 노동조합 대표들을 발전시키려는 시도를 통해 노동운동에 완전히 표현되어야 하며, 결과적으로 노동계급 권력을 위한 세력의 집중과 준비에 공헌해야 한다는 것을 고려하지 않으면 안 된다.

1949-1968년의 시기를 연구함으로써 확인된 것은, 노동계급은, 자신의 동맹자들인 반프롤레타리아들, 빈농들 그리고 도시 자영업자들과 함께, 부르주아 권력을 타도하고 노동계급 권력을 수립함으로써 권력의 문제가 최종적으로 해결될 때까지 투쟁하지 않으면 안 된다는 것이다.

EDA 창출 이후의 경험

그리스 공산당은 EDA 창출 이후 중요한 경험을 해왔다. 그리스 공산당의 비합법 지위가 이 선택을 정당화하지는 않았다. 물론 우리 당은 무엇이든 현존하던 합법적 가능성들을 활용하려 해야 했고, 특수한 조건들 속에서 정치적 표현의 형태들을 찾으려 해야 했지만, 어디까지나 그것은 그 독자성(independence)을 위험에 빠뜨리지 않는 한에서여야 했다.

EDA의 창출은 그리스 공산당의 정치노선에 존재하던 두 가지 심각한 문제들을 반영했다. 당의 강령을 "최소"와 "최대"로 나눈 잘못된 견해가 잘못된 동맹정책의 근원이었다. 둘째로는, 모든 조건하에서, 정치적 수준에서도 운동에서도 모두 그리스 공산당의 독자적 조직과 성격이 표현될 수 있는 방식으로, 비합법적 사업과 합법적 사업을 결합시키는 데에 있어서의 (잘못된: 역자) 전략 문제의 부정적 영향.

사회민주주의 세력들이 EDA로 결집한 것은, 그리스 공산당 대열 내의 기회주의를 더욱 더 부추겼다.

  다른 한편에서, 그리스 공산당 내부의 기회주의 세력들과 EDA 내부의 기회주의 세력들은 오랫동안 EDA를 그리스 공산당 해체를 위한 매개수단으로 전화시키려고 했는데, 정확히 동일한 시도가 수년 후 1989-1991년에 유사한 세력들이 "좌파 연합(Coalition of the Left)"을 단일한 정당으로 전화시키려 했을 때에도 있었고, 이는 그 정당 속으로 그리스 공산당이 용해되는 것을 의미했을 것이다. 기본적으로 이들은 오늘날 시리자(SYRIZA; 급진좌파연합) 지도부에 있는 동일한 간부들이다.

  지적해두지 않으면 안 되는 것은, 당을 EDA로 용해시키려 했던 그리스 공산당의 간부들이, 그리스 공산당이 쏘련공산당 제20차 대회의 결정들의 정신을 충분히 채택하지 않았다고 주장했던 바로 그 사람들이었다는 점이다. 오랫동안 그들은 단계적 전략을 반대했는데, 그러나, 동시에 그들은 사회주의 혁명의 법칙들을 거부했기 때문에, 그들은 개량주의적 관점에서 그것을 반대했다.

  국제공산주의 운동의 전략이 그리스 공산당의 정치노선 형성에 끼친 영향

  ≪그리스 공산당의 역사에 대한 에세이≫에는 이들 문제들은 그리스 공산당과 관련되어 있을 뿐만 아니라 다른 자본주의 국가들의 일련의 공산당들과도 관련되어 있다는 평가가 있다. 제국주의 체제의 틀 내부에서 부르주아 민주주의적 자유와 그들의 국가들을 방위하는 데에 자신들의 활동을 제한하고 종속시키면서 그들의 강령이 점차 사회주의 혁명의 법칙들로부터 멀어져 갔다는 것을 강조했다.

  자본주의 국가들의 공산주의 운동은 노동자들의 투쟁의 발전에

공헌하는 인자(因子)를 그 목표로 삼았지만, 그러나 그것은 노동계급 권력을 위한 투쟁을 조직하는 진정한 노동계급 전위의 역할을 할 수 없었다. 혁명 전략을 세워내지 못하는 무능력은 이미 제2차 세계대전 중에 명백히 드러났고, 전후에도 계속되었다. 예를 들면, 나중에 "유로 코뮤니즘"이라고 불렸던 것의 기본적 입장들은 1950-1951년의 영국 공산당 강령에 이미 포함되어 있었다. 일련의 공산당들이— 그리고 실로 지도적 제국주의 열강 속의 (공산당들이: 역자) —전후에 자신들의 국가의 민족적 독립의 수호와 결합된, 반파쇼 전선이라는 정치노선을 작성했는데, 그들의 주장에 의하면, 국내 부르주아 계급 분파들의 굴종 때문에 자기들 나라의 민족적 독립이 미 제국주의에 의해 폐기되었다는 것이다.

자본주의 국가의 공산당들은 애매하게는 사회주의의 필요성을 선언했지만, 자신들의 국가가 전반적인 정치적·경제적 위기 상황에 빠졌을 때에 부르주아 권력과 완전히 절연하고 투쟁할 것을 목표로 제 세력을 집중하는 전략에 봉사하지 않는 정치노선을 작성하는 데에서는 정치상의 목적들을 내세웠다. 서유럽의 강력한 공산당들은, "유로 코뮤니즘"이라는 형태로, 심지어 사회민주주의화하는 지경에까지 이르렀다. 그 권력을 지키고 적시에 국제적 동맹들을 재조직하기 위하여 동맹을 맺는 부르주아계급의 유연성에 대처할 역량이 그들에겐 없었다. 그들은, 명백히 의회주의적인 개혁 노선의 형태로서의, 혹은 혁명적 과정에서의 중간적 단계의 형태로서의 "반독점 민주주의 정부"를 자신들의 정치적 목표로서 제시했다. 노동계급 권력을 위한 투쟁과 분리된, 공산당 투쟁의 반제국주의, 반독점 요소는 객관적으로 유토피아적 성격을 띠고 있었다. 그리고 전략적으로 중요하다고 하는 부문들의 생산수단을 사회화한다고 하는 목표조차 자본의 권력을 타도한다는 목표와 연계되어 있지 않았다. 공산당들은 노동계급 내부에 사회민주주의적 입장을 강화하는 동맹들을 만들었고, 그 결과 노동운동은 부르주아지의 전략적 선택에 동화되어 그 대중적 성격을 상실했다.

역사적 경험은, 부르주아 민주주의의 이른바 확장을 통하여 사회주의로 이행하는 길을 찾았던 견해가 얼마나 유토피아적이었는가를 보여주고 있다. 특히 프랑스와 이탈리아에서의 일부 정당들의 인상적인 선거 결과들은 사회주의로의 의회주의적 이행에 대한 희망의 정당성을 입증하지 못했다. 거꾸로 그것들은 결국에는 공산주의 운동을 부패시킨 기회주의적 일탈을 조장했다. 오랫동안 공산당들은 또한 노동조합 운동의 틀 내에서 계급협조 노선을 추종하기도 했다.

공산주의 세력들이 프로디(Prodi) 정부나 달레마(D'Alema) 정부, 조스팽(Jospin) 정부 및 기타 정부들에 참여한 것은, 그에 선행한 공산당 내부에서의 사태 발전의 논리적 귀결이라는 것이 우리의 생각이다. 그것들은 자본주의를 관리하기 위한 정부들임이 명백히 드러났다. 조스팽 정부와 달레마 정부는, 유고슬라비아에서 인종청소가 벌어지고 있다는, 제국주의의 구실을 받아들여, 이 나라에 대한 폭격에 참가했다. 그들 정부는 모두 반노동자적 조치들이 (의회를: 역자) 통과하도록 지원했고, 그들은 자기 나라의 노동운동과 조합운동을 분쇄하였다.

제국주의 상호 간의 모순과 자본주의적 경제위기가 심각하게 날카로워지고 있는 국면에서의, EU 국가들의 노동운동의 현재의 부정적 상태는 이러한 과정의 결과라고 평가하는 것은 합리적이다.

부르주아 정부에의 공산당들의 참가는, (2014년: 역자) 5월 6일과 6월 17일 선거에서 소위 "좌익정부"에 참가하기를 반대한 그리스 공산당의 입장의 올바름을 확인해주었다. 그 외의 다른 어떤 것도, 그리스 공산당이 사회주의를 위한 전략을 포기하고, 노동계급과 가난한 인민층을 희생시켜 자본주의 체제와 그 경제위기를 관리하기 위한 또 다른 전략적 견해에 매달리는 것을 의미했을 것이다. 전술은 전략에 봉사해야만 하며, 그것을 약화시켜서는 안 된다.

사회민주주의를 좌익과 우익으로 분리하는 것은 심각한 오류였고, 평당원을 사회민주주의의 지도부와 구분하는 것도 심각한 오류였다. 즉, 제1차 세계대전에서도 그리고 독일이나 다른 곳에서의 프롤레타리아 혁명들과 관련한 입장에서도 아주 명백했던 지도부의 반혁명적 역할과 평당원을 구분하는 것은 심각한 오류였다. 계급투쟁을 첨예화함으로써, 그리고 부르주아 정치노선과 기회주의에 대한 강력한 이데올로기 전선을 통해서 다른 당들의 대중적 기지기반의 최대 분파가 획득된다는 것을 역사적 발전은 입증하였다.

결정적인 문제는 각국의 자본주의 발전을 정확히 연구하는 것이다

그리스 공산당은 소위 "유로 코뮤니즘"의 분파가 된 적이 결코 없다. 당은 맑스-레닌주의의 일반적 원칙들을 옹호하는 기초 위에서, 여러 해 동안 이것으로부터 스스로를 분리하며, 이것에 대항하여 투쟁하는 힘을 발견했다. 나아가 그리스 공산당은 그리스가 유럽경제공동체(EEC)에 가입하는 것을 반대하는 입장, 즉 그리스의 EEC 가맹과 관련하여, 그리고 나중에는 유럽연합(EU) 가맹과 관련하여 그리스 공산당이 견지해온 입장을 취했다. 지적하거니와, EDA 역시 그리스가 EEC에 가입하는 데에 반대를 표명하며, 그것을 "사자 굴"이라고 말했다. EU는 자본의 동맹이며, 그것은 친인민적인 방향으로 개혁될 수도 없고, "인민들의 유럽"으로 변화될 수도 없다. 이는 EU 내의 현재의 사태전개에 의해 실증되었다.

그리스 공산당은, EU 내에서는 친인민적인 정치노선은 있을 수 없다고 판단하면서, 이 노선을 고수하고 있다. 요구되는 것은 그것에서 탈퇴하는 것이고, 동시에 모든 나라에서 독점자본의 권력의 타도, 독점자본들의 사회화 그리고 노동자·인민 권력에 의한 부채의 일방적 말소를 위해 투쟁하는 것이다. 특히 자본주의적 경제위기 상

황에서 두 가지 길이 있다. 노동계급과 가난한 인민층이 그 공황의 대가를 지불할 것인가, 아니면 대(大)자본들이 지불할 것인가. 두 번째의 길은 부르주아 권력을 타도할 광범한 사회·정치적 동맹의 형성과 직접 연계되어 있다. 제3의 길은 결코 없다. 유로존(eurozone) 내의 위기는 부채 위기도 아니고, 소위 신자유주의적 경영의 산물도 아니다. 그것은 자본주의의 과잉축적 공황이다. 보수주의자들과 사회민주주의자들, 좌파 정당들은 자본에 유리한 공황으로부터의 탈출로를 (찾기: 역자) 위해 애쓰고 있다.

1950년대와 1960년대의 그리스 자본주의에 대한 그리스 공산당의 분석들은, 자본주의 경제의 커다란 발전을 따라잡지 못했다.

그리스 공산당 제8차 대회(1961년)는 그리스를 특징을, **"서방 대제국주의 국가들의 농업적 종속물 (…) 기본적으로 농업적이고, 어느 정도 공업이 발전했으며, 일부 반(半)봉건적 잔재를 지닌 저개발 자본주의 국가 (…) 그리스에서 장래의 혁명은 그리하여 반제국주의 민주주의적일 것이다"**[7])라고 규정했다.

대회는 이러한 방향에서 당의 전술을, 이러한 목표의 달성을 위한 전제조건들을 창출하기 위해 "민주세력들"과 협력하는 것으로 규정했다.

그리스의 자본주의 발전 자체가, 부르주아지는 생산관계를 발전시키는 데에 관심이 없다는 견해는 물론, 외세가 자본주의 발전에 장애물이라는 견해도 잘못임을 증명했다. 그리스의 자본주의 발전은 주로 국내의 자본축적에 의해 유지되었다. 그것은 새로운 방향의 국가정책에 의해서, 그리고 그에 상응하여 산업을 지원하기 위한 국가사회간접자본의 건설에 의하여 유지되었다. 외국자본의 유입은, 1940년대 말과 1950년대 초(마셜플랜, 트루먼 독트린)를 제외하고는, 특별히 증가하지는 않았다. 그러나 이들 자금의 대부분은 그리

---

7) *Ibid*, p. 446. (강조는 원문).

스 민주군에 대한 국가적 억압을 강화하고, 일반적으로는 부르주아 국가를 보호하는 데에 사용되었다.

자본주의 발전의 결과로 노동자들의 수입과 생활수준이 상대적으로 개선되었는데, 인민의 투쟁이 거기에 기여했음은 부인할 수 없다. 물론 그것은 인민을 체제내화 시키기 위하여 자본이 은전을 베풀 수 있었던 자본주의의 발전 국면, 즉 소위 "복지국가"의 창출에 의해 표현되었던 현실이었고, 그에 비해서 현재의 국면에서는 그러한 여유는 존재하지 않는다. 그리고 이는 단지 자본주의적 경제 공황 때문만은 아니다.

동시에 이 시기에는 공공부문 노동자층이 팽창했다. 농촌 주민의 다수가 도시로 이주했고, 일부는 더욱 발전된 자본주의 국가들로 이민 갔다. 새로운 소부르주아 계층들이 형성되었다. 당 내에서 개량주의와 기회주의가 강화된 것은 바로 이러한 물질적 기초 위에서였다.

특히 현재와 같은 자본주의적 경제위기 상황에서, 자신의 경제적 지위를 유지하기 위하여 일어선 소부르주아 층들은, 한편에서는 분노하며 정부의 정치적 노선을 반대하면서, 자신들이 살아남는 것을 보다 넓게 허용했던 과거로 돌아가기를 유토피아적으로 추구한다. 정치적으로 그들은— 소규모 생산수단의 소유자들의 이익을 보다 강하게 표현하고, 대규모적 소유자들, 즉 독점자본들의 이익과 관련하여서는 축적을 제한할 —정부에 의해 "통제되는" 독점자본주의의 확립을 지지한다. 이런 식으로 그들은, 독점체들의 경쟁을 무디게 하거나, 전(前)독점 단계로 조류(潮流)를 되돌리기를 유토피아적 방식으로 추구하는 이데올로기와 정치적 실천의 매개체가 된다. 이들 계층은, 노동계급에 접근하여, 혹은 파멸 후에는 노동계급에 통합되면서, 자본주의를 "인간화"시키는 입장을 받아들이도록 노동운동을 압박하는 매개체가 된다.

오늘날을 위해 일반적으로 유용한 결론들

기회주의의 압력은 계급투쟁의 격렬함을 견뎌내지 못하는 개인들의 특수한 태도에만 관련되어 있는 현상이 아니다. 그것은 하나의 이데올로기적·정치적 조류이며, 현대의 자본주의, 즉 제국주의라는 역사적 시대의 산물이다. 그 물질적 기초는, 다양한 동화 기제(mechanisms)나 뇌물을 통하여 노동계급의 계층들이 독점자본에 의해 매수될 가능성에, 그리고 소부르주아지가 노동계급으로 흡수되면서 노동계급이 확대되는 데에 있다. 이 때문에, 기회주의에 대한 투쟁은, 레닌이 주장했듯이, 제국주의적 발전 단계에서는 자본주의에 반대하는 투쟁의 필수불가결한 특징인데, 왜냐하면— 그 다양한 표현의 의도와 상관없이 —그것은 부르주아 정치로부터의 노동계급의 정치적 해방에 장애로 작동하기 때문이고, 노동운동의 이데올로기적·정치적 독자성을 반대하기 때문이다.

기회주의 반대 투쟁은, 그것이 특수한 정치 조직으로 형성되어 있는가 아닌가에 의해, 혹은 그것이 의회나 노동조합에 영향력을 가지고 있는가 아닌가에 의해 좌우되지 않는다. 그것은 부차적이고 부분적인 의무가 아니며, 온갖 다양한 형태의 부르주아 정치노선에 반대하는 투쟁 과제로부터 분리된 것도 아니다. 인민의 불만과 항의가 증대되고 있는 특히 현재와 같은 시기에는, 부르주아적 경영의 대안적 시나리오의 하나라는 덫에 사람들이 갇힐 위험이 있다. 노동계급과 인민대중의 급진화와 부르주아 정치로부터의 해방을 위한 노력은, 기회주의에 반대하는 공공연한 투쟁을 전제조건으로 하고 있다.

역사적 경험은 물론 공산당 내에서의 기회주의의 발생과 발전이 하루밤새 이루어지는 것이 아님을 명확히 보여주었다. 기회주의를 강화시킬 가능성이 있는 요인들은, 이론적 취약성들, 간파되어 교정되지 못한 전략 수립상의 오류들, 그리고 부르주아지에 적응하거나 그들과 타협하거나 그들에게 굴복하려는 욕망에 내몰리지 않고, 오히려 정반대로 계급의 적에 대항하는 무장투쟁을 이끌기까지 했음이 입증된 지도부의 모순적 입장이다.

기회주의와의 대결이 지체되면, 당을 타락시키고, 사회민주주의적으로 변질시키며, 그 역사적 연속성을 상실하게 한다는 것을 역사는 명확히 보여주었다. 이러한 사태는, 예컨대, 프랑스, 이탈리아 등등, 서유럽의 공산당들에게 일어났다. 대조적으로, 기회주의와의 투쟁은 당의 공산주의적 성격의 연속성을 수호했다. 예를 들면, 1968년에 그리스 공산당 중앙위원회 제12차 전체회의에서 나타났던 투쟁은, 본질적으로 당을 "유로 코뮤니즘적" 대형으로 변화시키려 했던 수정주의적 그룹을 철수시켰다. 그것은 당의 조직적 재조직화를 수호했고, KNE(그리스 공산당의 청년조직: 역자)를 건설하게끔 했다. 그럼에도 불구하고 그 전체회의는, 당의 전략적 쟁점, 즉 그 후 당 대열 내부의 기회주의의 발전에 영향을 주었던 기본적 문제를 다루거나 다루기 시작할 수 없었다.

다른 한편에서, 국제공산주의 운동과 분열 후 재조직화의 과정의 심각한 패배라는 상황에서 발생한 1990-1991년의 당 내 위기는 당으로 하여금 그 과정을 보다 더 자기비판적으로 검토하게 했고, 예를 들면, 국제적인 제국주의 체제 속에서의 그리스 자본주의의 위치나, 혁명 및 권력의 성격과의 그 관계, 1989-1991년에 쏘련과 유럽의 다른 사회주의 국가들에서 반혁명을 초래한 원인들과 같은 문제들을 연구하게끔 했으며, 자신의 강령적 견해 속에 표현되는 보다 깊은 결론들을 이끌어 내게끔 하였다.

스딸린 문제에 대하여*
— 쏘련공산당 중앙위원회의 공개서한에 대한 두 번째 논평

≪인민일보(People's Daily)≫와 ≪홍기(Red Flag)≫
편집부, 1963년 9월 13일
번역: 제일호(노동사회과학연구소 회원)

[편집자 주]
이 글은 흔히 '중-쏘 논쟁'이라고 알려져 있는, 1960년대 초의 중국 공산당과 쏘련공산당 사이의 논쟁의 일부이다. 당시 중국공산당과 쏘련 공산당은 평화공존, 전쟁과 평화, 사회주의 건설론, 프롤레타리아 독재, 사회주의로의 이행기, 신식민지 문제, 나아가 국제 공산주의 운동의 총 노선 등에서 대립·논쟁하였다.
논쟁의 시발점은 1956년 쏘련공산당 제20차 대회에서의 흐루쇼프에 의한 스딸린 탄핵이었다. 이를 계기로 중국과 쏘련, 나아가 전세계 사회 주의 진영이 균열되고 분열되기 시작했다. 스딸린 탄핵은 이전 30년에 걸친 사회주의 건설과 국제 공산주의 운동의 노선에 대한 부정이기 때 문이었다. 논쟁이 격화되면서 중국공산당은 스딸린의 개인숭배라는 쟁점 에 대해 자신의 견해를 전면적으로 밝히게 되는데, 바로 이 글이 당시 중국 쪽에서 제출된 공식 입장이다. 중국은 개인숭배에 대한 비판이 실 은 노선의 문제이며, 흐루쇼프가 수정주의를 전개하는 구실에 지나지 않 는다고 본다. 이 글은 당시 국제정세와 이데올로기 지형에 대한 생생한 내용을 담고 있어 자료로서의 가치도 매우 높다.

* 출전: https://www.marxists.org/subject/china/documents/polemic/qstalin.htm

스딸린 문제는 세계적으로 중요한 문제로서, 모든 나라의 모든 계급들 사이에서 파문을 일으켜 왔고, 오늘날에도 여전히 계급이 다르고 정당과 분파가 다름에 따라 상이한 관점에서 크게 논쟁 중인 문제이다. 금세기에는 결코 어떤 최종적 평결도 불가능할 것이다. 그러나 국제 노동계급과 혁명적 인민의 대다수 사이에는 실질적인 합의가 있는 바, 그들은 스딸린을 완전히 부정하는 데에 반대하면서 그에 대한 기억을 더욱 더 소중히 여기고 있다. 이것은 쏘련에도 역시 해당된다. 쏘련공산당 지도자들과의 우리의 논쟁은 인민의 한 부분과의 논쟁이다. 우리는 혁명적 대의를 진전시키기 위해 그들을 설득하기를 바란다. 이것이 이 글을 쓰는 우리의 목적이다.

흐루쇼프 동지가 "개인숭배와 싸운다"는 구실로 스딸린을 완전히 부정했을 때, 중국공산당은 언제나, 그가 완전히 잘못이며 감추어진 동기들을 가지고 있다고 생각해왔다.

중국공산당 중앙위원회는 (1963년: 역자) 6월 14일자 편지에서, "개인숭배에 대한 투쟁"은 지도자들과 당, 계급, 대중들의 상호관계에 관한 레닌의 일관된 가르침들을 어기는 것이며, 민주집중제라는 공산주의 원칙을 훼손하는 것이라고 지적하였다.

쏘련공산당 중앙위원회의 공개서한은, 원칙에 기초를 둔 우리의 주장들에 대한 어떠한 대답도 회피하고 있고, 단지 중국 공산주의자들을 "개인숭배의 옹호자들이자 스딸린의 잘못된 사상을 퍼뜨리는 사람들"로 딱지를 붙이고 있을 뿐이다.

멘쉐비끼와 싸울 때, 레닌은 "원칙의 문제에 대해 논적의 논증에 대해서는 대답하지 않고, 단지 그 때문에 '비애(pathos)를 느낀다'고 말하는 것은 논쟁을 하는 것이 아니라 욕설을 하는 것이다"[V. I. 레닌, "P. 마슬로프(Maslov)의 '답변'에 대한 약간의 소견", ≪레닌전집≫ 영문판, 모스끄바, 외국어출판사, 1963, 제15권, p. 255.]라고 말했다. 쏘련공산당 중앙위원회가 자신의 공개서한에서 보여준 태도는 정확히 멘쉐비끼의 그러한 태도를 닮았다.

그 공개서한은 논쟁 대신에 욕설을 하고 있지만, 우리로서는 원칙에 기초를 둔 논증들과 수많은 사실들로써 그것에 답변하고자 한다.

위대한 쏘련은 최초의 프롤레타리아트 독재 국가였다. 처음에는, 이 국가의 당과 정부의 최고 지도자는 레닌이었다. 레닌 사후에는 스딸린이었다.

레닌 사후에, 스딸린은 쏘련의 당과 정부의 지도자가 되었을 뿐 아니라 국제공산주의운동의 공인된 지도자로도 되었다.

10월 혁명에 의해 최초의 사회주의 국가가 탄생된 지 겨우 46년이 지났다. 이 기간 중 거의 30년 동안 스딸린은 이 국가의 최고 지도자였다. 프롤레타리아트 독재의 역사에서도, 국제공산주의 운동의 역사에서도, 스딸린의 활동들은 극히 중요한 위치를 차지하고 있다.

중국공산당은, 스딸린을 어떻게 평가할 것이며 그에 대해서 어떠한 태도를 취할 것인가 하는 문제는, 단지 스딸린 자체를 평가하는 문제가 아니며, 더욱 중요하게는, 레닌 사후의 프롤레타리아트 독재와 국제공산주의운동의 역사적 경험을 어떻게 총괄할 것인가의 문제라는 (입장을: 역자) 시종일관 견지해왔다.

흐루쇼프 동무는 쏘련공산당 제20차 대회에서 스딸린을 완전히 부정했다. 그는 전체 국제공산주의 운동과 관계가 있는 이 원칙적인 문제에 관하여 형제당들과 미리 상의하지 않았고, 나중에는 그들에게 기정사실(a fait accompli)로서 강요하려 하였다. 누구든 쏘련공산당 지도부와 다르게 스딸린을 평가하는 사람은, 쏘련공산당의 내부 문제들에 "간섭한다"는 비난은 물론, "개인숭배를 옹호한다"는 비난까지 받고 있다. 그러나 그 누구도 최초의 프롤레타리아 독재 국가의 역사적인 경험의 국제적 중요성이나, 스딸린이 국제공산주의 운동의 지도자였다는 역사적 사실의 국제적 중요성을 부인할 수 없다. 따라서 그 누구도 스딸린에 대한 평가는 전체 국제공산주의 운동과 관련된 중요한 원칙의 문제라는 것을 부정할 수 없다. 그렇다면, 도대체 무슨 근거로 쏘련공산당의 지도자들은 다른 형제당들이 스딸린을 현실적으로 분석하고 평가하는 것을 금지한단 말인가?

중국공산당은 역사유물론적 방법에 의해서 스딸린의 장점과 단점을 종합적이고 객관적·과학적으로 분석할 것과 역사를 실제로 전개된 그대로 설명할 것을 변함없이 주장해왔으며, 역사관념론적 방법에 의해서 스딸린을 주관적이고 조야하게, 완전히 부정하는 데에, 그리고 역사를 의도적으로 왜곡하고 변조하는 데에 반대해왔다.

중국공산당은 시종일관 스딸린도 오류를 범했으며, 그 오류들은 사회·역사적인 뿌리뿐 아니라 이데올로기적인 뿌리도 가지고 있다고 생각해왔다. 비판할 필요가 있는 것은, 스딸린이 실제로 범한 오류들이지, 근거 없이 그의 탓으로 돌려지는 오류들이 아니며, 그 비판은 올바른 입장에서 올바른 방법으로 수행되어야 한다. 그러나 우리는 그릇된 입장과 그릇된 방법으로 이루어지는, 부당한 스딸린 비판을 시종일관 반대해왔다.

레닌 생존 시 스딸린은 짜리즘과 싸웠고 맑스주의를 전파했다. 레닌이 이끄는 볼쉐비끼당의 중앙위원회 위원이 된 후에는 그는 1917년 혁명의 길을 닦기 위한 투쟁에 참가했으며, 10월 혁명 후에는 프롤레타리아 혁명의 성과들을 방어하기 싸웠다.

레닌 사후 스딸린은, 쏘련공산당과 쏘비에뜨 인민을 이끌고, 내부 및 외부의 적들과 단호히 투쟁했으며, 세계 최초의 사회주의 국가를 수호하고 공고히 했다.

스딸린은, 쏘련공산당과 쏘비에뜨 인민을 이끌고, 사회주의적 공업화와 농업집단화 노선을 떠받쳤으며, 사회주의적 변화와 사회주의의 건설에서 거대한 성공을 거두었다.

스딸린은, 쏘련공산당과 쏘비에뜨 인민, 쏘비에뜨 군대를 이끌고, 불요불굴의 격렬한 싸움을 하여 반(反)파쇼 전쟁을 위대한 승리로 이끌었다.

스딸린은 다양한 종류의 기회주의에 맞서서, 레닌주의의 적들인 뜨로츠끼파들, 지노비에프파들, 부하린파들과 다른 부르주아의 앞잡이들에 맞서서 맑스-레닌주의를 방어하고 발전시켰다.

스딸린은 불멸의 맑스-레닌주의 저작들인 많은 이론적인 저작들을 집필하면서, 국제 공산주의운동에 지울 수 없는 공헌을 하였다.

스딸린은 전체적으로 프롤레타리아 국제주의를 견지하면서, 중국 인민들을 포함한 세계 모든 인민들의 혁명적인 투쟁을 크게 돕는 외교정책을 추구하면서, 쏘비에트 당과 정부를 지도하였다.

스딸린은 그 투쟁을 지도하면서, 역사의 흐름에서 전면에 서 있었고, 제국주의자들과 모든 반동세력들의 타협할 수 없는 적이었다.

스딸린의 활동은 위대한 쏘련공산당과 위대한 쏘련 인민들의 투쟁들과 긴밀하게 결합되어 있었고, 전 세계 인민들의 혁명적인 투쟁과 분리될 수가 없다.

스딸린의 삶은 위대한 맑스-레닌주의자의 삶이자 위대한 프롤레타리아 혁명가의 삶이었다.

쏘비에트 인민들과 국제 공산주의운동을 위해 가치 있는 일들을 수행했지만, 위대한 맑스-레닌주의자이고 프롤레타리아 혁명가인 스딸린은 또한 약간의 실수들도 하였다. 몇 가지는 원칙에서의 오류였고, 몇 가지는 실천적인 사업과정에서 일어난 오류였다; 몇 가지는 회피할 수 있었고, 몇 가지는 프롤레타리아 독재가 의거할 선례가 없었던 때이기 때문에 거의 회피할 수가 없었다.

그의 사고방식에 있어서, 스딸린은 어떤 문제들에 관하여 변증법적 유물론을 벗어나서 형이상학과 주관주의에 빠져들었고, 결과적으로 그는 때때로 현실과 대중들로부터 분리되었다. 당 외부뿐만 아니라 당 내부의 투쟁에서, 몇 가지 경우들과 몇 가지 문제들에 관해서, 성질에서 상이한 두 가지 유형의 모순들, 우리 자신과 적들 간의 모순과 인민들 사이의 모순을 혼동했고, 그리고 그것들을 다루는 데 필요한 상이한 방법들을 또한 혼동하였다. 반혁명을 진압하는 스딸린에 의해 지도된 사업에서, 처벌당해야 마땅한 많은 반혁명 분자들이 정당하게 처벌되었지만, 그러나 동시에 그릇되게 유죄로 판결된 무고한 인민들이 있었다; 그리고 1937년과 1938년에 억압하는 반혁명 분자들의 범위를 확대하는 오류가 발생하였다. 당과 정부 조직의 문제에서, 그는 프롤레타리아 민주집중제를 충분히 적용하지 않았고, 어느 정도는 그것을 침해하였다. 형제적인 당들과 나라들과의 관계들을 다루면서, 그는 약간의 실수들을 저질렀다. 그는 또한 국제 공산주의운동에 대해 몇 가지 잘못된 조언을 하였다. 이 실수들은 쏘련과 국제 공산주의운동에 약간의 손실을 야기했다.

스딸린의 공적과 실수들은 역사적이고 객관적 현실의 문제이다. 두 가지를 비교해 보면 그의 공적들이 그의 과실을 압도한다. 그는 일차적으로 올바랐고 그의 과실들은 이차적이다. 총체로서 스딸린의 사상과 그의 업적을 요약했을 때, 역사를 존중하는 모든 정직한 공산주의자들은 스딸린에게 있어서 일차적이었던 것을 먼저 분명히 관찰할 것이다. 그러므로 스딸린의 오류들이 정확하게 평가되고, 비판되고 그리고 극복되기 위해서는, 스딸린의 생애에서 일차적이었던 것을 수호하는 것, 그가 방어했고 발전시켰던 맑스–레닌주의를 수호하는 것이 필요하다.

단지 이차적이었던 스딸린의 오류들이, 쏘련과 다른 나라들의 공산주의자들이 경계를 하고 그런 실수들을 반복하는 것을 피하고 혹은 실수를 범하는 것을 줄이기 위해, 역사적 교훈으로서 받아들여진다면, 그것은 유익할 것이다. 긍정적이고 부정적인 역사의 교훈들 모두가, 그것들이 올바르게 끌어내어지고 역사적 사실들과 부합하고 왜곡되지 않는다면, 모든 공산주의자들에게 유익할 것이다. 레닌은, 맑스주의자들이 베벨과 로자 룩셈부르크와 같은 사람들에 대한 태도에서 제2인터내셔널의 수정주의자들과 전적으로 상이했다는 것을 여러 번 지적했는데, 그 두 사람은 그들의 모든 실수에도 불구하고 위대한 프롤레타리아 혁명가들이었다. 맑스주의자들은 이 사람들의 실수들을 감추지 않았고, 그러한 사례들을 통하여 "어떻게 그것들을 회피하고 혁명적 맑스주의의 보다 준엄한 요구들에 맞추어 살 것인가"를 배웠다. [V. I. 레닌, "노동조합에 대한 당의 태도에 관한 보이노브(Voinov)(A. V. 루나차르스끼) 팜플렛의 서문", ≪전집≫, 영어판, FLPH, 모스끄바, 1962, Vol. XIII, p. 165.] 이에 비해, 수정주의자들은 베벨과 로자 룩셈부르크의 실수들에 대해 "의기양양해 했고" 그리고 "낄낄낄 웃어댔다." 레닌은 이것을 빗대어 러시아 우화를 인용하였다. "때때로 독수리는 암탉보다도 더 낮게 날 수도 있다. 그러나 암탉은 결코 독수리보다 더 높이 날 수가 없다." (V. I. 레닌, "한 정치평론가의 노트", ≪선집≫, 영어판, International Publishers, New York, 1943, Vol. X, p. 312.) 베벨과 로자 룩셈부르크는 "위대한 공산주의자들"이었고, 그들의 실수에도 불구하고, "독수리"로 남았지만, 수정주의자들은 "노동계급운동의 뒷마당에 있는, 똥 무더기 사이에 있는" "암탉들"이었다. (앞의 글, p. 313)

베벨과 로자 룩셈부르크의 역사적인 역할은 결코 스딸린의 그것과 비교될 수가 없다. 스딸린은 전(全)역사 시대에 걸쳐 프롤레타리아 독재와 국제 공산주의운동의 위대한 지도자였고, 그를 평가하기 위해서는 보다 큰 주의가 필요하다.

쏘련공산당의 지도자들은 중국 공산당을 스딸린을 "옹호한다"는 죄목으로 고발하였다. 그렇다, 우리는 스딸린을 강력히 옹호한다. 흐루쇼프가 역사를 왜곡하고 스딸린을 완전히 부정할 때, 자연스럽게 우리는 국제 공산주의 운동의 발전을 위해서 전면에 나서서 그를 옹호할 회피할 수 없는 의무를 가지고 있다.

스딸린을 옹호함에 있어, 중국 공산당은 그의 올바른 측면을 옹호하고, 10월 혁명에 의해 창조되었던 최초의 프롤레타리아 독재 국가의 영광스런 투쟁의 역사를 옹호한다; 중국 공산당은 쏘련공산당의 영광스런 투쟁의 역사를 옹호한다; 중국 공산당은 전 세계에 걸친 근로인민들 사이에서 국제 공산주의운동의 명성을 옹호한다.

간단히 말해서, 중국 공산당은 맑스-레닌주의의 이론과 실천을 옹호한다. 이렇게 하고 있는 사람들은 단지 중국 공산주의자뿐만이 아니다; 모든 공산주의자들은, 맑스-레닌주의에 헌신했고 모든 건실한 혁명가들과 모든 공정한 마음을 가진 인민들은 똑 같은 일을 해오고 있다.

스딸린을 옹호하면서, 우리는 그의 실수들을 옹호하지는 않는다. 오래전에 중국 공산주의자들은 스딸린의 실수들 몇 가지를 직접 경험하였다. 이러저러한 때에 중국 공산당에서 나타났던 그릇된 "좌익"과 우익 기회주의 노선들 중에서, 어떤 것들은 그것들의 국제적인 원천에 관한 한, 스딸린의 일정한 실수들의 영향하에서 발생했다. 1920년대 후반, 1930년대 그리고 1940년대 초·중반에 마오쩌뚱 동지와 류샤오치 동지로 대표되는 중국의 맑스-레닌주의자들은 스딸린의 실수들의 영향에 대해 저항했다; 그들은 점차적으로 그릇된 "좌익"과 우익 기회주의 노선을 극복하였고 마침내 중국 혁명을 승리로 이끌었다.

그러나 스딸린에 의해 제기된 잘못된 생각들의 일부가, 몇몇 중국 동지들에 의해 받아들여지고 적용되었기 때문에, 우리 중국인들은 책임을 져야 한다. 그리하여 "좌익"와 우익 기회주의에 대한 투쟁에서, 우리 당은 단지 잘못을 저지른 우리의 동지만을 비판하였고 스딸린에 대해서는 결코 비난하지 않았다. 우리의 비판의 목적은 올바른 것과 그릇된 것을 구분하고, 적절한 교훈을 배우고, 혁명의 대의를 전진시키는 것이었다. 우리는 오류를 범한 동지들에게 단지 그들이 자신들의 실수들을 교정할 것을 요구했다. 그들이 자신들의 실수들을 교정하지 못한다면, 그들이 은밀하고 파괴적인 활동들을 위한 비밀그룹들을 조직하지 않는 것을 전제로, 우리는 그들이 자신들의 실천적인 경험에 의해 서서히 깨닫기를 기다렸다. 우리는 당 내부의 비판과 자기비판을 적절하게 하는 방법을 채택했다; 우리는 통일을 위한 바람으로부터 출발하였고, 비판과 투쟁을 통하여 새로운 기초 위에서 새로운 통일에 도달하였고, 이리하여 좋은 결과들이 성취되었다. 우리는 이것들이 적들과 우리들 간의 모순이 아니라 인민들 사이의 모순이며, 따라서 우리는 위의 방법을 사용해야만 한다고 주장한다.

흐루쇼프 동지와 쏘련공산당의 다른 지도자들은 쏘련공산당 20차 당대회 이후로 스딸린에 대하여 어떤 태도를 취해왔는가?

그들은 그의 삶과 업적에 대해 종합적으로 역사적이고 과학적인 분석을 하지 않았고, 올바른 것과 그릇된 것 사이의 어떤 구분도 없이 그를 완전히 부정했다.

그들은 스딸린을 동지로서가 아니라 적으로서 다루었다.

그들은 경험을 정리하여 비판과 자기비판하는 방법을 채택하지 않았고, 모든 오류들을 스딸린 탓으로 비난하거나, 자신들이 멋대로 날조한 "실수들"을 스딸린의 탓으로 돌렸다.

그들은 사실들과 사리에 맞는 일들을 제시한 것이 아니라, 인민들의 마음에 독을 주입하기 위해, 스딸린에 대한 악선동과 인신공격을 하였다.

흐루쇼프는 스딸린을 "살인자", "범죄자", "강도"1), "도박꾼", "무시무시한 이반과 같은 유형의 폭군", "러시아 역사에서 최대의 독재자", "바보"2), "멍청이"3) 등등으로 욕설을 하였다. 우리가 이 모든 더럽고, 상스럽고, 악의적인 언어를 어쩔 수 없이 인용할 때, 우리는 그것이 우리의 펜과 종이를 더럽히는 것을 두려워한다.

흐루쇼프는 스딸린을 "러시아 역사에서 최대의 독재자"라고 욕설을 하였다. 이것은 쏘비에트 인민이, 30년의 긴 세월 동안 사회주의체제하에서가 아니라 "러시아 역사에서 최대의 독재자"의 "폭정"하에서 살았다는 것을 의미하지 않는가? 위대한 쏘비에트 인민과 전

---

1) 흐루쇼프, "중국공산당 대표단과의 담화", 1961.10.22.
2) 흐루쇼프, "쏘비에트 정부 주최의 1962년 메이데이 리셉션에서 연설"
3) 흐루쇼프, "중국공산당 대표단과의 담화", 1961.10.22.

세계의 혁명적 인민은 이 중상모략에 절대로 동의하지 않는다!

흐루쇼프는 스딸린이 "무시무시한 이반과 같은 유형의 폭군"이라고 욕설을 하였다. 이것은 전 세계 인민들에게 30년 동안 제공되었던 위대한 쏘련공산당과 위대한 쏘비에트 인민의 경험이, 프롤레타리아 독재의 경험이 아니라, 봉건적인 "폭군"의 지배하에서의 삶의 경험이었다는 것을 의미하지 않는가? 위대한 쏘비에트 인민, 쏘비에트 공산주의자들과 전 세계의 맑스-레닌주의자들은 이 중상모략에 절대로 동의하지 않는다!

흐루쇼프는 스딸린이 "강도"라고 욕을 하였다. 이것은 바로 세계 최초의 사회주의국가가 오랫동안 "강도"에 의해 지도되었다는 것을 의미하지 않는가? 위대한 쏘비에트 인민과 전 세계의 혁명적 인민은 이 중상모략에 절대로 동의하지 않는다!

흐루쇼프는 스딸린이 "바보"라고 욕을 하였다. 이것은 바로 지난 수십 년 동안 영웅적인 혁명 투쟁을 수행했던 쏘련공산당이 "바보"를 지도자로 가졌다는 것을 의미하지 않는가? 쏘비에트 공산주의자들과 전 세계의 맑스-레닌주의자들은 이 중상모략에 절대로 동의하지 않는다!

흐루쇼프는 스딸린이 "멍청이"라고 욕을 하였다. 이것은 바로 반파쇼 전쟁에서 승리하였던 위대한 쏘비에트 군대가 "멍청이"를 최고사령관으로 가졌다는 것을 의미하지 않는가? 영광스런 쏘비에트 사령관들과 전사들 그리고 세계의 모든 반파쇼 전사들은 이 중상모략에 절대로 동의하지 않는다!

흐루쇼프는 스딸린이 "살인자"라고 욕을 하였다. 이것은 바로 국제 공산주의운동이 "살인자"를 수십 년 동안 선생으로 가졌다는 것을 의미하지 않는가? 쏘비에트 공산주의자들을 포함한 전 세계의 공산주의자들은 이 중상모략에 절대로 동의하지 않는다!

흐루쇼프는 스딸린을 "도박꾼"이라고 욕을 하였다. 이것은 바로 혁명적 인민들이 "도박꾼"을 제국주의와 반동에 맞선 투쟁에서 자신들의 기수(旗手)(standard-bearer)로 가졌다는 것을 의미하지 않는가? 쏘비에트 인민을 포함한 전 세계의 혁명적 인민은 이 중상모략에 절대로 동의하지 않는다!

흐루쇼프의 스딸린에 대한 그러한 욕지거리는 위대한 쏘비에트 인민에 대한 총체적 모욕이고, 쏘련공산당에 대한 총체적 모욕이고, 쏘련 군대, 프롤레타리아 독재와 사회주의체제, 국제 공산주의운동, 전 세계 혁명적 인민들과 맑스-레닌주의에 대한 총체적인 모욕이다.

흐루쇼프가 자신의 가슴을 치고 탁자를 두드리고, 목소리를 최대로 높여서 스딸린을 비방할 때, 스딸린의 시대 동안 당과 국가의 지도부에 참여했던 흐루쇼프 자신은 과연 어떤 처지에 있는가? "살인자" 혹은 "강도"와 공범자의 처지인가? 아니면 "바보" 혹은 "멍청이"로서 똑같은 처지인가?

흐루쇼프가 스딸린을 그렇게 비방하는 것과, 제국주의자들, 여러 국가들의 반동들, 공산주의의 배신자들이 비방하는 것과 어떤 차이점이 있단 말인가? 왜 스딸린에 대한 그러한 고질적인 증오를 하는가? 왜 당신은 적에게 하는 것보다도 더 사납게 그를 공격하는가?

스딸린을 비방하면서, 흐루쇼프는 사실상 쏘비에트 체제와 국가를 거칠게 탄핵한다. 이와 관련된 그의 언어는, 카우츠키, 뜨로츠끼, 티토와 드질라스와 같은 배신자들의 언어보다 결코 약하지 않고 사실상 더 강하다.

인민들은 쏘련공산당 중앙위원회의 공개서한으로부터 다음과 같은 구절을 인용해야 하고, 흐루쇼프에게 질문해야 한다: "그들이 어떻게 위대한 레닌의 당에 관하여, 사회주의 조국에 관하여, 그러한 말을 할 수 있단 말인가. 그들이 어떻게, 세계 최초로 사회주의 혁명을 완수하고 국제적인 제국주의와 국내의 반혁명에 맞선 격렬한 전투들에서 위대한 성과를 쟁취했고, 공산주의를 건설하기 위한 노력 속에서 영웅주의와 헌신의 기적을 보여주고 있고 전 세계 근로 인민들에게 자신들의 국제주의적 의무를 성실하게 충족시키고 있는 인민에 관하여, 그러한 말을 할 수 있단 말인가"!

레닌은 "비방의 정치적 의미"라는 자신의 논문에서 말하기를, "정치에서 비방은 종종 비방하는 사람의 사상적인 내용의 완전한 결여, 무력함과 무능, 짜증을 내는 무능을 은폐한다." 이것은 바로 끊임없이 스딸린의 유령에 사로잡혔다고 느끼면서, 스딸린을 비방하는 것에 의해, 자신들이 총체적으로 원칙을 결여하고 있다는 것과, 자신들의 무력함과 짜증내는 무능력을, 은폐하려 시도하는 쏘련공산당의 지도자들에 적용되지 않는가?

쏘비에트 인민들의 대다수는 스딸린에 대한 그러한 비방을 승인하지 않는다. 그들은 스딸린에 대한 기억을 더욱 더 소중히 한다. 쏘련공산당의 지도자들은 자신 스스로를 대중들로부터 심각하게 고립시키고 있다. 그들은 마음속에 떠오르는 스딸린이라는 유령에 의해 항상 끊임없이 위협당하고 있다고 느끼는데, 그 유령은 사실은 스딸린을 완전히 부정한 것에 대한, 광범위한 대중들의 커다란 불만이다. 지금까지 흐루쇼프는 쏘비에트 인민들과 사회주의 진영의 다른 인민들이 쏘련공산당 20차 대회에서 그가 보고했던 스딸린을 완전히 부정하는 비밀 보고서를 보는 것을 감히 허용하지 않고 있는데 그것은 그 비밀 보고서가 대낮의 햇빛을 견딜 수 없고 대중들을 심각하게 배제하는 것이기 때문이다.

특히 주목할 만한 사실은, 가능한 한 모든 방법을 동원하여 스딸린을 비방한다는 사실에도 불구하고, 쏘련공산당의 지도자들이 아이젠하워, 케네디 같은 사람을 "존경과 신뢰를 가지고[4]" 대한다는 것이다. 그들은 스딸린을 "무시무시한 이반과 같은 유형의 폭군", 그리고 "러시아 역사에서 최대의 독재자"로 비방하지만, 아이젠하워와 케네디 두 사람 모두를 "미국 인민들의 절대적 다수의 지지를 받는

---

4) 흐루쇼프, "J. F. 케네디에 대한 답신", 1962.10.28.

인물"이라고 찬사를 보낸다!5) 그들은 스딸린을 "멍청이"로 비방하지만, 아이젠하워와 케네디를 "분별력이 있다"고 칭찬한다. 그들은 한 손으로는, 위대한 맑스-레닌주의자, 위대한 프롤레타리아 혁명가, 국제 공산주의운동의 위대한 지도자에게 사악하게 매질하면서, 다른 한 손으로는, 제국주의의 왕초들을 하늘 높이 추켜세운다. 이 현상들 사이의 관계가 단지 우연적이고, 그것이 맑스-레닌주의에 대한 배신으로부터 나오는 필연적 논리를 따라가고 있지 않다는 일말의 가능성이라도 있는가?

  자신의 기억력이 너무 나쁘지 않다면, 흐루쇼프는 1937년 1월 모스끄바에서 개최되었던 대중 집회에서, 스딸린을 공격했던 사람들에 대해 그 자신이 다음과 같이 정확하게 비판했었다는 것을 기억해야 한다. "스딸린 동지를 반대하여 그들이 손을 들었을 때, 그들은 우리 모두를 반대하여, 노동계급과 근로인민들을 반대하여 손을 들었다! 스딸린 동지를 반대하여 손을 들었을 때, 그들은 맑스와 엥겔스 그리고 레닌의 가르침들에 반대하여 손을 들었다!" 흐루쇼프 스스로 스딸린을 "위대한 레닌의 친밀한 친구이자 전우"6)로서, "인류의 가장 위대한 천재, 선생 그리고 지도자"7)로서, "위대한 그리고 불패의 최고 사령관"8)으로서, "인민들의 진실한 벗"9)으로서, 그 "자신의 아버지"10)로서 되풀이하여 격찬했다.

---

5) 흐루쇼프, "*Pravda*와 *Izvestia* 편집장의 질문에 대한 답변". *Pravda*, 1963. 6.15.
6) 흐루쇼프, "스딸린과 쏘비에트 인민들의 위대한 우애", *Pravda*, 1939. 12.21.
7) 흐루쇼프, "쏘련공산당(볼) 18차 대회에서 연설", *Pravda*, 1939. 3.15.
8) 흐루쇼프 외, "쏘비에트의 모든 장교와 병사에 보내는 편지", *Pravda*, 1945. 5.13.
9) 흐루쇼프, "스딸린과 쏘비에트 인민들의 위대한 우애", *Pravda*, 1939. 12.21.
10) 흐루쇼프, "인민들 사이에서의 스딸린주의적 우애—우리 조국의 불패의 보증", *Pravda*, December 21, 1949. 12.21.

스딸린이 살아 있을 때 흐루쇼프가 했던 언급들과 스딸린 사후에 흐루쇼프가 했던 언급들을 비교해보면, 스딸린에 대한 그의 평가에서 흐루쇼프가 180도 달라졌다는 것을 보지 않을 수 없을 것이다.

그의 기억력이 너무 나쁘지 않다면, 흐루쇼프는 스딸린이 지도하는 기간 동안 반혁명분자들을 진압하는 데 있어서 당시 널리 행해지고 있던 정책을 그 자신이 유별나게 정력적으로 지지하고 수행하였다는 것을 물론 기억해야만 한다.

1937년 6월 6일, 모스끄바 지방 당 5차 회의에서, 흐루쇼프는 선언했다:

우리 당은 반역자들과 배신자들의 무리를 무자비하게 분쇄할 것이고, 모든 뜨로츠끼주의자—우익 쓰레기들을 쓸어 버릴 것이다. ... 이것을 보장하는 것은 우리 중앙위원회의 흔들리지 않는 지도력, 우리의 지도자 스딸린 동지의 흔들리지 않은 지도력이다. ... 우리는 적들을— 마지막 한 명까지 —완전히 절멸시키고 그들의 재를 바람에 날려버릴 것이다.

1938년 6월 8일, 끼에프 지방 당 4차 회의에서, 흐루쇼프는 선언했다:

야끼르들(Yakyirs), 발리츠끼들(Balyitskys), 뤼브첸끼들(Lyubchenkys), 자톤스끼들(Zatonskys)과 다른 인간쓰레기는 폴란드 지주들을 우끄라이나로 불러들이기를 원했고, 독일 파시스트들, 지주들과 자본가들을 여기로 불러들이기를 원했다. ... 우리는 상당히 많은 적들을 절멸시켜왔지만, 아직 모든 적들을 절멸시키지는 못했다. 그러므로 우리의 눈을 계속 뜨고 있을 필요가 있다. 우리는, 자본주의국들의 포위가 존재하는 한, 간첩들과 파괴 행위자들이 우리의 조국에 침투할 것이라는 스딸린 동지의 언급을 확실히 명심해야 한다.

스딸린 시대 동안 당과 국가의 지도부에 있었고 반혁명분자들을 진압하기 위한 정책을 정력적으로 지지하고 단호하게 실행했던 흐루쇼프가, 왜 이 기간 동안 이루어진 모든 것을 부인하고, 스스로는 책임을 전적으로 회피하면서, 모든 오류들에 대한 비난을 스딸린에게만 전가시키고 있는가?

스딸린이 몇몇 오류를 범했을 때, 그는 자신을 비판할 줄 알았다. 예를 들어, 그는 중국 혁명에 관하여 약간의 잘못된 충고를 했다. 중국 혁명이 성공하고 난 후, 그는 자신의 실수를 인정했다. 스딸린은 또한, 1939년 쏘련공산당(볼) 18차 당 대회에서 행한 자신의 보고에서 당의 대오를 정화하는 작업에 있어서, 자신의 실수 몇 가지를 인정하였다. 그러나 흐루쇼프는 어떠한가? 그는 단적으로 자기비판이 무엇인지도 알지 못한다; 그가 한 모든 일은, 모든 비난을 다른 사람에게 전가시키고, 자신에게는 완전한 신뢰를 요구하는 것이다.

현대의 수정주의가 날뛰기 시작했을 때, 흐루쇼프의 이러한 추한 행동들이 발생할 수밖에 없었다는 것은 놀랄 일이 아니다. 1915년에 레닌이 제2인터내셔날의 수정주의자들을 맑스주의에 대한 배신이라고 비판했을 때 말했던 것처럼:

이것(맑스주의에 대한 배신: 역자)은 말들이 잊혀지고, 원칙들이 상실되고, 철학들이 내던져지고, 결의와 엄숙한 약속들이 폐기되는 이 시대에 결코 놀랄 일이 아니다. (V. I. 레닌, "N. 부하린의 팜플렛, 제국주의와 세계경제의 서문", ≪전집≫, 영어판, Progress Publishers, 모스끄바, 1964, Vol. XXII, p. 104.)

쏘련공산당 20차 당대회 이후의 일련의 사건들이 충분히 보여준 것처럼, 쏘련공산당 지도부에 의한 스딸린에 대한 완전한 부정은 지극히 심각한 결과를 초래했다.

그것은 제국주의자들과 모든 나라들의 반동들에게 몹시 환영을 받았고, 쏘비에트와 공산주의를 공격하는 실탄을 제공하였다. 20차 당 대회가 지난 후 얼마 지나지 않아서, 제국주의자들은 쏘련과 공산주의에 반대하는 전 세계적인 물결을 불러일으키기 위해, 흐루쇼프의 반스딸린 비밀 보고서를 이용하였다. 제국주의자들, 모든 나라의 반동들, 티토 도당과 다양한 종류의 기회주의자들은 쏘련과 사회주의 진영 그리고 공산당들을 공격할 기회를 재빨리 움켜잡았다; 이리하여 많은 형제 당들과 국가들은 심각한 어려움에 놓이게 되었다.

쏘련공산당 지도부의 스딸린에 반대하는 광란의 캠페인은, 오랫동안 정치적인 송장이었던 뜨로츠끼파들이 다시 부활하여 뜨로츠끼의 "복권"을 떠들어대는 것을 가능하게 만들었다. 1961년 11월, 쏘련공산당 22차 당대회가 종결되던 때에, 소위 제4인터내셔널의 국제 사무국은 쏘련공산당 22차 당대회와 당의 새로운 중앙위원회로 편지를 보내서, 1937년에 뜨로츠끼가 스딸린에게 희생된 자들의 명예를 위해 기념물이 세워질 것이라고 말했다는 것을 언급하였다. "오늘날, 이 예언은 실현되었다. 당신들의 당대회 전에 당신들의 당의 제 1서기는 이 기념물의 건립을 약속하였다"라고 편지는 계속된다. 이 편지에서 뜨로츠끼의 이름이, "스딸린에게 희생된 자들의 명예를 위해 세워진 기념물에 금으로 된 글자로 새겨져야 한다"는 특정한 요구가 나왔다. 쏘련공산당 지도자들에 의해 시작된 반스딸린 운동은 "뜨로츠끼주의를 위한 문을 개방하였고", "뜨로츠끼주의의 전진과 그 조직— 제4 인터내셔널을 —크게 돕는다"라고 선언하면서, 뜨로츠끼주의자들은 즐거움을 감추지 않았다.

스딸린을 완전히 부정하는 데에 있어서, 쏘련공산당 지도자들은 대낮의 햇빛을 견딜 수 없는 (부정직한: 역자) 동기들이 있다.

스딸린은 1953년에 죽었다; 3년 후 20차 당대회에서 쏘련공산당의 지도자들은 그를 격렬하게 공격하였고, 그리고 그가 죽은 지 8년 후 22차 당대회에서 또 다시 그를 격렬하게 공격하였으며, 그의 시체를 제거하고 불에 태웠다. 스딸린에 대한 격렬한 공격을 반복하면서, 쏘련공산당의 지도자들은 쏘련 인민과 전 세계에 걸친 이 위대한 프롤레타리아 혁명가의 지워질 수 없는 영향력을 지워버리고, 스딸린이 옹호하고 발전시켰던 맑스-레닌주의를 부정하고 수정주의 노선을 전면적으로 적용하는 길을 닦으려는 목표를 세웠다. 그들의 수정주의 노선은 정확하게 20차 당대회와 함께 시작되었고, 22차 당대회에서 완전히 체계화되었다. 제국주의, 전쟁과 평화, 프롤레타리아 혁명과 프롤레타리아 독재, 식민지와 반(半)식민지에서의 혁명, 프롤레타리아 당 등에 관한 맑스-레닌주의에 대한 그들의 수정이, 스딸린에 대한 그들의 완전한 부정과 불가분하게 연관되어 있다는 것을, 사실들은 더욱 더 분명하게 보여주었다.

쏘련공산당 지도부가 스딸린을 완전히 부정하려고 시도하는 것은 바로 "개인숭배와 싸운다는" 구실하에서이다.

"개인숭배에 반대하는 전투"를 시작하면서, 쏘련공산당의 지도자들은 그들이 말하는 "당 생활과 지도 원칙들의 레닌주의적인 기준들"이라고 불렀던 것을 전혀 회복하려고 하지 않았다. 그와는 반대로, 그들은 지도자들, 당, 계급 그리고 대중들의 상호관계에 관한 레닌의 가르침들을 침해하고 있고, 당에서의 민주집중제의 원칙을 위반하고 있다.

맑스-레닌주의자들은, 프롤레타리아의 혁명적인 당이 투쟁에서 프롤레타리아트의 사령부로서 진정으로 봉사하고자 한다면, 그 당은 지도자들, 당, 계급 그리고 대중들의 상호관계를 올바르게 다루어야 하고, 민주집중제의 원칙 위에서 조직되어야만 한다고 주장한다. 이러한 당은 매우 견고한 지도력의 핵을 가져야만 하는데, 그것은 맑스-레닌주의의 보편적 진리를 구체적 혁명적 실천과 통합시키는 데 능숙한, 오랜 기간 검증된 지도자들의 그룹으로 구성되어야만 한다.

중앙위원회의 성원들이든지 아니면 지방위원회의 성원들이든지 간에, 프롤레타리아 당의 지도자들은 계급투쟁과 대중적인 혁명운동의 과정에서 대중들로부터 출현한다. 그들은 대중들에게 한없이 충성스럽고, 대중들과 밀접하게 연결되어 있고, 대중들의 생각들을 정확하게 응축하고 그러고 나서 그것들을 끝까지 실행해 나가는 데 능숙하다. 그러한 지도자들은 프롤레타리아의 진정한 대표자들이고 대중들에 의해 인정을 받는다. 프롤레타리아 당이 그러한 지도자들을 가진다는 것은 프롤레타리아 당의 정치적 성숙의 표시이고, 여기에 프롤레타리아트의 대의를 위한 승리의 희망이 놓여 있다. "역사에서 어떠한 계급도, 운동을 조직하고 이끌 수 있는 자신의 정치적 지도자들, 자신의 뛰어난 대표자들을 만들어내지 않고는 권력을 획득한 적이 없었다"11)라고 레닌이 말했을 때, 그는 절대적으로 올바랐다. 그는 또한 말하기를:

경험 많고 가장 영향력이 있는 당의 지도자들을 훈련시키는 것은 장기간에 걸친 힘든 과업이다. 그러나 이것이 없이는, 프롤레타리아 독재, 프롤레타리아의 "의지의 통일"은 공문구로 남을 것이다.12)

중국 공산당은, 역사에서 대중들과 개인의 역할에 대한 그리고 지도자들, 당, 계급 그리고 대중들의 상호관계에 관한 맑스-레닌주의의 가르침들을 항상 고수해왔고, 당에서 민주집중제를 지켜왔다. 우리는 항상 집단적인 지도력을 유지해왔다; 동시에 우리는 지도자들의 역할을 과소평가하는 데 반대한다. 우리는 지도자들의 이러한 역할에 중요성을 부여하면서도, 개인들에 대한 부정직하고 과도한 찬사와 그들의 역할에 대한 과장에는 반대한다. 1949년까지 거슬러 올라가자면, 마오쩌둥 동지의 제안에 의거해, 중국 공산당 중앙위원회는 당 지도자들의 생일에 대한 어떤 종류의 공적인 축하도, 그리고 그들의 이름을 따서 장소들, 거리들이나 기업들의 작명을 금지하는 결정을 내렸다.

우리들의 이 일관되고 정확한 접근은, 쏘련공산당의 지도부에 의해 주창된 "개인숭배에 반대하는 전투"와는 근본적으로 상이하다.

"개인숭배에 반대하는 전투"를 주창함에 있어서, 쏘련공산당의 지

---

11) V. I. 레닌, "우리 운동의 긴급한 과제", ≪선집≫, 영어판, International Publishers, New York, 1943, Vol. II, p. 13.
12) V. I. 레닌, "독일공산주의자들에게 보내는 편지", ≪전집≫, 러시아어판, SPPL, Moscow, 1950, Vol. XXXII, p. 492.

도자들은 그들 스스로 주장하듯이, 민주주의를 증진하고 집단적 지도력을 실천하고 개인의 역할에 대한 과장에 반대하는 의도가 없으며, 오히려 숨은 동기를 가지고 있다는 것이 점점 명백하게 되었다.

그들의 "개인숭배에 반대하는 전투"의 요점은 정확하게 무엇일까? 솔직하게 그것을 제기하자면, 그것은 단지 다음의 내용일 뿐이다:

1. "개인숭배에 반대하는 전투"를 구실로, 당의 지도자인 스딸린을 당 조직, 프롤레타리아트 그리고 인민대중들과 대립시키는 것;

2. "개인숭배에 반대하는 전투"를 구실로, 프롤레타리아 당, 프롤레타리아 독재와 사회주의 체제를 더럽히는 것;

3. "개인숭배에 반대하는 전투"를 구실로, 그들의 입지를 세우고, 그리고 수정주의 음모가들이 당과 국가의 지도부를 찬탈하기 위한 길을 닦기 위하여, 맑스-레닌주의에 충실한 혁명가들을 공격하는 것;

4. "개인숭배에 반대하는 전투"를 구실로, 형제 당들과 국가들의 내정에 간섭하고, 그리고 그들의 지도부를 파괴하여, 그들 자신에 적합하도록 하는 것; 그리고.

5. "개인숭배에 반대하는 전투"를 구실로, 맑스-레닌주의를 고수하고 있는 형제 당들을 공격하고, 국제 공산주의운동을 분열시키는 것;

흐루쇼프가 시작한 "개인숭배에 반대하는 전투"는 비열한 정치적 음모이다. 맑스에 의해 묘사된 누군가처럼, "그는 이론가로서는 보잘 것 없지만, 음모가로서는 뛰어나다."("맑스가 볼테에게", ≪칼 맑스 프리드리히 엥겔스 선집≫, 독일어판, FLPH, 모스끄바, 1950, Vol. II, p. 438.)

쏘련공산당 중앙위원회의 공개서한은 "개인숭배를 거부하고 개인숭배의 결과물들과 싸우면서", 그들이 "합당한 명성을 향유하는 ... 지도자들에 대한 높은 존경심"을 가지고 있다고 진술한다. 이것은 무엇을 의미하는가? 그것은 바로 스딸린을 발밑에 두고 짓밟는 동안, 쏘련공산당의 지도자들이 흐루쇼프를 하늘 높이 찬양하는 것을 의미한다.

10월 혁명의 시기에는 아직 공산주의자가 아니었고, 그리고 내전 동안 낮은 등급의 정치 일꾼이었던 흐루쇼프를, 그들은 "정력적인 붉은 군대의 창조자"로 묘사한다.13)

스딸린그라드 전투에서 "흐루쇼프의 목소리가 아주 빈번하게 들렸고"14) 그리고 그가 "스딸린그라드 주민들의 영혼"15)이었다고 말하면서, 쏘비에트 애국전쟁의 결정적인 전투에서의 위대한 승리를 전적으로 흐루쇼프의 덕택으로 돌린다.

그들은 핵무기들과 로켓공학에서의 위대한 업적들을 전적으로 흐루쇼프의 덕택으로 돌리면서, 그를 "우주의 아버지"라고 부른다.16) 그러나 모든 사람들이 알고 있듯이, 원자폭탄과 수소폭탄의 제조에 있어 쏘련의 성공은 스딸린의 지도하에 있었던 쏘비에트 과학자들과 기술자들 그리고 쏘비에트 인민들의 위대한 업적이다. 로케공학의 토대는 역시 스딸린의 시대에 마련되었다. 어떻게 이 중요한 역사적 사실들이 지워질 수 있겠는가? 어떻게 모든 명성이 흐루쇼프에게 주어질 수 있단 말인가?

맑스-레닌주의의 근본적인 이론을 수정했고, 레닌주의는 시대에 뒤떨어졌다고 주장하는 흐루쇼프를, 그들은 "맑스-레닌주의 이론을 창조적으로 발전시키고 풍부하게 한 찬란한 모델"로 찬양한다.17)

쏘련공산당의 지도자들이 "개인숭배와의 전투"라는 구실하에 하고 있는 행동들은 정확하게 레닌이 다음과 같이 말했던 바와 같다:

---

13) "인민을 위한 삶", Zarva Vostoka, December 17, 1961. 12.17.
14) "당이 창조하고 육성한", Agitator, No. 2, 1963.
15) V. I. 추이꼬브(Chuikov), "쏘련의 위대한 애국전쟁 20주년 기념 대회 연설", Pravda, 1961. 6.22.
16) G. S. 띠또브(Titov), 쏘련공산당 22차 대회에서 연설, 1961. 10.26
17) A N. 꼬시긴(Kosygin), 쏘련공산당 22차 대회에서 연설, 1961. 10.21.

.... 보통의 문제들에 대해 보통 사람들의 견해들을 가진 옛 지도자들을 대신하여, 새로운 지도자들은 제기하는데 ... 그들은 불가사의한 허튼소리와 혼란을 말한다. (V. I. 레닌, 공산주의 "'좌익' 소아병", 《선집》, 영어판, International Publishers, New York, 1943 vol. x, p. 82.)

쏘련공산당 중앙위원회의 공개서한은 맑스-레닌주의를 고수하는 우리의 입장을 비방하는데, 우리가 "개인숭배의 시기 동안 번성했던 사물의 질서, 이데올로기와 도덕들, 지도력의 형식과 방법들을 다른 당들에게 강요하려고 한다"고 주장한다. 이 언급은 다시금 "개인숭배에 반대하는 전투"의 어리석음을 폭로한다.

쏘련공산당의 지도자들에 의하면, 10월 혁명이 러시아에서 자본주의를 끝장낸 후, "개인숭배의 시기"가 이어졌다고 말한다. 마치 그 시기의 "사회체제"와 "이데올로기와 도덕"이 사회주의가 아닌 것 같이 말한다. 그 기간에, 쏘비에트의 근로인민들은 "무거운 짐"을 지고 있었고, "인민들의 삶에 독이 되었던 두려움, 의심, 불확실함의 분위기"가 만연했고, 쏘비에트 사회는 발전을 방해받고 있었다고 말한다. (쏘련의 모든 당조직과 모든 공산주의자들에게 보내는 쏘련공산당 중앙위원회의 공개서한, 1963.7.14.)

1963년 7월 19일 쏘련-헝가리 친선 집회에서의 연설에서, 흐루쇼프는, 스딸린은 "도끼를 가지고 권력을 유지했다"라고 말하면서, 자신이 스딸린의 "테러" 지배라고 불렀던 내용을 자세하게 설명했다. 그는 다음과 같은 말들로 그 시대의 사회질서를 묘사했다: "....그 시대에는, 출근하는 사람이 집으로 되돌아올지, 아내와 아이들을 다시 볼 수 있을지를 알지 못했다."

쏘련공산당 지도자들의 묘사에 의하면, "개인숭배의 기간"의 사회는 봉건제나 자본주의 시기보다도 더 "적대적이고" 그리고 "야만적인" 시기였다.

쏘련공산당 지도부에 따르면, 10월 혁명의 결과로 수립된 프롤레타리아 독재와 사회주의체제는, 수십 년 동안 근로인민들에 대한 억압을 제거하는 데도, 쏘비에트 사회의 발전을 가속화시키는 데도 실패했다; 쏘련공산당 20차 당대회가 "개인숭배에 반대하는 전투"를 수행하고 난 후에야 비로소 근로인민들에게서 "무거운 짐"이 제거되었고, "쏘비에트 사회의 발전"이 갑작스럽게 "가속화"되었다.18)

흐루쇼프는 말했다. "아! 스딸린이 단지 10년만 더 일찍 죽었더라면!"19) 모든 사람들이 알고 있는 것처럼, 스딸린은 1953년에 죽었다; 10년 더 일찍이라면 1943년일 텐데, 1943년은 쏘련이 위대한 애국전쟁에서 반격을 시작했던 때인 바로 그 해이다. 그 당시에 스딸린이 죽기를 원했던 사람은 누구였는가? 히틀러!

맑스-레닌주의의 적들이 프롤레타리아 지도자들을 헐뜯고, "개인숭배에 반대하는 전투"와 같은 그러한 슬로건을 사용함으로써 프롤레타리아의 대의를 침식하려고 시도하는 것은 국제 공산주의운동의 역사에서 새로운 일이 아니다. 그것은 바로 인민들이 오래전부터 보아온 더러운 속임수이다.

제1인터내셔널의 시기 동안 음모가 바꾸닌은 맑스를 욕하기 위해 유사한 언어를 사용했다. 처음에는, 맑스에게 환심을 사기 위해 접근해서, 맑스에게 편지를 썼다. "나는 당신의 제자이고 나는 그것을 자랑스럽게 생각한다."20) 나중에 그가 제1인터내셔널의 지도부를 찬탈하는 음모에 실패했을 때, 그는 맑스를 비방하며 말했다, "독일인과 유대인처럼, 맑스는 머리부터 발끝까지 권위주의적"이고21) "독재자"이다.22)

---

18) 같은 글.
19) 흐루쇼프, "모스크바에서 열린 쏘비에트-헝가리 친선집회에서 연설", 1963. 7.19.
20) "맑스에게 보내는 바꾸닌의 편지", 1868. 12.22. *Die Neue Zeit*, No. 1, 1900.
21) 프란츠 메링, ≪칼 맑스, 그의 생애≫, 영어판, Covici Friede Publishers, New York, 1935, p. 429.

제2인터내셔널 시기 동안 배신자 카우츠키는 레닌을 욕하기 위해 유사한 언어를 사용했다. 그는 레닌을 중상했으며 레닌을, 맑시즘을 "국가의 종교뿐만 아니라 중세나 동양의 신앙의 지위로까지" 격하시킨 "일신교 신자들의 신"23)에다 비유했다.24)

제3인터내셔널에서 배신자 뜨로츠끼는 스딸린을 욕하기 위해 그러한 언어를 유사하게 사용했다. 그는 스딸린이 "전제 군주"이고25) 그리고 "스딸린주의 관료제가 혐오스런 지도자 숭배를 창조했고, 지도자들에게 신성한 자질을 부여한다"고 말했다.26)

현대의 수정주의 티토 도당은 스딸린을 욕하기 위해 유사한 말들을 역시 사용하는데, 스딸린이 "절대적인 개인권력의 체제에서" "독재자"였다고 말한다.27)

그러므로 쏘련공산당 지도부에 의해 제기된 "개인숭배에 반대하는 전투"라는 쟁점은 바꾸닌, 카우츠키, 뜨로츠끼 그리고 티토를 통해 전해져 내려 왔는데, 그들 모두는 프롤레타리아 지도자들을 공격하고 프롤레타리아 혁명운동을 침식하기 위해 그것을 사용했다.

국제 공산주의운동의 역사에서, 기회주의자들은 중상에 의해 맑스, 엥겔스나 레닌을 부정할 수가 없었고, 흐루쇼프 역시 중상에 의해 스딸린을 부정할 수가 없다.

레닌이 지적했듯이, 특권적인 지위가 중상의 성공을 보장할 수는 없다.

---

22) "엥겔스가 베벨에게", 1873. 6.20. ≪칼 맑스 프리드리히 엥겔스 선집≫, 영어판, FLPH, Moscow, 1951, Vol. Ⅱ, p. 432.
23) 칼 카우츠키, ≪사회민주주의 대 공산주의≫, 영어판, Rand School Press, New York, 1946, p. 54.
24) 같은 책.
25) 레온 뜨로츠끼, ≪스딸린, 그 인간과 영향력에 대한 평가≫, 영어판, Harper and Brothers, New York and London, 1941, p. 420.
26) 레온 뜨로츠끼, "스딸린주의 관료제와 키로프의 암살", ≪끼로프 암살에 대하여≫, 영어판, Pioneer Publishers New York, 1956, p. 17.
27) Edvard Kardelj, "5년 후에", Borba, 1953. 6.28.

흐루쇼프는 레닌 묘로부터 스딸린의 시체를 제거하기 위해 그의 특권적인 지위를 활용할 수 있었다. 그러나 비록 그가 시도할지라도, 그는 쏘비에트 인민과 전 세계의 인민의 마음속으로부터 스딸린의 위대한 이미지를 제거하는 데에 결코 성공할 수 없다.

흐루쇼프는 이러저러한 방식으로 맑스-레닌주의를 수정하기 위해 그의 특권적인 지위를 이용할 수 있다. 그러나 비록 그가 시도할지라도, 그는 스딸린이 옹호했고 전 세계의 맑스-레닌주의자들이 옹호했던 맑스-레닌주의를 타도하는 데에 결코 성공할 수 없다.

우리는 흐루쇼프 동지에게 진실한 충고 한 마디를 하고 싶다. 우리는 당신이 당신의 오류를 깨닫고, 잘못된 길에서 맑스-레닌주의의 길로 되돌아오기를 바란다.

맑스, 엥겔스, 레닌, 그리고 스딸린의 위대한 혁명적 가르침들, 만세!